현대 조선의 탄생

북조선의 눈으로 본
북조선 현대사

현대 조선의 탄생

초판 1쇄 인쇄일 2020년 11월 11일
초판 1쇄 발행일 2020년 11월 18일

지은이   박경순
펴낸이   김완중
펴낸곳   내일을여는책
편집총괄   이헌건
디자인   서용석
관리실장   장수댁

인쇄   아주프린텍
제책   바다제책

출판등록   1993년 01월 06일(등록번호 제475-9301)
주소   전라북도 장수군 장수읍 송학로 93-9(19호)
전화   063) 353-2289
팩스   063) 353-2290
전자우편   wan-doll@hanmail.net
블로그   blog.naver.com/dddoll
ISBN   978-89-7746-946-4 (03340)
© 박경순

북조선의 눈으로 본
북조선 현대사

1945

현대
조선의
탄생

1948

글 － 박경순

내일을여는책

북조선의 눈으로 본
북조선 현대사

1930년대 이후 항일무장투쟁사를 쓰면서 뭔가 부족함을 느꼈다. 항일무장투쟁의 현재적 의미를 명확하게 하려면 해방공간에서 조선 인민혁명군의 활약상을 조명해야 하는데, 지금까지 해방전후사가 주로 서울이라는 공간을 중심으로 연구되고 쓰여지다 보니 조선 인민혁명군 관련 기술은 주변으로 밀려날 수밖에 없었다. 게다가 역사학의 영역에도 분단 이데올로기가 깊숙이 침습해 들어와 현재 이북 정권의 출발 과정을 실사구시해서 연구하기 어려웠다.

해방 이후 이북 정권의 출발 과정을 다룬 책은 이미 많이 출간되었다. 훌륭한 책도 많았고, 과학적이고 객관적인 접근이 돋보이는 책도 많았다. 하지만 이런 훌륭한 책들 역시 분단의 장벽을 넘지는 못했다. 대부분 이북 정권 수립 과정에서 소련의 역할을 주도적인 것으로 보았다. 또 양비론적 관점에서도 크게 벗어나지 못했다. 얼핏 보면 매우 과학적이고 객관적이며 틀렸다고 보기 어려운 측면이 있었다. 하지만 이런 접근법으로는 1930년대 항일무장투쟁의 의미를 명확히 찾아내기 어려웠다. 이런 점들이 매우 답답했다. 그래서 1930년대 항일무장투쟁과 이북 정권의 성립이라는 화두를 갖고 새롭게 이북 정권의 성립과정을 살펴보기로 했다.

하지만 이것은 매우 위험한 작업이었다. 아직 우리 사회에는 반공반북의 유령들이 횡행하고 있고, 대다수의 사람이 반북 이데올로기로부터 자유롭지 못하다. 이런 상황에서 이북 정권 성립 과정을 그 주체인 조선 인민혁명군 중심으로 접근하면 많은 오해와 논란을 불러일으킬 수 있다. 그럼에도 우리나라 현대사를 온전히 파악하고, 통일된 역사를 새로이 정립해 나가려면 꼭 필요한 작업이다. 다행히 4.27 통일시대를 맞아 대중들의 화해협력과 자주적 통일의식이 높아지고, 이북의 역사에 훨씬 자유롭게 접근할 수 있는 사회적 분위기가 확대되고 있다.

이 책은 8.15 해방 이후 이북 정권의 성립과정을 다뤘다. 하지만 기존의 연구들과 달리 이북 정권 성립의 핵심주체를 소련군이 아닌 조선 인민혁명군으로 봤다. 이남에서 미군의 역할에 익숙해져 있는 이들은 이북 정권 역시 그와 동일한 역관계 하에서 수립되었다는 고정관념에서 벗어나지 못한다. 자연히 소련이 주도적이고 적극적인 역할을 했다고 보게 되고, 이런 견지에서 이북 정권 수립 역사를 연구 분석한다.

특히 구소련 해체 이후, 당시 이북 주둔 소련군의 보고문과 소련공산당 지시문에 접근할 수 있게 되면서 이런 경향은 더욱 확대되고 있다. 하지만 이런 접근법으로는 이북 사회에서 일어난 제반 과정을 올바로 해석하기 어렵다. 정권 건설 과정, 당 건설 과정, 군대 건설 과정에서 발생했던 소련군과의 갈등에서는 대체로 조선 인민혁명군의 입장이 관철되었다. 이런 점에 비춰보면 당시 소련군은, 스스로 밝혔듯이, 이북 정권 성립 과정에서 어디까지나 보조적 역할을 담당했을 뿐이라고 결론지을 수 있다. 따라서 이북 정권 건설을 이끈 세력은 조선 인민혁명군이라고 봐야 한다.

이 책은 1930년대 이후 항일무장투쟁을 주도했던 조선 인민혁명군이 어떤 구상과 계획을 갖고, 어떤 힘에 의거해서, 어떤 난관과 장애물을 뛰어넘어 목표를 달성했는가를 담담하게 정리했다. 나 자신의 정치적 판단과 역사적 평가는 뒤로 미루었다. 우리의 현실에서는 우선 그들이 자신들의 역사를 어떻게 보고 평가하는가를 담담하게 알아보는 것이 필요하다고 본다. 그래야 뒤틀리고 왜곡되고 일방적으로 매도되고 있는 해방 이후 이북 정권 수립 과정에 대한 균형된 시각이 형성될 것이며, 그런 균형 잡힌 시각 하에서만 올바른 역사적 평가가 나올 수 있다. 아직 이남 사회에서는 이북 정권의 성립 과정에 대한 객관적인 역사적 평가는 이르다.

이 책은 한반도에서 일제를 몰아내기 위한 최후공격전부터 1948년 9월 9일 조선민주주의인민공화국 수립 때까지의 이북의 역사를 다루었다. 그리고 보론으로 중국의 국공내전 과정에서의 북중관계를 다뤘다. 일부 독자들은 왜 그 문제를 여기에서 다뤘는가, 의아해할 수도 있다. 국공내전 역시 이북 정권 수립 역사의 한 부분이라고 봤기 때문이다. 구체적으로 보면 국공내전에 참여했던 조선인 부대는 내전 승리 이후 이북으로 돌아와 이북 군대에 편입되었다. 이것은 내전 과정과 이북의 군대 건설 과정이 밀접히 결합되어 진행됐다는 것을 의미한다. 또한 그 과정을 알아야 당시 조성된 동아시아 정세 즉 해방 이후 한반도 정세를 보다 심층적이고 입체적으로 분석할 수 있으며, 북중혈맹의 뿌리도 알 수 있기 때문이다.

끝으로 전문 역사학자가 아니라 틀린 부분도 많고 문제점도 많을 것이다. 독자들이 넓은 아량으로 이해해주셨으면 한다. 다만 부족하더라도 민족의 통일과 역사학의 통일을 위한 진지한 노력의 산물이라는 점은 알아주셨으면 한다.

목차

목차

『보론』

1945~1949년 중국 내전 당시 중국공산당의 승리와 조선의 관계에 관한 기록

제
1
장

일본의 패망과
조선의 해방

해방전후사를 올바로 이해하려면 1945년 8월 15일 우리나라의 해방을 제대로 이해해야 한다. 우리 사회에서는 미국의 힘으로 해방을 맞이했다는 타율적 해방론이 압도적으로 우세했다. 해방 이후 세대에게 이런 견해가 그럴듯했던 이유는 조선 인민혁명군(김일성 빨치산부대)의 항일무쟁투쟁을 모르기 때문이다. 이북에서는 자체의 힘으로 나라를 해방했다는 자력해방론이 절대적인 상식이다.

　과연 무엇이 진실일까? 그것을 판단하려면 조선 인민혁명군의 최후 공격작전을 알아야 한다. 사전에 짚고 넘어갈 점이 있다. 그것은 '자력 해방이 연대연합을 부정하는 개념이 아니라는 점'이다. 제2차 세계대전은 말 그대로 세계대전으로, 전 세계 파쇼국가와 반파쇼국가 사이의 '판갈이' 전쟁이었다. 세계 최강의 힘을 가진 국가도 단독의 힘으로는 파쇼국가들과의 전쟁에서 승리할 수 없었다. 승리를 위해서는 반파쇼 국가연합(미국, 소련, 영국 등)이 절대적이었다. 우리나라의 해방도 마찬가지였다. 승리를 위해서는 반파쇼국가와의 연합이 필수였다.

　그러나 반파쇼연합군이 승리했다고 우리나라가 저절로 해방되는 것은 아니다. 자력해방이 되기 위해서는 ● 일제와의 전쟁에서 당당한 주체로 참여해서 승리에 공헌해야 하고, ●특히 한반도에서 일제를 몰아내는 전투에서 커다란 역할을 담당해야 하고, ●우리 자체의 힘으로 일제 통치기구를 분쇄하고, ● 자체의 힘으로 새로운 나라를 건설해 나가야 한다.

| 1 |
최후결전 준비

조선사수론

1945년도에 접어들면서 제2차 세계대전의 전세는 연합군의 압도적
우세로 바뀌었다. 일본은 패전을 거듭하면서도 남아있는 군대를 총동
원해 장기전을 꿈꾸었다. 그들은 '본토결전체제'(일본 본토를 사수하기 위
한 작전계획안)를 구축하고, 만약 본토사수가 불가능해진다면 조선을 '제
2결전장'으로 삼아 끝까지 싸우려는 의지를 불태우고 있었다. 사람들
은 홋카이도, 도호쿠, 간토, 도카이 간사이, 규슈 등 일본 지역으로 구
성된 마지막 결전지에 왜 제주도가 포함되어 '결 7호'로 되었는지 의아
해하지만, 일본인들에게 조선은 영토의 일부였다는 사실을 안다면 전
혀 이상할 것이 없다. 일본은 제주도뿐 아니라 조선 전체를 일본을 사
수하는 마지막 결전 지역에 포함시켰다. 이것이 바로 '조선사수론'이
었다. '조선사수론'은 그동안 우리 사회에 알려진 일본 본토사수작전
인 결호작전(決號作戰)의 일부다.

일제 대본영은 '조선사수론'에 따라 1945년도에 한반도 군사력을
증강하기 시작했다. 원래 2개 사단에 불과했던 조선 주둔 일본군이

1945년도에 압도적으로 늘어난다. 7개 야전군 사단과 3개 혼성여단으로 구성된 17방면군 사령부를 새로 신설하고, 사령부는 용산에 두었다. 대구, 정읍, 이리, 용산에 각각 사단 병력을 주둔시키고, 부산에는 독립 혼성 170여단을 주둔시켰다. 또 3개 사단(96사, 111사, 121사)과 1개 여단으로 구성된 부대(17방면군 관하 58군)를 제주도에 배치했다. 함흥에도 34군을 신설 배치했다. 이렇게 조선에 배치된 일본군은 무려 37만 명에 달했다. 이 숫자는 편제상의 숫자이므로 실제로는 그보다 적었을 것이지만, 최소 20여만 명 이상의 일본군이 조선에 주둔해 있었다고 볼 수 있다. 그들은 "조선을 거점으로 하여 일본 본토를 사수한다" "본토를 내놓는 한이 있더라도 절대 조선을 내놓을 수 없다"라고 떠벌리며 나진, 웅기, 경흥, 온성, 회령 등 북부 국경 일대에 견고한 방어요새를 구축하고, 원산만, 나진만에 해군 무력을, 평양, 회령에 공군 무력을 증강했다. 이렇게 막강한 군대를 한반도에 배치하며 조선사수론을 내세운 것은 일본이 조선 인민혁명군의 총공격을 막아내는 데 마지막 사활을 걸고 있었다는 것을 보여준다.

일본의 패망을 예상하며 조선 인민혁명군도 결전을 준비하다

전세는 연합군의 승리로 기울어져 가고 있었다. 1945년 2월 크림 반도의 휴양지 얄타에서 소련, 미국, 영국 3국 정상이 비밀리에 모여 독일이 패망한 후 2~3개월 이내에 소련군이 대일본전쟁에 참전하기로 합의했다. 소련군은 4월 16일부터 독일의 베를린을 포위하고 5월 8일까지 전투를 펼쳤다. 5월 9일 독일은 소련군 측에 항복했으며, 독소전쟁은 끝났다. 독일의 완강한 저항에도 불구하고 소련이 승리한 것이다.

소련군은 베를린 공략 작전을 펼치면서 조선 인민혁명군 김일성 사령관에게 독일이 곧 패망할 것이라고 알려주었다. 얄타회담의 합의에 따라 몇 개월 이내에 소련군이 일본군에 선전포고를 하고 전쟁에 돌입할 것이 명확해졌다. 김일성은 국제연합군(소련군과 조선 인민혁명군, 중국 동북항일연군의 연합군)[1]에 망라되어 있던 조선 인민혁명군 지도부 회의를 열고, 최후공격작전 대책을 논의했다. 이 회합에서 그는 '자체의 힘으로 조국을 해방한다!'라는 구호를 제시했다. 이 회합에서는 '자력해방과 전민항쟁' 문제가 집중적으로 논의되었다.

그는 이 회합에 이어 1945년 5월 10일 북야영기지(하바롭스크 동북쪽으로 70km 떨어진 바츠코에 마을에 있었던 국제연합군 기지)에서 조선 인민혁명군 간부회의를 소집했다. 여기에서는 조국해방 3대 노선[2]에 기초한

---

1) 여기서 말하는 국제연합군은 미국을 중심으로 한 연합군이 아니다. 1942년 7월 중순 소련의 하바롭스크에서 조선 인민혁명군과 중국 동북항일연군, 소련 극동군 군사지휘관들이 모여 조선과 중국, 소련의 연합문제를 최종결정했다. 조선 인민혁명군과 중국 동북항일연군의 정치적·조직적 독자성을 그대로 유지한다는 전제 아래 소련과 국제연합군을 편성하기로 합의하고, 1942년 8월 1일 국제연합군 편성이 공식 선포되었다. 형식적으로 소련군의 군사편제에 속하여 대일 연합작전은 통일적인 지휘체계 아래에서 수행하되, 각 나라의 정치 군사적 문제는 자주적으로 판단 결정하고 집행해나가는 명실상부한 국제연합군이었다. 이는 곧 조선의 해방 이후 건국문제 등에 관해서는 조선 인민혁명군이 독자적으로 판단, 결정한다는 의미다. 소련군이 이북에 진주한 이후에도 조선 인민혁명군의 판단과 결정대로 건국사업이 추진되었던 데에는 이런 배경이 깔려 있었다.

2) 조국해방 3대 노선이란 1943년 2월 국내 신흥지구 비밀근거지인 무두봉밀영에서 열린 조선 인민혁명군 지휘관, 소부대, 소조 및 혁명조직 책임자 회의에서 조선 인민혁명군 김일성 사령관이 제시한 노선으로, 조선인민군의 총공격, 배후연합작전, 전민봉기를 유기적으로 결합해 조국해방을 자체의 힘으로 달성한다는 전략방침을 담고 있다.

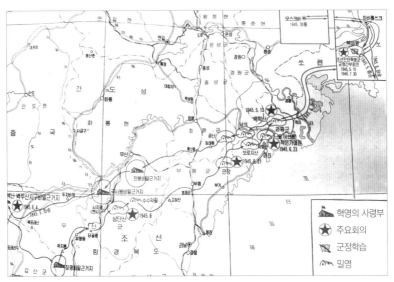

1945년 5월~8월까지 조선 인민혁명군 사령관의 활동 노정도

최후공격작전의 목적과 기본형식, 역량편성, 소련군과의 연합작전 문제 등과 그에 따르는 구체적인 활동계획이 토의, 결정되었다. 이 회합에서는 '모든 힘을 항일대전의 최후 승리로!'라는 구호가 제시되었다.

간백산 회의(1945년 6월 4일)

김일성 사령관은 이 회의 이후 소부대를 이끌고 국내 진출을 단행했다. 당시 조선 인민혁명군은 소련 영내 기지에서 활동하는 부대와 국내/만주에서 활동하는 소부대로 구분, 운영되었다. 국내/만주에서 활동하는 소부대는 임시 비밀근거지를 거점으로 일본군 배후의 연합작전과 전민항쟁 역량을 구축하기 위한 활동에 집중하고 있었다.

국내 임시 비밀근거지는 수십 개에 달했다. 그중 대표적인 것은 간백산밀영을 비롯해 백학산(나선시 백학리 동쪽), 상단산(함북 연사군), 국사봉(함북 연사군 삼하리), 민봉(함북 연사군 연두골), 판장림(함북 청진시), 보로지산(나진시), 곰산(함북 회령시), 작은가매원(라진시), 마두산(평북 안주군), 신흥(함남 신흥군)지구 비밀근거지 등이었다.

이처럼 비밀근거지들은 북부 지역의 창평, 풍산, 후창, 후치령, 낭림, 부전, 신흥, 위원, 창성, 오가산지구와 중부 지역의 덕천, 양덕, 안주, 평성, 구월산, 신평, 곡산, 토산, 판교, 태백산줄기지구, 남부 지역 일대의 지리산지구를 비롯한 중요 지대들에 꾸려져 있었다. 비밀근거지들은 백두산밀영에 있던 사령부의 통일적 지도 밑에 각 지역에서 벌어지는 무장투쟁과 당 조직 및 조국광복회 건설, 여러 형태의 반일대중투쟁, 전민항쟁 준비사업 등의 중심거점, 조선 인민혁명군 부대의 활동기지, 작전기지, 후방기지 역할을 했다.

조선 인민혁명군은 1940년 8월 10일 소할바령회의 이후 주체적으로 조국해방을 맞이하기 위해 전국 곳곳에 비밀근거지를 마련하고 당 역량, 조국광복회 역량, 인민무장부대를 꾸리는 데 힘을 집중했다. 조선 인민혁명군의 중심이 만주 지역에서 국내로 바뀐 것이다. 1945년도에 이르러 한반도 곳곳에서 전민항쟁역량이 구축되었고, 배후연합작전을 펼치기 위한 무장부대도 꾸려졌다. 김일성 사령관이 1945년 5월에 국내로 다시 진출한 까닭은 국내 항쟁역량과 무장부대에 당면 정세를 해설하고 최후 공격작전계획을 전달하기 위해서였다.

1945년 5월 중순 하바롭스크 북야영기지를 출발한 김일성 사령관은 백학산, 남석, 곰산, 민봉, 국사봉을 거쳐 5월 하순에 간백산밀영에 도착했다. 도중에 백학산에서 지역 소부대, 소조, 인민무장대 간부들과 회의를 열고 최후공격 작전계획을 호소했다.

"객관적 정세가 아무리 유리하여도 모든 것은 혁명의 주인인 우리 인민 자체의 투쟁에 달려있습니다. 우리는 혁명 앞에 지닌 사명을 깊이 자각하고 자력독립의 기치 밑에 항일무장투쟁의 장구한 나날에 육성하고 보존 축적해온 모든 반일애국역량을 총동원하여 일제와의 최후결전을 벌여야 합니다. '모든 힘을 항일대전의 최후 승리를 위하여!' 이것이 오늘 우리가 높이 들고 나가야 할 전투적 구호입니다."

1945년 6월 4일 백두산지구 비밀근거지 중의 하나인 간백산밀영에서 조선 인민혁명군 군정간부회의가 열렸다. 김일성 사령관은 다음과 같이 보고했다.

"나는 이 회의에서 먼저 최후결전을 위한 준비과정을 통해 우리 자체의 힘으로 조국해방 위업을 이룩할 수 있는 혁명역량이 믿음직하게 마련되었다는 것을 긍지 높이 말하게 됩니다. 다시 말해 총공격작전에서 주력을 이루게 될 조선 인민혁명군이 어떠한 대적과도 능히 맞서 싸워 이길 수 있는 무적필승의 강군으로 자라났으며 조국 땅 어디서나 전민항쟁 준비가 빈틈없이 완성되었다는 사실을 자랑스럽게 공표합니다."

이어서 그는 지휘봉으로 작전지도를 짚으면서 급속히 증강되고 있는 일제 침략군들의 동향에 관한 적정자료를 보여주었다. 그리고 "한마디로 놈들은 조선을 최후 전선으로 삼고 결전을 시도하고 있습니다. 조선에 둥지를 틀고 있는 적들을 단숨에 때려 부수고 나라의 해방을 이룩하자면 어떻게 해야 하겠습니까? 우리는 이미 제시된 '조국해방 3 대 노선'에 따라 조선 인민혁명군의 총공격작전과 소부대 및 인민무장 대의 배후타격 그리고 전민봉기를 배합하여 조국해방을 이룩해야 합 니다"라고 결론지었다.

최후공격작전 계획은 다음과 같이 구성되었다.

- 북야영 훈련기지에 있는 주력부대는 항공육전대(공수부대)로서, 국내 전략적 지대의 비밀근거지들을 차지하고 대오를 급속히 확대하면서 전투로 들어갈 것. 항공육전대의 각 부대는 한 개 도를 작전지역으로 맡고 빠른 시일 안에 그 일대를 해방할 것.
- 두만강 연안의 지상공격 부대들은 국경 요새 구역들과 북부 동해안 일대에 배치돼 있는 일본군을 섬멸하면서 국내로 진 출할 것. 이 부대들은 두만강 국경 돌파작전과 해안 상륙작전 을 동시에 수행해, 경흥 요새구역과 나진 요새구역을 비롯해 경원, 종성, 회령 일대에서 적군 부대들을 섬멸한 다음 신속 히 청진해방전투를 진행할 것.
- 간백산에 집결된 부대들 중에 제1대는 백암-길주-함흥 방 향으로, 제2대는 보천-혜산-갑산-풍산-후치령-함흥 방 향으로, 제3대는 삼수-부전령-신흥-함흥 방향으로 진격 하고 제4대는 신파-후창-오가산-강계 방향으로 진격한다. 그 다음 2단계 작전으로 평양-사리원-금천 방향으로 진격 하며, 일부 부대는 강원도 철원 방향으로 진출할 것.
- 소부대와 인민무장대들은 중요 작전지대를 차지하고 인민혁

명군 부대들의 공격작전에 배합해 적의 배후를 교란하기 위
한 전투 행동을 과감히 벌일 것. 또 항쟁 역량들은 해당 지역
에서 적 패잔병 집단과 일제의 경찰기관 및 식민통치기구들
을 소탕하면서 새로운 사회질서를 세우기 위한 투쟁을 즉각
적으로 벌여 나갈 것.

• 함경북도(안길, 최춘국), 함경남도(김책, 유삼손), 평안북도(최현, 박덕
산), 평안남도(김일성)를 비롯한 각 지역의 책임자가 그 지역의
해방전투 임무를 책임지고 완수할 것.

• 국내를 주 타격 방향으로 삼고, 만주 지역을 보조타격 방향으
로 삼을 것. 보조타격을 맡은 부대는 백두산 동북부 두만강
연안 일대와 백두산 서남부 압록강 연안 일대에 배치된 적들
을 타격하고 우리나라로 들어오지 못하도록 견제할 것. 또한
보조타격 부대들은 북만과 길동 지역에서도 과감한 전투행
동으로 적들에게 숨 돌릴 틈을 주지 말 것.

• 소련 및 중국 부대들과의 연합작전을 효과적으로 벌일 것.

상단산 임시 비밀근거지 반군사조직 책임자회의(1945년 6월 중순)

간백산밀영 군정간부회의를 마친 후 김일성 사령관은 연사군 상단
산 임시 비밀근거지에서 전국 생산자돌격대, 노동자돌격대 책임자회의
를 열었다. 연사·무산 지구에서 온 노동자돌격대와 생산유격대 등 반
군사조직 책임자들이 주로 참가했으며, 국내 다른 지역에서 온 책임자
들도 참가했다. 먼저 사령관의 연설이 있었는데, 내용은 조국해방을 위
한 전민항쟁에서 반군사조직들의 돌격대 역할을 강조하는 것이었다.

"조국해방 작전 방향을 실현하는 데서 반군사조직들의 기본사명과 임무는 조선 인민혁명군의 총공격에 호응 합세하여 소부대, 소조들과 당 및 조국광복회 조직들의 지도 밑에 해당 지역에서 적의 통치기관, 군수생산 및 수송시설 등 중요 대상들을 습격 파괴하고 헌병, 경찰, 친일분자들을 소멸하거나 숙청하는 등 전민항쟁에서 선봉적 역할을 수행하며 혁명조직과 혁명 군중, 혁명의 전취물을 보위하는 것입니다."

사령관은 판장림 임시 비밀근거지(청진시 청암 지역 부거리)로 향했다. 1945년 6월 21일, 이곳에서 소부대 정치공작소조 책임자회의를 개최해 최후결전 준비태세를 점검한 후, 6월 23일 함북 경흥군 웅기면 판곡동 작은가매원 임시 비밀근거지에서 지하혁명조직 및 인민무장대 책임자회의를 열고 기본임무를 제시했다. 그리고 모스크바를 방문해 소련 측과 최후결전을 위한 상호 연합 문제를 협의했다.

최후결전 태세의 완비

이처럼 김일성 사령관은 1945년 5월 이후 국내 각지를 돌면서 최후공격작전 계획을 전달하고 결전 태세를 독려했다. 몇 년 동안 국내 각지에서는 무장봉기대들이 속속 조직되어 활동하고 있었다. 1943년 2월 초 장봉노농단(평북 철산군 참면 잠봉동)이 조직된 데 이어, 철산애국단, 순안철공소 노동자반일무장대 등이 조직되었다. 함경북도에서는 곰산노농무장대, 까치봉무장대, 증산무장대, 일철비밀결사, 나진인민무장대, 무산광산 백의사, 어랑행동대, 부령무장대, 부거무장대를 비롯한 수많은 무장대가 조직되어 전민항쟁 최후결전 태세를 갖추어 나갔다. 함경남도에서는 대진평항일결사대, 삼각대반일결사대, 구국청년회, 문천인민무장대 등 여러 명칭의 무장대가 조직되었고, 평북에서는 삼봉산인민무장대, 바래봉무장대가 결성되어 활동했다.

북부뿐 아니라 평양, 성천, 황주, 금천, 벽성, 통천, 이천, 서울 등 중부 지역에서도 수많은 인민무장대가 꾸려져 최후결전을 준비해 나갔다. 평양 일대에서는 1943년 7월 김원주를 핵심으로 하는 조국해방단이 활동했다. 또한 평남 강서지구 일심광복회, 성천의 반일행동대, 안주지구 무장봉기 조직, 순천지구 자모독립단, 황해도 해주의 수양산무장대, 구월산무장대, 용연의 불타산인민무장대, 황주의 천주산반일애국단, 곡산지구 비밀근거지에 의거해 활동한 박죽산인민무장대, 두무산광복결사대, 멸악산결사대, 금천의 체적산항일결사대, 벽성의 영천인민무장대, 통천무장대, 이천의 조국광복단이 최후결전 태세를 갖추었다.

전민항쟁을 위한 무장조직들은 서울에서도 활동했다. 1942년 서울에는 조선 인민혁명군 정치공작원의 지도 하에 '김일성대'가 조직되었다. '김일성대'는 김일성의 부대가 되어 혁명적 항쟁을 하겠다고 결심한 항쟁조직으로, 서울과 제주도 모슬포, 국내 각지, 일본까지 그 세력을 확대해 나갔다. 김일성대는 광범한 대중을 조직해 항쟁태세를 갖추고 있다가 조선 인민혁명군이 국내 진공을 개시할 때 거기에 합세해 조국해방 최후성전에 참가하는 것을 목적으로 했다. 1944년 봄 경성제국대학 출신 지식인들을 중심으로 경성지구 무장봉기 준비결사가 조직되었다. 일명 '성대 비밀결사'라고도 하는 이 조직은 조선 인민혁명군의 최후공격작전에 합세하기 위해 원산, 마산, 서울 등지에서 무장봉기 조직 건설 사업을 추진했다. 또한 '서울풍인친목회'와 '무장봉기준비결사'가 결성되어 활동했다.

무장봉기 조직을 건설하기 위한 투쟁은 남부 지역에서도 벌어졌다. 조선 인민혁명군 소부대, 소조들과 정치공작원들의 활동과 항일무장투쟁의 혁명적 영향 아래에서 각성한 애국적 청년들에 의해 무장봉기 조직들이 결성되었다. 1942년 8월 경남 진주군 진주면 주약리 약골에서 '고려구국회'가 결성되었으며, 1943년 10월에는 일제의 강제징병, 징용을 피해 산속으로 숨어 다니던 청장년들을 망라해 지리산에서 '광복무장대'와 무장소부대도 결성되었다.

전민항쟁 조직을 건설하기 위한 투쟁은 강제징집된 조선 청년들 속에서도 벌어졌다. 1944년 진해해병단에 끌려간 조선 청년들은 김일성부대에 가담하려고 집단 탈출했으며, 평양에 주둔하고 있던 일본군 30사단에서도 조선 청년들이 반일학도병무장대를 조직하고 조선 인민혁명군에 집단으로 합류하기 위해 활동했다.

1942년 일제에 노출된 반일 지하조직만 180여 개나 되었고, 조직 역량은 50만 명이 넘었다. 이들은 조선 인민혁명군의 최후공격작전 계획에 따른 전민항쟁을 일으킬 만반의 태세를 갖추어 나갔다.

최후공격작전 계획의 완성

1945년 7월 말 조선 인민혁명군 사령부는 조선 인민혁명군 부대, 소부대, 소조들과 국내의 당 및 조국광복회 조직, 무장봉기 조직들의 준비상태와 국제정세를 깊이 분석한 다음 최후공격작전 계획을 완성했다. 김일성 사령관은 1945년 7월 30일 북야영기지에서 조선 인민혁명군 간부회의를 열고 최후공격작전 계획을 발표했다.

> "간백산 일대에 집결한 조선 인민혁명군 부대들은 예정된 통로
> 로 진출하여 각 도를 해방하며, 원동의 훈련기지에 집결해 있는
> 조선 인민혁명군 부대들은 평양을 비롯한 여러 지역에 항공편
> 으로 신속히 진출하여 이미 꾸려놓은 비밀근거지들을 차지하
> 고 전격적인 군사작전을 벌이도록 계획하였습니다. 이와 함께
> 국내에서 활동하는 조선 인민혁명군 소부대와 정치공작원들은
> 항쟁조직을 대대적으로 늘려 인민들을 전민항쟁에 불러일으킴
> 으로써 온 민족이 이르는 곳마다 조선 인민혁명군의 진격에 합
> 세하도록 하였습니다."
>
> ─『김일성 회고록』

이때 발표된 최후공격작전 계획은 지난 6월 4일 간백산밀영에서 발
표한 최후작전계획을 기본으로 하고 있다. 조선 인민혁명군의 적극적
인 공격작전과 전민항쟁을 배합시켜 자체의 힘으로 일제 침략자들을
격멸하고 조국을 해방하자는 것이었다.

김일성 사령관은 최후공격작전 계획에 따라 부대의 전투서열을 재
편성하고 김책, 안길, 강건, 최춘국, 류경수, 김일, 최현, 오진우 등을 주
요 도시와 지구별 책임자로 임명했다. 자신은 평양과 평안남도에 진출
해 최후공격작전 전반을 지휘하기로 했다.

극동기지에서 국내로 진격하게 될 부대들은 전투태세를 갖추고 조
소 국경과 소만 국경을 따라 지정된 출발 진지에서 공격 명령을 기다
리고 있었다. 해병대와 공수부대도 함선에 승선하거나 비행기에 탑승

해 상륙 또는 투하할 만반의 전투태세를 갖추었다. 간백산밀영에 집결해 있던 부대들도 최후공격작전 계획에 따른 진출 준비를 마쳤다. 국내 각지에서 활동하고 있던 소부대, 소조들도 인민무장대들과 함께 각 지역의 적 주요 대상물들을 타격할 태세를 면밀하게 갖추었다. 만주 전선에서 전투를 전개하게 될 조선 인민혁명군 부대들 역시 소만 국경선을 따라 지정된 공격 출발 진지를 차지하고 전투 임무를 수행할 수 있도록 만반의 태세를 갖추었다.

| 2 |
조국해방 최후결전

1) 총공격 개시 명령 하달

소련은 1945년 8월 9일 일본에 선전포고를 하고 즉각 대일전에 돌입했다. 조선 인민혁명군 사령관은 이와 때를 같이해서 조국해방을 위한 총공격 개시 명령을 내렸다.

| 명 령 |

조국해방을 위한 총공격전을 개시할 데 대하여

1945년 8월 9일

조선 인민혁명군 각 부대들과 전체 지휘관, 병사들!
우리 민족이 일일천추로 갈망하던 조국광복의 역사적 위업을 성취할 결정적 시각이 목전에 도래했다. 이미 파쇼 독일을 격멸한 소련군은 일제 침략자들을 소탕하기 위하여 선전포고를 했다. 소련군의 대일전쟁 참가는 극동의 정치 군사 정세를 근본적으로 변경시키게 될 것이며 우리 민족이 조국광복 위업을 성취하는 데 유리한 환경을 조성하게 될 것이다. 나는 이 엄숙하고 결정적인 시각에 조선 인민혁명군 각 부대들과 전체 지휘관, 병사들에게 다음과 같이 명령한다.

첫째, 전체 조선 인민혁명군 지휘관들과 병사들은 일본 제국주의 침략자들을 조국 강토에서 완전히 격멸 구축하기 위한 최후 결전에 총출동할 것이다.

전체 지휘관, 병사들은 일본 군대와의 격전에서 애국충정과 용감성을 높이 발휘하라! 고국 강토를 겨레의 붉은 피로 물들인 강도 일본 제국주의 침략자들을 한 놈도 남김없이 섬멸하라! 놈들에게 무자비한 복수의 철추를 내리라!

둘째, 국내에서 활동하고 있는 조선 인민혁명군 소부대, 소조 성원들과 정치공작원들, 혁명조직 성원들은 조선 인민혁명군의 총공격전에 호응하여 도처에서 전 민중의 반일항쟁을 조직 전개할 것이다. 노동자, 농민을 비롯한 전체 반일대중을 일제와의 최후결전에 불러일으키고 그들을 승리의 길, 혁혁한 위훈의 길로 인도하라!

셋째, 국내에서 활동하고 있는 조선 인민혁명군 소부대와 인민무장조직들은 조선 인민혁명군의 총공격에 합세하여 적의 배후에 대한 타격전을 과감히 전개할 것이다. 소부대와 인민무장조직들은 적의 군대와 군사대상들을 공격 소탕하며 적들의 지휘체계를 마비시키고 놈들을 혼란과 수세에 몰아넣으라!

넷째, 조선 인민혁명군 정치 일꾼들은 대원들을 원수 격멸의 성전에로 적극 불러일으키며 해방지역 인민들 속에서 정치사업을 강화하여 그들이 자신의 손으로 자치 기관들을 창설하고 반동들의 책동을 분쇄하며 치안 유지와 사회질서 수립에 한결같이 떨쳐나서게 할 것이다.

조선 인민혁명군 전체 지휘관, 병사들!

조국해방 싱전에서 혁혁한 전과와 전투적 위훈을 떨치라!

나는 조선 인민혁명군 각 부대들과 전체 지휘관, 병사들이 간악한 일제식민지통치를 종식시키고 조국광복의 역사적 위업을 빛나게 성취하리라는 것을 확신한다.

승리는 우리의 것이다.

항일전의 최후 승리를 위하여 총진군하자!

조선 인민혁명군 부대들은 총공격 개시 명령에 따라 소련군과 긴밀한 연계 밑에 일본군을 격멸 소탕하기 위한 '조국해방의 대성전'에 즉각 돌입했다. 그들은 일본군을 소탕하면서 조국으로 진격해 나갔다. 조선 혁명의 주인답게 용감성과 희생성, 대중적 영웅주의를 남김없이 발휘함으로써 자신의 책임과 역할을 훌륭하게 수행했다. 전투에 함께 참여했던 소련군은 조선 인민혁명군의 이런 모습에 놀라움과 찬탄을 금치 못했다.

두만강 연안에 집결한 부대들은 일시에 적의 국경 요새를 돌파하

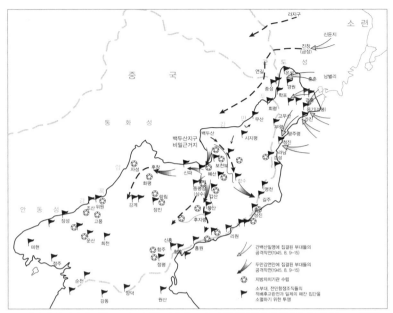

조국해방 총공격작전 진행도. 이 그림을 자세히 보면 당시 전민항쟁의 양상을 총체적으로 파악할
수 있다

고, 경원·경흥 일대를 해방했으며, 웅기 방향으로 진출하면서 계속
전과를 확대해 나갔다. 해안 상륙부대의 선발대로 활동하던 부대는 지
상부대와 긴밀한 협동작전으로 웅기에 상륙해 청진 일대로 진격했다.
또 다른 부대들은 금창, 동녕, 목릉, 목단강을 해방하고 적들을 격멸하
면서 두만강 대안으로 진출했다.

조선 인민혁명군 사령부는 각 부대의 작전 전반을 지휘하는 한편 평
양과 신의주, 함흥에 낙하할 부대를 비행장에 대기하도록 했다. 간백
산밀영에서 전투명령을 기다리고 있던 조선 인민혁명군 부대들은 국
내 각지에서 활동하고 있던 소부대, 소조, 전민항쟁 무장조직들과 함
께 각 도를 장악하기 위한 투쟁을 벌여나갔다.

국내에서 활동하던 조선 인민혁명군 소부대, 소조들은 인민무장대

들과 광범한 민중들을 전민항쟁으로 조직 동원했다. 그들은 전국 각
지에서 일제침략군과 헌병, 경찰기관들을 습격 소탕하면서 적 후방을
교란하는 투쟁을 과감히 벌였으며, 진격해 오는 조선 인민혁명군을 적
극적으로 지원했다.

2) 육상 작전

우리나라와 소련 국경에 설치되었던 일본군 요새에 대하여

조국해방작전을 수행하는 데 있어서는 두만강 연안의 국경요새를
돌파하는 것이 가장 큰 문제였다. 총공격작전에서 일차로 돌파해야 할
대상은 경흥과 나진, 웅기 요새와 만주의 훈춘과 동흥진 요새였다. 얼
핏 일제가 소련과의 국경인 동북 경계선에 무슨 관심을 가졌을까 싶지
만, 그동안 만주의 조선 인민혁명군은 1930년대부터 만주를 완전히 평
정하려던 일제의 의도를 번번이 무산시키고 일본의 중국 진출을 방해
했던 가장 골치 아픈 군대였다. 또 일제는 언젠가는 소련하고도 맞붙
어야 한다고 생각했기 때문에 10여 년에 걸쳐 국경 일대의 요새에 관
동군과 조선 주둔군을 비롯한 방대한 무력을 집결시켜놓고 비밀지하
요새로 만들었다. 그러고는 이 요새들을 가리켜 '난공불락의 방어선'
이라고 자랑했다.

프랑스의 마지노선이나 독일의 지그프리트선(독일과 프랑스의 국경 요
새. 길이 630km이며, 1만 8,000개의 벙커, 터널, 용치로 만들어졌다)이 굉장하다
는 것은 알려져 있다. 하지만 조소, 소만 국경에 설치되었던 일본 국경
요새들의 규모와 견고성에 대해서는 잘 알지 못한다. 이 요새를 연결
하면 총연장 길이가 1,000km 이상이나 된다. 일제는 오랫동안 막대한

물자를 동원해 이 요새들을 구축했다. 보통 1개 요새에 영구 화점(적의 공격을 막기 위해 튼튼한 철근 콘크리트나 철판 따위로 오래 쓸 수 있도록 만든 화점)과 토목 화점(기관총, 포 따위의 화기를 사격할 수 있도록 흙과 나무로 만든 시설물)만 해도 평균 500개나 되었다. 그리고 지휘소와 감시소, 화력 진지, 각종 엄호 덮개(적탄에 의한 피해를 막기 위하여 방공호나 참호 따위의 위를 덮는 물건)와 전호, 교통호, 반 탱크 차단시설, 반 보병 차단시설까지 계산하면 개미 한 마리 얼씬거릴 수 없을 정도였다. 여기에다 관동군의 기본주력을 배치한 것을 보면 일제가 이 요새들을 얼마나 중시하였는가를 잘 알 수 있다.

조선 인민혁명군과 소련군의 연합부대가 이 난공불락의 요새들을 돌파하지 못한다면 총공격작전에서 승리하기란 어려웠다. 전쟁에서 첫 타격전은 전쟁의 승패를 좌우한다. 상대에게 불시에 결정적 타격을 가해야 확고한 주도권을 쥘 수 있다. 대일전 작전회의 때 소련군 지도부는 요새 돌파 문제를 별로 중시하지 않았다. 하지만 김일성 사령관은 여기에 승패의 열쇠가 있다고 보고 본 전투 개시 전에 토리요새를 사전에 급습하겠다고 제안했다.

전면적 해방작전 개시 전날 감행된 요새 사전 습격전투(1945년 8월 8일)

대일 총공격 명령이 내려지기 하루 전인 1945년 8월 8일 밤, 조선 인민혁명군 소부대들은 웅기의 토리 습격전투(오백룡 소부대)와 만주 훈춘의 남별리 습격전투(박광선 소부대), 동흥진 습격전투(지병학·한태룡 소부대)를 기습적으로 벌였다.

두만강 하구에 자리한 토리(함북 웅기의 서수라에서 두만강 상류 쪽으로 약 20리 지점)는 경흥요새 동남쪽과 웅기-나진 요새 동북쪽에 끼어 있는 중요한 군사요충지였다. 일본군이 토리를 잃게 되면 종심 약 16km까지 내놓을 수밖에 없고, 경흥과 나진 요새가 모두 위협받게 된다.

김일성 사령관은 오백룡 소부대에게 토리 습격전투에 대한 구체적 작전 지침을 하달했다. 1945년 8월 8일, 오백룡 소부대는 비가 내리는 야심한 밤에 작은 배로 두만강을 건너 경찰관주재소를 불시에 습격했다. 습격이 얼마나 갑작스럽고 맹렬했던지 살아남은 적들은 저항할 엄두를 내지 못하고 갈팡질팡했다. 그 사이 소부대 대원들은 일제 돌격으로 적을 모조리 소탕하고 토리 일대를 해방했다. 웅기-나진 요새 사령부에 있던 일본군은 토리 습격 소식을 듣고 부랴부랴 증원부대를 출동시켰지만, 토리까지 접근하지 못한 채 웅상령에서 경찰관주재소가 불타는 것을 구경만 하다가 되돌아가고 말았다.

토리 습격전투와 때를 같이해 만주의 훈춘현 남별리와 동흥진에서 벌인 습격전투도 성공적으로 마무리되었다. 조선 인민혁명군 소부대에 의한 습격전으로 적의 요새 내에서는 일대 혼란이 일어났고, 적군의 배치상태와 그 약점들이 낱낱이 드러났다. 그로 인해 일제가 '난공불락의 방어선'이라고 자랑하던 국경 요새 구역들을 단숨에 점령할 수 있는 돌파구가 열리게 됐다. 대일작전의 돌파구, 이것은 조선 인민혁명군이 주동적으로 조국해방 최후결전 전투의 맨 앞에 서서 그 진격로를 개척한 선두부대이며, 대일전쟁에서 결정적 역할을 담당했음을 보여주는 일대 사건이었다.

경흥요새 돌파전투

조선 인민혁명군은 1945년 8월 9일 새벽 일제히 적들의 국경 요새 구역을 돌파하기 위한 전면적 전투에 돌입했다. 첫 공격대상은 경흥

요새구역이었다. 두만강을 건너기 전날 밤, 2명의 대원이 미리 몰래 강을 건너가 원정교두(중국 권하세관 건너편의 이북 측 세관이 있는 지역)의 경찰관주재소와 수비대 연대본부, 경찰서, 헌병 통신중대 사이의 전화선을 절단해놓았다.

8월 9일 새벽 포병부대의 포사격과 동시에 선발대가 두만강을 건너기 위해 원정교로 접근했다. 적들은 기관총으로 응사하면서 원정교를 폭파하기 위해 폭약을 안고 기어왔다. 조선 인민혁명군은 적을 집중 사격해 다리 폭파를 막아냈다. 이어 적의 화점을 타격하면서 치열한 전투가 벌어졌다. 조선 인민혁명군은 마침내 다리를 건너 원정교두를 장악했다. 조선 인민혁명군은 전과를 계속 확대해 청학(나선시 청학동)에 있던 일본군 101혼성연대를 섬멸했다. 살아남은 적들은 웅기 나진 방향과 녹야리(함북 경흥군 녹야리) 방향으로 무질서하게 도망쳤다.

패주하는 일본군을 격멸하는 전투는 국내에서 활동하던 조선 인민혁명군 소부대와 인민무장대들이 맡았다. 송진산 기슭 매복전투(8월 9일~12일), 강팔령전투(8월 10일), 어운동골짜기전투(8월 10일~13일) 등이 있었다. 조선 인민혁명군 소부대, 청학반일회행동대, 오봉반일동맹, 곰산노동자무장대, 아오지인조석유공장반일회 성원들이 이 전투를 담당했다. 8월 14일, 경흥 일대는 완전히 해방되었다. 국내 인민무장대의 배후연합작전이 빛을 발했다. 경흥을 해방한 소부대와 인민무장대는 웅기 서수라 방향과 회령 방향으로 진출했다.

8월 9일 만주의 훈춘 방향에서도 훈춘요새구역을 돌파하기 위한 치열한 전투가 펼쳐졌다. 일제는 훈춘 근방의 대반령에 견고한 방어진지를 구축해놓고 완강하게 저항했다. 대반령 점령은 국경진지 돌파의 사활이 걸린 문제였다. 정황은 매우 위급했다. 이때 조선 인민혁명군 배후습격조가 공중으로부터 적 종심에 낙하했다. 습격조는 견고한 방어진지를 믿고 필사적으로 저항하는 일본군과 결사선을 벌여 내반령 점령의 돌파구를 열었다. 난공불락의 방어선이라고 자랑하던 두만강 연안 국경요새들이 물먹은 담벼락처럼 걷잡을 수 없이 허물어졌다. 훈춘을 해방한 부대는 두만강 일대로 진격해 나갔다.

이처럼 국경돌파 작전은 손쉽게 승리로 끝났다. 이 작전의 승리는 조선 인민혁명군 소부대와 국내 무장부대의 치밀한 정찰 활동과 요충지에 대한 습격작전에 기인한 바가 컸다. 일제 대본영은 '만주는 버려도 좋으나 조선은 최후의 1선으로 절대적으로 틀어쥐고 있을 필요가 있다'라고 하면서 군사적 재편을 서둘렀다.

훈융 해방전투

훈춘에서 두만강 연안으로 진출한 부대는 훈융(함북 경원군 훈융면 훈융리) 해방전투에 나섰다. 적들은 훈융 일대를 전략적 요충지로 보고 1944년에 나남 19사단 75연대 산하 1개 대대를 마유산 일대에 배치했다. 1945년 8월 9일 조선 인민혁명군이 전투를 개시하자 일본은 훈융교를 폭파하고, 병력을 마유산·월명산 일대에 배치하는 등 결사 방어 태세를 갖추었다. 훈융을 해방하자면 마유산·월명산의 적을 격멸해야 했다. 8월 10일 박광선 등 15명의 정찰조가 적의 동태를 정탐하기 위해 파견되었다. 이에 대해 박광선은 다음과 같이 회고했다.

"일제침략군은 대팔령이 녹아나자 (……) 불원간에 치열한 전투가 있으리라고 예견하고 그 준비에 정신이 없었다. 나는 일본 군복으로 갈아입고 적들 속으로 가까이 다가갔다. (……) 헌데 그놈들은 며칠 전에 여기로 온 놈들이라 지형지물에도 익숙지 못하고 (……) 자기들끼리도 서로 다 알지 못하는 형편이었다. 나는 이런 좋은 기회를 틈타 우리 동무들과 함께 놈들이 포진지를 다진다, 교통호며 참호를 더 손질한다며 부산을 피우는 사이를 버젓이 뚫고 들어가 여기저기를 돌아보기 시작했다. 그런데도 눈치 채지 못하고 저마다 제 일에 바빠 헤덤비고 있었다. 우리는 이런 속에서 적들의 방어시설을 하나하나 확인하고 적군 지휘부의 위치를 알아냈다. (……) 적군 지휘부가 자리 잡은 마유산 꼭대기에 올라서니 저 멀리 유다섬 강냉이밭이 한눈에 안겨 오고, 훈춘 시내도 보일 뿐 아니라 두만강 대안에서 진격하는 아군의 전장터도 보였다. (……) 적 장교 놈들이 이제 있게 될 전투를 놓고 최후를 각오하고 있는 듯 갑자기 전체 인원에게 (그때 이 산에만도 2개 연대 이상의 병력이 집결되어 있었다) 새옷을 공급하는 소동을 일으켰다. 신발로부터 양말, 내의, 군복, 모자까지 다 새로 공급하느라 북적거렸다. 당장 가열찬 전투를 앞에 두고 이렇게 하는 것은 무엇 때문인가. 새옷을 받은 적병들도 어리둥절한 모양 수군덕거렸다. 그중 한 놈이 '죽은 다음에 누가 새옷을 입혀주겠는가. 그래서 새것으로 갈아입고 죽자는 거야'라고 말했다. 놈들은 패망을 똑똑히 알고도 발악하려는 심산이었다. 우리는 곧 이 모든 사실을 종합해 무전으로 부대에 보고했다."

─ 『해방전야에』(금성청년출판사, 1989) 중에서

박광선 소부대의 정찰 보고에 따라 8월 11일 밤 마유산과 월명산 일대 적의 진지에 강력한 포사격을 실시했다. 포사격에 이어 탱크를 앞세워 두만강을 건너 전면적인 공격을 개시했다. 선발대인 조선 인민혁명군은 치열한 전투 끝에 승리했다. 승리의 이면에는 중산무장대의 배후연합작전이 있었다. 만일 배후연합작전이 없었더라면 승리도 어려웠을 것이다.

8월 10일 훈융 건너편에서 아군이 진격해 올 때 중산무장대는 무장조 (길목에 매복해 패주하는 적 공격), 안내조(공격부대 길 안내 및 습격조와 함께 적 지휘부 습격), 교란조(적 보급로 차단), 보장조로 역할을 나눠 배후연합작전을 펼쳤다. 안내조는 8월 11일 조선 인민혁명군 정찰조가 도착하자 적정을 통보해주고, 그들과 함께 적 지휘부를 쳤다. 또 중산 동쪽에 매복해 있다가 도망치는 적들을 섬멸했다. 교란조는 8월 10일 적들의 탄약과 포탄 야적장 습격전투를 벌였다. 이와 같은 배후연합작전에 힘입어 훈융 공격부대는 13일까지 계속된 전투에서 적 2개 대대 이상의 병력을 격멸했으며, 8월 15일에는 훈춘 경원 일대를 해방했다.

3) 해안 상륙작전

웅기 해방작전

조선 인민혁명군 해병대의 첫 공격 대상은 웅기·나진 요새였다. 조소연합군은 1945년 8월 9일 새벽부터 웅기·나진 요새구역의 적 진지들을 향해 맹렬한 함포사격을 퍼부으며 공격을 시작했다. 경흥요새를 돌파하고 웅기 방향으로 진출하던 육상부대는 송진산(경흥과 웅기 경계에 있는 산)에 있던 적에게 타격을 퍼붓고 웅기·나진의 외곽방어선을 허물기 시작했다. 육상부대의 활약에 발맞추어 해안 상륙부대의 상륙작전이 개시되었다. 상륙작전이 개시되기 전, 웅기에서 활동하고 있던 지하혁명조직 성원들은 인민혁명군이 웅상에 상륙한다는 허위정보를 유포시켰다. 적들은 시내 병력을 만향고개 쪽으로 집결시켜 아군의 상륙을 견제하려고 했다. 그로 인해 웅기 시내는 사실상 텅 비어 있었다.

8월 11일 밤 아군은 어뢰정 공격과 함께 선발대(오백룡 소부대)가 상륙정을 타고 웅기에 상륙해 저항하는 적들을 순식간에 섬멸하고, 해안 상륙부대 본대가 도착하기도 전에 웅기를 해방했다. 오백룡 선발대를 앞세운 웅기 상륙작전은 적의 저항을 거의 받지 않은 무혈입성이었다. 세계 어느 전쟁사에서도 찾아볼 수 없는 매우 특이한 상륙작전이었다.

웅기를 해방한 아군의 일부는 시내의 동남 방향으로 진출했고, 일부는 88고지에 있는 무선국을 점령하고 서수라 방향으로 진출했다. 서수라 방향으로 진출하던 부대는 만향고개에 집결해 있던 일본군과 치열한 전투를 벌였다. 만향고개에는 일본군이 설치한 여러 개의 영구화점과 수많은 병력이 있어 공격하기가 매우 까다로웠다. 그럼에도 오백룡 선발대는 신출귀몰한 전법으로 적들을 섬멸하고 만향고개를 점령했다. 습격조와 엄호조로 구성된 소수의 습격대는 오백룡의 지휘 아래 적들의 중기화점(중기관총을 설치하고 발사하는 화점)을 모조리 무력화해 전투의 승리에 결정적인 역할을 했다. 전투 과정을 직접 목격한 소련 군인들은 엄지손가락을 흔들며 빨치산이 제일이라고 경탄을 금치 못했다. 이어 서수라로 진출해 서포항 뒷산에서 발악하던 적 포병 화력진지를 습격해 여러 문의 포를 파괴했다. 다음날 새벽 토리, 용현, 경흥 일대의 국경선을 돌파한 지상부대들과 함께 웅기 일대를 해방했다.

나진지구 해방작전

나진 상륙작전을 담당한 소련의 태평양함대는 나진 상륙작전이 매우 어려운 싸움이 되리라고 생각했다. 당시 나진은 군사전략상 매우 중요한 곳으로, 일제는 많은 공을 들여 난공불락의 요새를 구축해놓았다. 일제는 나진에 요새사령부를 두고, 그 주변에 수많은 관하 부대들을 배치했다. 1945년 나진에는 관동군 직속부대, 17방면군 직속부대, 관동군 보급부대, 대륙철도사령부 관하부대, 1선박 수송사령부 북선지부, 선박포병대, 선박통신대, 39육상근무대, 선박창, 수상항공대, 특설경비대와 수십 척의 선박 등 어마어마한 무력이 배치돼 있었다.

나진지구 해방작전은 원래 태평양함대 해안 상륙부대와 나진지구 인민무장대가 협공할 계획이었다. 그런데 나진지구 소부대와 인민무장대가 해안 상륙부대가 상륙하기도 전에 자체의 힘만으로 나진을 완전히 해방해버렸다. 인민무장대의 한 소부대가 한밤중의 불시 기습으로 그토록 견고하다던 요새의 사령부와 헌병대, 경찰서, 육군 군수창고 등을 파괴하고 시내를 점령한 것이다. 그 후 대기하고 있던 인민무장대가 나진 시내를 장악했다. 나진 해방전투에 참여했던 소련의 장교는 자신의 수기에서 이렇게 썼다.

"(……) 우리들이 도시에 가까이 다가갔을 때 기관총의 따르륵 소리와 포사격 소리가 들려왔다. 도시 변두리로 나온 조선 농민들이 손을 휘저으면서 '만세'를 외치고 있었다. 그들의 말을 들으면 시내에서는 벌써 이틀째 김일성 빨치산 부대와 일본군 사이에 전투가 벌어지고 있다는 것이었다. 나진시의 조그마한 광장들과 좁다란 길거리들은 적군의 자동차들과 짐수레들로 미

어질 듯 꽉 차 있었다. (……) 우리는 조선 빨치산들이 일본군의 퇴로를 막고 그들이 도시에서 빠져나갈 수 없게 만들었다는 것을 알게 되었다. 우리와 빨치산 사이에 갇히게 된 일본 사무라이들은 무기를 내던지고 포로가 되기 시작했다. 우리는 도시 변두리로부터 우리를 향해 급히 달려오는 100여 명의 무장인원을 보았다. '우리들은 김일성 빨치산 대원들입니다'라고 급히 부대 지휘관이 탱크병 대좌에게 말했다."

— 『조선에서의 수기』(이.우르쥬멜라슈월리) 중에서

어찌 된 일인지 더 설명하도록 하자. 나진 해방전투에 들어가기 전에 보로지산 임시비밀근거지를 거점으로 활동하던 조선혁명군 소부대와 나진 인민무장대는 무장대를 5개 대로 편성하고 '1대와 4대는 관곡령에 방어선을 형성하려는 적 뒤통수를 쳐 아군부대의 진격로를 열고, 3대는 후창, 삼해, 관해 쪽에 매복해 있다가 나진에서 얻어맞고 패주하는 적들을 섬멸하며, 2대는 나진 시내에 들어가 요새 사령부와 헌병대, 부청, 경찰서를 기습하고, 군수창고를 불태운다'라는 구체적인 전투계획을 세웠다.

8월 9일 최후공격작전이 개시되자 아군 비행기와 함선 들이 나진 일대의 적 진지에 포격을 개시했다. 인민무장대 2대는 적의 요새 사령부와 헌병대, 경찰서를 불시에 기습해 커다란 타격을 가하고 군수창고를 불태웠다. 인민혁명군 소부대들은 시내 주변에 배치돼 있는 적 포진지들에 대한 습격작전을 진행해 적들을 살상하고 각종 포를 파괴했다. 인민무장대의 공세에 당황한 적들은 10일 아침 시내에서 황급히 도주했고, 오후에는 적 사령부도 철수해 판곡령으로 도망갔다.

일본군은 병력을 판곡령에 집결시켜 새로운 방어선을 치고 조선 인민혁명군 소부대와 인민무장대의 공격을 저지하려고 했다. 하지만 그것은 헛된 꿈이었다. 판곡령에 미리 매복해 있던 인민무장대 1대와 4대가 집결하려는 적을 계속 타격해 혼란을 일으켰다. 8월 12일에는 웅기를 해방하고 온 인민혁명군 부대와 협동작전으로 수백 명의 적을 살상하거나 포로로 붙잡았다. 도주하던 적은 삼해, 관해 쪽에 매복한 무장대원들에게 완전히 섬멸됐다. 이렇게 나진 인민들은 해상상륙부대가 도착하기도 전에 자체의 힘으로 나진 시내를 해방했다.

청진지구 해방작전

부령 일대에서 활동하던 소부내와 인민무장대들은 웅기와 나진 요새 구역에서 퇴각하는 적을 섬멸하는 전투를 치열하게 벌였다. 패주하던 적은 청진 일대로 진출하는 조선 인민혁명군을 저지하기 위해 철근령을 중심으로 한 백사봉 산줄기에 방어진지를 새로 파고 장덕산에 1개 대대, 무릉동 일대에 1개 중대 병력을 배치했다. 부거무장대(부거, 판장, 사구 각각 3개 마을의 무장대가 합쳐진 무장대)와 연합작전 지휘부는 각 무장대에 전투 명령을 하달했다.

8월 12일 밤 부거무장대의 판장무장조는 철근령 마루에 매복해 있다가 1개 중대의 일본군이 부거에서 부령으로 고개를 넘을 때 급습하여 다수의 적을 섬멸했다. 이어 세 차례에 걸쳐 철근령을 넘으려는 적을 타격해 다수의 적을 살상하거나 포로로 붙잡았다. 한편 부거무장대의 부거무장조는 8월 13일 부거경찰서와 동대바위에 있는 적 고사포진지를 기습해 무너뜨렸고, 사구무장조는 알등령에 매복해 있다가 퇴각하는 적을 섬멸했다. 부령무장대의 배후연합작전은 더욱 치열했다.

조선 인민혁명군 본대가 장덕산 일대로 진출하기 전인 8월 12일 밤 부령무장대의 정찰조와 교란조 대원들은 2개 조로 나눠 적 지휘부를 타격했다. 8월 13일과 14일 이틀 동안 아군 부대는 장덕산의 적들을 맹렬히 공격해 패퇴시켰다.

청진지구 해방전투는 동해안 일대 해방작전 중에서 가장 어려웠다. 당시 청진에는 144경비대, 특설경비 451대대와 452대대, 410특설경비공병대, 독립공병대, 131대대, 독립 고사포 46대대의 1중대, 독립 고사포 65중대 등 수많은 일제 무력이 배치되어 있었다. 8월 9일 아군 전투기들은 청진 일대의 적 진지들에 대해 맹폭격을 퍼부었다. 8월 11일 청진 앞바다에 도착한 아군 함선도 쌍연산, 고말산 등지의 적 진지에 맹렬한 함포사격을 퍼부었다. 8월 13일 아침 선발대였던 백학림 소부대가 비행대와 함포사격의 엄호를 받으며 청진항 어항과 천마산 아래 백사장 등 두 개 방향에서 상륙작전에 돌입했다.

나선으로부터 진출한 아군부대는 8월 14일 광주령(나선시에서 청진시로 가는 길목에 있는 고개)에서 조선 인민혁명군의 돌격과 인민무장대의 배후타격으로 적들을 섬멸했다. 광주령을 돌파한 조선 인민혁명군은 해안 상륙부대와 협동해 청진 낙타봉 일대와 수성천 일대에서 적들을 소탕하고 8월 15일 아침 청진 시내를 완전히 해방했다.

4) 간백산밀영부대 진격작전

1945년 8월 9일 총공격명령이 하달된 후 간백산에 있던 조선 인민혁명군 부대들은 길주, 북청, 신흥, 강계 방향으로 진격했다. 그들은 진격로 상에 있던 조선 인민혁명군 소부대, 소조, 국내 무장봉기 조직들과 협동작전으로 마을과 도시의 해방진투를 빌였다.

신흥 방향으로 진출한 부대는 8월 13일 이명수 목재소 노동자결사대와 함께 이명수 경찰관주재소와 영림서에 대한 습격전투를 벌여 10여 명의 경찰을 체포하고 적들의 문서를 불태웠다. 부대는 이어서 포태, 독산을 비롯한 여러 경찰관주재소와 영림서, 산림보호소, 우편국 등 적 통치기관들을 습격했다. 다시 혜산 일대로 진격해 8월 15일 혜산 주둔군과 헌병, 경찰을 소탕하는 전투를 벌였다.

강계 방향으로 진출한 부대는 8월 14일 신파에 도착해 삼수 반일동맹 신파지구 조직의 무장성원들과 함께 신갈파 수비대와 경찰서를 습격했다. 백암 길주 방향으로 진출한 부대는 길주 반일동맹 상팔동 분회의 노동자돌격대를 비롯해 혁명조직과 무장봉기 조직들과 함께 군내 일제 경찰기관과 군청을 습격했다.

5) 무장봉기 조직들의 적 배후 교란전과 전민봉기

조선 인민혁명군이 일본군을 물리치며 국내로 진격하고 있을 때 국내 민중들도 적 배후 교란전투와 전민봉기로 호응해 나섰다. 경흥, 경원, 나진, 부령, 청진 등에서 활동하던 소부대 소조들과 인민무장대, 당 및 조국광복회 조직을 비롯한 혁명조직들은 조선 인민혁명군의 조국 진출에 발맞추어 배후연합작전을 벌였다.

종성 일대의 박달령결사대는 철도로 퇴각하려는 삼봉 일대의 일본군과 헌병, 경찰들과 전투를 벌여 8월 15일 전에 삼봉 일대를 완전히 장악하고 해방했다. 박달령결사대의 다른 한 조는 8월 12일부터 동관, 방원을 비롯한 여러 경찰관주재소를 습격해서 적들을 소탕하고 군 안의 전반적 지역을 장악했다.

회령 일대에서도 치열한 전투가 벌어졌다. 일찍이 곰산무장대와 까치봉무장대는 8월 11일과 12일에 회령시 원산리와 경흥군 녹야리 일대에서 원정, 청학, 마유산 일대에서 퇴각하는 100여 명의 일제 패잔병들을 살상하거나 포로로 붙잡았다. 특히 까치봉무장대는 13일부터 자체적인 회령해방전투에 돌입해 14일에 회령시가를 점거하고 회령을 해방했다. 이어서 회령 일대에 대한 수색전투를 벌여 수백 명의 적군을 살상하거나 포로로 붙잡고, 비행기 5대, 고사포 수십 문과 각종 포탄 수백 발을 비롯해 수많은 무기와 탄약을 노획하는 전과를 거뒀다. 계림탄광(회령시 계림동 소재) 반일회의 조직원들과 탄광 안 핵심 노동자로 조직된 항쟁조직은 8월 12일과 13일에 걸쳐 유선 경찰관주재소와 운두 경찰관주재소를 비롯한 일제의 경찰기관들과 통치기관들을 습격했다.

무산, 경성, 성진(김책) 일대의 당 및 조국광복회 조직들과 인민무장대도 적극적으로 투쟁을 벌였다. 강선노동단(무산)은 민봉비밀근거지에 의거해 활동하던 소부대의 지도 밑에 8월 13일 강선동 경찰관주재소와 면사무소를 불시에 기습하고 동면 일대를 장악했다. 밤중에는 주초령에 집결한 적을 습격해 수십 명을 살상하고 30여 명을 포로로 붙잡았다. 경성 일대의 용현인민무장대는 8월 10일 일본군 군수물자를 실은 화물열차를 전복시키고, 11일에는 주을 온천면의 경찰관주재소와 면사무소를 습격했다. 또 8월 14일에는 일제 침략군을 습격했다. 명천의 당 및 조국광복회 조직들도 군 안의 일제 기관과 통치기관을 습격했고, 성진의 항쟁조직들도 성진경찰서를 비롯한 경찰관주재소를 습격했다. 보천 일대의 대진평 항일결사대는 8월

14일 대평, 대진 경찰관주재소들과 산림보호구, 면사무소를 점거했다. 신파 일대의 삼수 반일동맹 신파지구 조직원들 역시 적극적인 투쟁을 전개했다.

함흥 일대 시국연구회 산하 무장대는 8월 14일 함흥경찰서를 비롯한 함흥 시내 파출소를 습격했다. 단천 일대 조국광복회 단천지회와 코발트광산 반일회 산하 무장대들은 8월 13일 군 경찰서를 습격했고, 이원 일대의 철산무장대는 8월 14일 나흥역을 점령했다. 안변 일대의 광진단은 8월 13일 2개 대로 나누어 군 경찰서를 비롯한 적 통치기구를 습격했다. 문천인민무장대, 갑산인민무장대, 북청인민무장대, 홍원인민무장대, 신흥인민무장대 역시 맹활약을 펼쳤다.

신의주에서는 조국광복회 산하 신의주운송주식회사 무장조직인 영림서무장대, 북창무장대 등이 근처 일본군과 헌병, 경찰기관들을 습격 소탕했다. 8월 13일에는 신의주 시내로 진출했으며, 8월 14일에는 미륵정파출소와 액정파출소를 습격했고 15일 아침에는 북하동 경찰관주재소를 습격했다. 창성 일대의 삼봉산인민무장대와 비래봉무장대는 8월 12일 신창 경찰관주재소와 남창 경찰관주재소를 습격하고, 13일에는 군 경찰서 습격전투를 벌였다. 동창 일대의 대유동반일결사대는 14일 군 안의 모든 면사무소와 11개 경찰관주재소와 남창 경찰관주재소를 습격하고 군 안의 모든 지역을 장악했다. 구성, 운산, 태천, 삭주, 의주, 강계, 희천, 위원 등에서도 인민무장대에 의한 습격전투가 있었다.

평양, 안주, 개천, 황주, 철원, 경성(서울) 등 중부 일대의 무장봉기 조직들 역시 적극적인 투쟁을 전개했다. 순천 일대의 일심청년회와 자모독립단은 무장대 성원들과 함께 일제 침략군 소탕전을 벌였다. 8월 14일에는 군 경찰서 습격전투에서 승리했고, 군 안의 모든 면에 있는 경찰관주재소를 점거했다. 양덕 일대의 대봉무장대도 양덕지구 비밀근거지에 의거해 활동하던 소부대의 지도하에 적극적인 투쟁을 벌였다. 8월 13일 쌍룡면 경찰관주재소를 장악하고 오강 경찰관주재소를 점거했다. 8월 14일에는 군 경찰서를 습격해 군을 완전히 장악했다. 개천 일대의 무장대도 8월 13일 군 경찰서를 장악했고, 신천 구월산무장대 역시 8월 14일 달천주재소를 습격했다. 개성 일대에서 활동하는 북암 반일청년단 습격대는 8월 13~14일에 영남면사무소, 수지파출소, 운학파출소를 점거했으며, 15일에는 일제 헌병분견대와 개성경찰서, 소방대, 경방단, 부청을 장악했다. 수안 일대 조국해방단 성원들은 8월 14일 군 경찰서를 장악했다. 해주 반제동맹과 수양산무장대는 8월 15일 아침 해주비행장을 습격하고 비행기 6대를 노획했다.

적 배후를 교란하고 일제 식민지 통치기구를 분쇄하기 위한 무장봉기와 투쟁은 부산, 광주, 전주, 대구, 진주 등 남부 지역에서도 활발하게 벌어졌다. 진주에서는 고려구국회와 광복무장대가 활동했다.

반일 폭동도 활발하게 일어났다. 8월 12일 조국광복회 창평지회 지도하에 백암 곽지봉 노동자 폭동이 일어났으며, 8월 15일에는 이원에서 1,000명의 폭동 군중들이 읍을 점거했다. 문천과 개천, 서흥에서도 격렬한 폭동이 일어났다. 평양과 서울, 함흥과 원산, 대구, 부산, 진주에서도 반일시위와 폭동이 확대되고 전국적 범위로 파급되었다.

|3|
일제의 무조건 항복과
항일무장투쟁의 승리

8월 9일, 일제에 대한 전면전이 선포된 지 일주일도 채 되지 않은 때 일본군이 입은 타격은 상상을 초월하는 것이었다. 1945년 패색이 짙어지자 일본 지도부 내에서는 일부의 항복 주장에 대해 '조선사수론'으로 맞서면서 최후결전을 불사한다는 주장이 강했다. 조선 주둔군의 비중을 압도적으로 늘리고, 제주를 요새화하는 등 주전론은 막강한 힘을 발휘하고 있었다. 8월 6일과 9일 원자탄 폭격을 맞을 때만 하더라도 '조선사수론'의 입장은 수그러들지 않았다. 하지만 9일부터 연이어진 조선 전선에서의 패퇴는 일본의 마지막 희망과 버팀목을 끊어버리기에 충분했다. 일본은 이제 미국에게 항복할 것인가 아니면 소련에게 항복할 것인가를 선택해야 할 상황이었다.

일본 극우세력에게는 사회주의 소련에게 항복한다는 것은 다시는 재개하지 못할 나락으로 빠지는 것이라는 본원적 위기감이 작동하고 있었다. 미국 역시 일본의 패망은 시간문제이며 이후로는 소련사회주의권과의 전면전이 될 것이라고 예견하고 있었다. 이런 상황에서 미국과 일본의 비밀스러운 협상이 시작되었다. 일제는 서둘러 미국에게 항복하는 길을 선택한 것이다.

1945년 8월 10일을 전후로 하여 한반도를 둘러싼 정세는 격동하고 있었다. 특히 소련군의 진격에 놀란 일본군, 소련이 한반도를 점령하기 전에 일본을 대신해 한반도에 상륙하려는 미국의 움직임이 긴밀했다. 결국 일본은 8월 15일 천황의 라디오 방송으로 무조건 항복을 선언했다. 일본이 미국의 원자탄에 놀라 항복했다는 주장은 지엽적이고 단편적인 문제를 침소봉대한 것이다. 오늘날 많은 전문가 사이에서는 원자탄이 일본을 항복시키려는 의도보다는 사실상 소련에 대한 위협이었다는 의견이 설득력 있게 회자되고 있다.

만일 소련과 조선 인민혁명군의 노도와 같은 진격이 없었다면 일본이 과연 항복했을까? 소련군의 힘도 중요했지만, 조선 인민혁명군과 민중들의 배후타격전이 없었다면 소련군이 그토록 빨리 진격해 내려올 수 있었을까? 일제의 무조건 항복은 항일무장투쟁의 값진 승리이며, 민족 자체의 힘으로 일제를 몰아내고 자주독립국가를 수립하려는 자력해방노선의 빛나는 결실이었다.

8월 15일 무조건 항복 이후에도 계속되는 일본의 군사행동

당시 미국은 장차 일본을 대신해 한반도를 점령할 생각이었다. 그런데 상황은 미군이 한반도에 진주하기도 전에 소련과 연합한 조선 인민혁명군이 자체의 힘으로 한반도를 해방하고 장악할 가능성이 매우 농후했다. 미국은 황급히 38도선을 그어 조선 인민혁명군과 소련군이 그 이남으로 진출하지 못하도록 하는 동시에 일본군을 배후 조종해 조선 민중들의 자력해방투쟁을 무력으로 막았다.

미국은 8월 15일 일본 관동군 사령관에게 '대륙명 제1381호'를 내려

보내 "긱 군은 따로 명령할 때까지 각각 임무를 계속할 것. 다만 적극적 진공 작전은 중지할 것. 또한 군기를 엄격히 세우고 단결을 공고히 하여 한결같은 행동을 취할 것이며 (……) 치안의 동요를 방지하는 데 힘쓸 것"이라는 지령을 보낸다. 즉 미국의 배후 조종 아래 무조건 항복을 선언한 이후에도 한반도에 주둔하고 있던 일제 침략군에게 무장을 놓지 말고 군사적 저항을 계속할 것을 지시한 것이다. 이어 8월 18일에는 '대륙명 제1385호'를 내려보내 "경솔하게 손을 드는 것을 경계하고 황국 장래의 융성"을 위해 싸우라고 명령했다. 대본영의 명령에 따라 관동군은 작전 회의를 열어 방어전을 모의했다.

이에 따라 무조건 항복선언 이후에도 각처에서 전투행위가 계속되었다. 일본군 나남사관구 사령부는 경원 요새구역과 옹기, 나진 요새구역에서 패주한 부대들을 재편해 대규모 반격을 도모했다. 이렇듯 일제는 관동군 무력을 앞세워 한반도와 만주 지역에서 전면적인 반격작전을 꾀하는 한편 한반도에 주둔한 수많은 군대와 경찰을 동원해 조선 민중의 반일투쟁을 야만적으로 탄압했다. 즉 조선총독부와 조선군 관구 사령부는 8월 16일 악명 높은 '정치운동 단속요령'을 공포하고, 우리나라 민중들을 무자비하게 탄압하라는 지시를 내렸다. 같은 날 조선군 관구 사령부는 '관내 일반 민중에게 고함'이라는 포고를 발표했다. 이 포고는 민중들의 해방투쟁을 '민심을 교란'하며 '치안을 방해'하는 행동이라고 왜곡하고 '군대는 단호하게 탄압할 것'이라고 협박했다. 또 8월 18일에는 조선군 관구 보도부장이라는 자가 라디오 방송에 나와 "조선군(일제 침략군을 지칭)은 엄연히 건재해 있다"라고 떠벌이며, 우리나라 민중들이 일본의 무조건 항복을 기회로 그 어떤 독립운동을 벌이려 한다면 '단호하게 무력을 행사할 것'이라고 엄포를 놓았다.

일제는 일본군을 주요 도시에 출동시켰으며, 8월 20일에는 일본군 경성사관구 사령관이라는 자를 경성 경비 사령관으로 임명하고, 부대 병력과 120사단 병력에게 경성 일대에서 민중들의 투쟁을 진압하도록 지시했다. 또 서남부 해안지대에서는 탱크와 장갑차까지 동원해 민중들을 잔인하게 학살했다.

이와 함께 일제는 '종전 후 치안 유지'라는 미명 아래 경찰력을 대대적으로 증강했다. 8월 15일 저녁에는 일본군 부대에서 경찰 경력을 가진 약 4,000명에게 경찰복을 입혀 배치했고, 9,000명의 사병으로 '특별경찰대'를 편성했다. 우리 민중에 대한 일제의 탄압은 일본군 160사단장이 1945년 8월 30일 라디오 방송에서 한 발언을 통해서도 드러난다. 그는 "종주권이 이양될 때까지 조선은 황국의 영토이며, 조선 인민은 황국의 신민이다. 마땅히 천황의 뜻을 받들며 황국신민의 서사를 낭창하며 조용히 따라야 한다. 독립운동은 모두 허락하지 않는다. 조선 국기 게양은 엄금한다. 치안 유지를 위한 단체결성을 허락하지 않는다."

― 『조선종전의 기록』(암남당 서점, 1964, 105p)

이런 사실들로 미루어 보건대 일제의 무조건 항복은 단지 미국을 향한 항복에 불과하다. 따라서 우리 민족이 일제의 지배에서 벗어나 진정한 자유와 권리를 실질적으로 누리기 위해서는 민중의 힘으로 일제 패잔 집단의 준동과 식민통치기구를 분쇄하고, 새로운 사회를 건설해 나가야 했다. 이런 투쟁과업은 조선 인민혁명군의 강력한 군사적 공세와 함께 전국 각지에서 일어선 민중들의 강력한 반일 민중항쟁으로 해결되었다.

일제의 군사적 저항을 분쇄하기 위한 작전

조선 인민혁명군은 일제의 무조건 항복 이후에도 군사적 공세를 계속했다. 1945년 8월 15일 청진 시내를 해방한 조선 인민혁명군 부대는 수남으로 진출해 수성천 일대에서 치열한 공방전 끝에 적을 섬멸하고 평야지대로 진출했다. 이어서 8월 18일에는 나남(당시 함북의 도청 소재지)을 장악했다.

청진 나남 일대를 빼앗긴 일본군은 관모봉(함경북도 경성군 주을읍과 무산군 연사면에 걸쳐 있는 산으로, 해발 2541m. 백두산에 이어서 두 번째로 높은 산이다) 산줄기의 유리한 산악지형을 이용해 조선 인민혁명군 부대의 진격을 가로막으려 했다. 일본군은 사령부를 주을 일대로 옮기고 견고한 방어선을 구축했지만 조선 인민혁명군은 주을에 이어 길주, 성진, 단천, 이원, 북청, 홍원을 돌파하고 8월 20일에는 함흥에 이르렀다. 일본군은 다시 함흥과 정평 사이에 군대를 집중적으로 배치하고, 인천 조병창에서 새로 만든 탄약을 공급했다. 하지만 아군부대의 진격에 놀라 겁을 먹고 투항했다.

만주에서 경원을 해방하고 남양 회령 방향으로 진격하던 부대들은 왕청을 해방하고 도문을 거쳐 두만강을 건너온 부대들과 함께 남양 남쪽 지역에서 적을 포위 섬멸하고 회령 남쪽 일대로 진출했다. 광주령에서 적을 섬멸한 부대는 고무산을 거쳐 무산에 이르렀으며, 다른 한 부대는 백암 방향으로 진출했다. 함흥에서 적을 소탕한 부대는 평양과 철원 지방으로 진격했다.

반일 전민항쟁

조선 인민혁명군이 폭풍처럼 진격하고 있을 때 당 및 조국광복회 조직들과 전민항쟁 조직들을 비롯한 광범한 민중들도 무장항쟁을 벌여 아군부대들의 작전행동을 적극적으로 지원했다. 또 전국 각지에서 적위대, 보안대, 민경대, 자치대, 자위대, 치안유지대 등 각양각색의 명칭을 가진 자발적인 민중 무장조직들이 수없이 건설되었다. 이런 무장조직들의 핵심에는 어김없이 혁명조직 성원이 있었다. 각 지역의 무장조직들은 일본군의 발악적 책동을 분쇄하기 위한 투쟁을 과감하게 벌였다.

어랑 지역에서는 8월 16일 무장대를 편성해 봉강의 면사무소를 점거하고 100여 명의 청년을 무장시켰다. 이 무장대는 나남에서 패주하는 적의 퇴로를 차단하고 패잔병들을 섬멸했다. 일본군은 20~30명씩 남으로 도망가다가 어랑무장대의 강력한 타격으로 사상자가 나오자 산길로 돌아 강릉산 일대에 집결했으나 치열한 전투 끝에 집단 투항했다.

길주 성천 지역에서도 전투가 벌어졌다. 8월 16일 조선 인민혁명군의 한 부대가 백암을 해방하고 길주로 진격했다. 남계자치대는 일제 패잔병 부대가 군용열차를 타고 퇴각한다는 정보를 입수하고 역의 선로전환기를 바꿔 놓아 열차가 역 구내로 달려오다가 마주 서 있는 열차와 충돌해 전복하도록 만들었다. 이 전투에서 조선 인민혁명군은 다수의 적을 격멸하고 28량에 달하는 무기와 전투기술 기재, 식량 및 의약품, 군수물자를 파괴하거나 노획했다. 8월 하순 길주군 덕산면 도목동 골짜기 안에 일제 패잔병들이 집결해 있다는 소식을 접한 덕산면

민경대는 전투를 벌여 직들을 섬멸했다.

성진 일대에서도 8월 하순 패잔병들을 소탕하기 위한 전투를 벌였다. 8월 18일 성진보안대는 일본군 패잔병들이 시내 고급요리점에 집결해 있다는 소식을 접하고, 요리점을 포위했다. 일본군은 완강하게 저항하다가 결국 무장해제되었다. 이어 성진경찰서를 습격해 악질경찰을 처단했다. 삼지연 이명수 노동자돌격대는 8월 19일 퇴각하는 일본군을 격멸했고, 10여 정의 기관총과 백 수십 정의 보총, 수천 발의 탄약, 10여 대의 자동차와 많은 말을 노획했다. 풍산 안산 후치령 생산유격대도 적들을 격멸하고 기관총과 보총, 권총을 노획했으며, 갑산군 자치대원들도 8월 29일 수십 명의 적 패잔병을 붙잡았다.

평양 일대에서도 패잔병 소탕 전투가 치열하게 전개되었다. 평양에는 항복 이후에도 관동군 직속부대, 17방면군 직속부대, 평양사관구 관하 부대 등 수많은 병력과 항공부대, 고사포부대를 비롯한 기계화부대가 집결되어 있었다. 이곳의 적 패잔병들을 소탕하는 투쟁은 일본군의 반격 움직임을 분쇄하고 중부 및 서북부 지역을 장악하는 데 중요했다. 1945년 8월 16일 조국해방단(김원주)을 중심으로 노동자, 농민, 청년 학생들로 결성된 적위대가 남아있는 적을 제압하고 무장을 해제하는 혁혁한 성과를 거두었다. 일본군은 8월 17일 평양역을 점거하고 열차로 퇴각하려고 했지만 적위대원들에게 붙잡혔다. 8월 18일 평천리 병기공장을 점거하고 무기를 장악했다. 이어서 선교경찰서를 점령하고 대동강역에서 열차를 타고 남으로 퇴각하려던 패잔병들을 몽땅 생포했다.

함흥, 혜산, 강계, 신의주, 사리원, 경성에서도 민중들의 자치적 무장조직이 패잔병 집단을 섬멸하고, 공장 기업소를 파괴하려는 음모를 저지했으며 적 통치기구 분쇄 투쟁을 벌였다. 이에 대해 김일성 사령관은 다음과 같이 회고했다.

"1945년 8월에 우리나라에서 적 통치체계가 왜 그렇게 빨리 허물어졌겠습니까? 그것은 우리의 전민항쟁 조직들이 도처에서 들고 일어나 일본사람들이 틀고 앉아 있던 통치기관을 철저히 짓부수어 놓았기 때문입니다."

적들이 정치운동 단속요령을 발표하는 등 공포 분위기를 조성했지만 우리 민중들은 혁명적 공세로 맞대응했다. 전국 각지에서 '조선독립만세', '조선 인민혁명군을 열렬히 환영한다', '일제 침략군은 무조건 항복선언에 따라 즉시 무장을 벗으라' 등의 구호를 들고 광범위한 시위투쟁이 일어났다. 일본군 병영, 조선총독부 및 도청과 경찰서 등 일제 통치기관을 습격하고, 신사, 봉안진을 불사르는 한편 신문사와 방송국, 우편국을 장악했다. 평양에서는 8월 15일 대중적 시위가 발발했고, 8월 16일에는 평양감옥을 점거하고 애국자 3,000명을 석방했다. 또 8월 15일 평양 군중은 일제의 방송통신시설, 철도와 공장, 은행 등을 장악했으며 도청과 부청을 공격했다. 강동탄광 청년적위대는 강동군청을 불시에 습격해 악질 관리를 처단하고 군청을 점거했다. 강서 일심광복회 회원들은 8월 중순 적송면사무소를 장악했다.

신의주에서도 2만 명이 봉기했다. 삭주 조국광복회의 구암채석장 소조원들은 8월 16일 광산노동자들과 민중들을 불러일으켜 중대광산을 장악했다. 의주농우회 무장단은 8월 하순 송장면, 가산면, 고령삭면의 면사무소를 점거했다. 의주반일회 성원들은 의주군청을 기습 점거했다. 안변 반일청년회는 8월 17일 군청, 면사무소, 우편국, 산림보호소, 은행을 장악했다. 이천반일회는 8월 16일 군청을 장악했고, 해주 반제동맹 성원들은 8월 16일 수양산무장대와 합세해 황해도 도청을 장악했다.

통계에 따르면 조선 인민혁명군과 소련군이 장악하고 있었던 함경남북도를 제외하고 8월 13일부터 8월 23일까지 전국 각지의 1,000개소에서 반일시위와 무장폭동이 발발해, 적의 통치기관을 분쇄하는 투쟁을 벌였다. 이런 투쟁은 식민통치의 사회정치적 기반을 청산하고 새로운 토대 위에서 민중정권 수립의 전제조건을 마련해주었다.

우리나라 민중들은 이처럼 적 통치기관 분쇄투쟁을 전국적으로 벌이는 한편, 해방된 지역에서 지방자치기관을 세우고 새로운 질서를 잡아나갔다. 함경남도의 경우, 8월 16일부터 8월 31일 사이에 함흥, 원산을 비롯한 도 안의 3개 시와 16개 군, 129개 면 전체에 인민위원회가 세워졌다. 다른 지역도 예외가 아니었다. 우리나라 민중들은 이처럼 자체의 힘으로 자주적 독립국가 건설의 길을 힘차게 걸어나갔다.

우리나라의 해방은 소련군이 일본 관동군을 격멸하는 유리한 환경을 배경으로 어디까지나 우리나라 민중들과 조선 인민혁명군 자체의 역량에 의해 이루어졌다. 사령관의 최후공격 명령에 따라 전개된 조선 인민혁명군의 최후공격작전과 민중들의 적극적인 전민항쟁, 배후 타격전략에 의해 일제의 식민지 통치체계는 무너지고, 조국해방 위업이 성취된 것이다. 김일성 주석은 다음과 같이 회고했다.

"조선의 해방은 소련군이 일본관동군을 격멸하는 유리한 환경에서 우리 인민과 인민혁명군 자체의 역량에 의해 마련된 위대한 결실입니다. 1930년대와 1940년대 전반기에 우리가 조직한 국내의 항쟁조직들과 무장대들이 조선 인민혁명군의 최후공격 작전 계획에 따라 국내 도처에 웅거하고 있는 일제의 침략 무력과 식민지 통치기구들을 제압 소탕하고 나라를 해방하였습니다."

해방된 조선은
어느 길로 가야 하는가?

| 1 |
해방 직후 국내외 정세

1) 국제정세

국제 민주역량의 힘과 영향력 확대 강화

제2차 세계대전은 제1차 세계대전처럼 제국주의 열강 사이의 갈등과 모순의 폭발로 발발한 제국주의 전쟁이었다. 그런데 제1차 세계대전은 제국주의 전쟁으로 끝났지만 제2차 세계대전은 그렇지 않았다.

원래 미국, 영국, 프랑스는 독일을 이용해 소련을 피폐하게 만들고 자신들의 힘을 키우려 했다. 그래서 굴욕적인 '뮌헨 협정'[3]까지 수용하며 독일의 소련 침공을 유도했다. 독일은 제국주의 열강들의 굴욕에 가까운 유화적 태도에 기고만장하여 비극적인 제2차 세계대전을 일으키는 데까지 나아갔다. 그로 인해 수많은 인류가 전쟁의 참화에

---

[3] 1938년 9월 30일 독일 뮌헨에서 영국, 프랑스, 독일, 이탈리아가 체결한 주데텐란트 영토 분쟁에 관한 협정. 1938년 3월 독일계 국가인 오스트리아를 합병한 독일은 이어 체코슬로바키아에서 독일인 거주자 다수 지역이라면서 주데텐란트의 할양을 요구했는데, 미국과 영국, 프랑스는 독일의 소련 침공을 유도하기 위해 이 강도 같은 요구를 수용했다. 당시 체코슬로바키아는 당사자임에도 불구하고 이 회담에서 배제되는 비극이 발생했다.

빠져들었다.

이처럼 제2차 세계대전 발발 이전부터 제국주의 열강들은 신생 사회주의 국가인 소련을 독일과의 전쟁에 끌어들여 그 힘을 위축시키려고 했다. 그리고 그들의 바람대로 독소전쟁이 발발했다. 소련이 파쇼 독일과의 전쟁에 말려들면서 제2차 세계대전은 반파쇼 민주세력과 파쇼국가와의 대결전으로 바뀌었다. 소련은 수천만 명의 희생을 감내하면서 영웅적으로 싸워 파쇼 독일과의 전쟁에서 승리했다. 독일, 일본 이탈리아 등 파쇼세력이 패배하고, 사회주의와 연대한 민주세력이 승리함에 따라 국제적 역량 관계에서 중대한 변화가 발생했다. 제국주의 세력이 독식했던 국제무대에서 소련을 중심으로 한 반제세력이 한 축으로 등장하게 되었고, 그 결과 전 세계적으로 반제세력의 힘이 급속히 확대되었다. 소련의 영향력이 확대되고, 동유럽을 비롯한 유럽의 다수국가가 제국주의 진영에서 이탈해 반제 진영에 편입되었다. 또 식민지와 반식민지 국가들에서 민족해방투쟁이 격렬하게 벌어지고, 속속 민족해방의 길로 나갔다.

이처럼 반제세력의 성장에 비례해, 제국주의 나라들의 힘과 영향력은 급속히 줄어들었다. 그 당시 제국주의 강대국은 미국, 영국, 프랑스, 독일, 일본 이탈리아 6개 나라였는데, 그중에서 독일, 이탈리아, 일본은 패전국으로 굴러떨어졌으며, 영국과 프랑스는 전쟁으로 인해 국력이 피폐해졌다. 미국을 제외한 대다수 제국주의 나라들의 힘과 영향력이 급속하게 위축되어 식민지, 반식민지에서 터져 나오는 민족해방투쟁을 저지할 수 없게 되었다. 이처럼 제2차 세계대전 이후 국제 정치세력 관계는 반제세력에 유리하게 바뀌고 있었다.

제국주의 세력과 반제 민족해방세력 사이의 치열한 대결전 전개

제2차 세계대전으로 제국주의 나라들은 모두 전쟁의 상처로 휘청했지만 미국만은 예외였다. 미국은 전쟁으로 어마어마한 돈을 벌어들였다. 국내산업이 전혀 파괴되지 않았고, 반대로 공업생산이 두 배로 뛰어올랐다. 전쟁 기간 미국은 연합국의 무기와 군수물자 공급자였다. 군수산업을 대대적으로 키웠으며, 군수물자 장사를 통해 세계 최대의 채권국, 경제 강국이 되었다. 게다가 원자폭탄 시험에 성공해 세계 제일의 군사 대국으로 뛰어올랐다.

미국은 세계 제일의 경제력과 군사력을 앞세워 소련의 영향력을 차단하고 일극 패권체제를 구축하기 위해 음모를 꾸몄다. 그로부터 미국을 중심으로 하는 제국주의 세력들과 반제세력 사이의 치열한 대결전이 불가피해졌다. 미국은 전후 질서 재편의 주도권을 잡으려고 원자탄을 일본의 히로시마와 나가사키에 투하하는 역사적 만행을 저질렀다. 미국 내 많은 학자가 장기간 추적한 바에 따르면, 미국의 원폭투하와 일본의 무조건 항복 사이에는 그 어떤 인과관계도 없었다. 일본의 무조건 항복은 8월 9일에 있었던 소련군의 참전 때문이었다. 미국이 원자탄 투하를 강행한 것은 전후 질서 재편에서 소련을 제치고 주도권을 장악하기 위한 음모에 불과했다.

제2차 세계대전이 채 끝나기도 전부터 미국은 전쟁 당시 소련과의 약속을 하나씩 둘씩 깨기 시작하더니, 전쟁이 끝나자마자 소련의 영향력을 차단하기 위한 전략에 매달렸다. 사실 제2차 세계대전에서 미국의 공헌은 별로 없었다. 연합국의 일원임에도 불구하고 대독일 전쟁 참여에 미온적이었으며, 심지어 독소전쟁에서 독일의 승리를 바랐다. 만약 소련의 헌신적인 투쟁과 희생이 없었다면, 파쇼 독일을 비롯한 이탈리아와 일본의 패배를 생각할 수 없었다. 그런데 미국은 전쟁 직후 부터 "전쟁은 우리 때문에 승리했으므로 전쟁의 전리품을 우리가 많이 가져가야 하며, 전후 국제문제 해결에서도 우리가 주도해야 한다"라는 목소리를 높이며 국제문제 해결을 더욱 복잡하게 만들고, 국제문제에서 자기들의 패권을 보장받으려 혈안이 되어 날뛰었다.

자신들의 팽창정책을 확대하고, 약소민족의 자주권을 침범하기 위해 '원자탄 외교정책', '달러 외교정책', '트루먼주의', '마셜플랜' 등 각종 술책으로 세계를 지배하기 위한 반동정책을 공격적으로 벌여나갔다. 마셜플랜을 앞세워 유럽 많은 나라를 미국의 경제적 지배체제에 얽어매 갔고, 트루먼독트린을 앞세워 소련의 진출을 막기 위한 반소 냉전정책을 전개했다. 또 남아메리카와 캐나다를 자신의 신식민지 경제지배체제에 편입시켜갔다. 일본을 미국 자본의 예속국으로 만들고, 동북아시아와 태평양 연안 나라들을 자신들의 패권지배하에 끌어들이기 위한 정책을 추진해 나갔다.

2) 국내정세

미국에 의해 강요된 38선

미국에게 한반도는 대륙으로 진출하는 전략적 요충지로 반드시 장악해야 하는 교두보였다. 미국은 이를 위해 일찌감치 전후 신탁통치안을 구상했다. 미국 루즈벨트는 1943년 3월 영국 외상 이든을 만난 자리에서 '한반도에 대한 국제 신탁통치 실시'를 처음으로 공식 거론했다. 이후 카이로 선언[4]에서 발표된 한반도 문제에 관한 문구는 "조선인의 노예 상태에 유의하여 적절한 순간에 독립시킨다"였다. 그런데 원래 초안에는 직질한 시기가 아닌 '가능한 한 가장 이른 시기'였다. 이렇게 문구를 뒤바꾼 것은 루즈벨트였는데, 그것은 즉각적 독립을 반대하고 신탁통치를 하려는 구상 때문이었다. 당시 미국은 '최소 20~30년간 신탁통치안'을 염두에 두었다.

소련은 대독전 승리 3개월 후 대일전에 참가하겠다는 미국과의 약속대로 1945년 8월 9일 일본에 선전포고하고, 한반도와 만주 지역으로 물밀듯이 밀고 들어왔다. 예상보다 빠른 소련군의 진군에 놀란 미국은 '한반도 분할점령'이라는 잔꾀를 고안해냈다. 미국 국무부, 육군부, 해군부의 협의체인 3부 조정위원회 위원장인 제임스 던은 1945년 8월 11일 육군부 작전국에 소련군의 남진에 대응해 미국이 서울과 인천을 점령할 수 있도록 하는 군사분계선을 작성하도록 지시했다. 육군부 작전국 본스틸 대령과 육군장관 보좌관 딘 러스크 중령은 작전국에 걸려 있던 내셔널 지오그래픽사의 지도를 보고 38선 분할 점령안을 작성해 미국 합참과 3부 조정위원회에 보고했다. 이 안은 다시 대통령에게 보고되어 '일반명령 제1호'로 맥아더 사령관에게 전달됐다. 미국은 소련에게 이 분할점령안을 제안했고, 소련은 이를 받아들였다. 민족분단의 38선은 이렇게 탄생했다.

미국은 일본군 무장해제라는 명분을 내세워 한반도 분할점령안을 내세웠지만, 속셈은 한반도를 점령하려는 것이었다. 이것은 미군이 한반도에 진주하기 하루 전날인 1945년 9월 7일에 맥아더 사령부의 '조선 인민에게 고함'이라는 포고문에 적나라하게 드러나 있다.

---

4) 1943년 11월 22일~26일 이집트 카이로에서 미국의 루즈벨트, 영국의 처칠, 중화민국의 장개석 세 연합국 수뇌가 모여 연 회담에서 합의된 선언.

조선 인민에게 고함

미국 태평양 방면 육군 총사령관으로서 이에 다음과 같이 포고한다.

일본 제국 정부의 연합국에 대한 무조건 항복은 아래 여러 국가 군대 간에 오래 행해져 왔던 무력 투쟁을 끝나게 했다. 일본 천황의 명령에 의하고 또 그를 대표하여 일본제국 정부의 일본 대본영이 조인한 항복문서의 조항에 의하여 본관의 지휘하에 있는 승리에 빛나는 군대는 금일 북위 38도 이남의 조선 영토를 점령한다.

조선 인민의 오랫동안의 노예상태와 적당한 시기에 조선을 해방 독립시키라는 연합국의 결심을 명심하고 조선 인민은 점령의 목적이 항복문서를 이행하고 그 인간적 종교적 권리를 확보함에 있다는 것을 새로이 확신하여야 한다. 따라서 조선 인민은 이 목적을 위하여 적극적으로 원조 협력하여야 한다. 본관(本官)은 본관에게 부여된 태평양 방면 미 육군 총사령관의 권한으로써 이에 북위 38도 이남의 조선과 조선 주민에 대하여 군정을 세우고 다음과 같은 점령에 관한 조건을 포고한다.

제1조 북위 38도 이남의 조선 영토와 조선 인민에 대한 통치의 전 권한은 당분간 본관의 권한 하에서 시행된다.

제2조 정부 공공단체 및 기타의 명예직원들과 고용인 또는 공

익사업 공중위생을 포함한 전 공공사업기관에 종사하는 유급 혹은 무급 직원과 고용인 또 기타 제반 중요한 사업에 종사하는 자는 별도의 명령이 있을 때까지 종래의 정상적인 기능과 의무를 수행하고 모든 기록과 재산을 보존 보호하여야 한다.

제3조 주민은 본관 및 본관 권한 하에서 발포한 명령에 즉각 복종하여야 한다. 점령군에 대한 모든 반항행위 또는 공공안녕을 교란하는 행위를 감행하는 자에 대해서는 용서 없이 엄벌에 처할 것이다.

제4조 주민의 재산소유권은 이를 존중한다. 주민은 본관의 별도의 명령이 있을 때까지 일상의 업무에 종사하라.

제5조 군정 기간에는 영어를 모든 목적에 사용하는 공용어로 한다. 영어 원문과 조선어 또는 일본어 원문 간에 해석 또는 정의가 명확하지 않거나 같지 않을 때에는 영어 원문을 기본으로 한다.

제6조 이후 공포하게 되는 포고 법령 규약 고시 지시 및 조례는 본관 또는 본관의 권한 하에서 발포될 것이며 주민이 이행하여야 될 사항을 명기할 것이다.

1945년 9월 7일

태평양방면 미국 육군부대 총사령관 더글러스 맥아더

이와 함께 이틀 후에 발표된 포고 2호에서는 "조선인으로서 포고 명령을 위반한 자는 사형 등의 엄벌에 처하겠다"라고 경고했다. 이 포고문은 조선의 해방을 축하하는 말은 없고 오로지 복종을 명령하면서 저항에 대한 섬뜩한 경고로 일관되어 있다.

이런 의도가 무엇인지 곧 명백하게 드러났다. 미군은 통일된 자주독립국가를 세우려는 우리 민중의 제반 노력을 총칼로 가로막았다. 그들은 1945년 9월 6일 건준(건국준비위원회)이 인민대표자회의를 열어 결성한 '조선 인민공화국'을 비롯해 각급 인민위원회를 강제 해산해버렸다. 또 언론과 출판, 결사의 자유를 비롯한 민중들의 민주주의적 제 권리를 억압하는 파쇼통치를 강행했다. 일제에 부역한 친일파들을 미 군정 내로 끌어들여 민족정기를 말살했다.

미 군정의 이런 태도는 38선 이북에 진주한 소련군의 태도와 대비된다. 38선 이남에 주둔한 미군의 총사령관이었던 맥아더는 "북위 38도 이남의 조선 영토와 조선 인민에 대한 통치의 전 권한은 당분간 본관의 권한 하에서 시행된다"라고 천명함으로써 군정 실시를 공식화한 반면, 38선 이북에 주둔한 소련군 사령관 치스차코프는 행정권을 우리가 자주적으로 세운 각급 인민위원회에 넘겨주었다. '38선 이남은 미 군정, 38선 이북은 자치행정', 이것이 역사의 진실이다. 38선 이북의 행정권은 소 군정이 아닌 각급 단위 인민위원회가 갖고 있었고, 소련군은 우리나라 민중들의 자주적 국가건설 활동을 보장하고 후원하는 역할을 담당했다. 이런 소련군의 입장은 조선 주둔 소련군 사령관 치스차코프 대장의 아래 포고문에 잘 나타나 있다.

소련군 사령관 치스차코프 대장의 포고문

조선 인민들이여! 붉은 군대와 연합국 군대들은 조선에서 일본 약탈자들을 구축했다. 조선은 자유국이 되었다. 그러나 이것은 오직 신조선 역사의 첫 페이지가 될 뿐이다. 화려한 과수원은 사람의 땀과 노력의 결과이다. 이와 같이 조선의 행복도 조선 인민이 영웅적으로 투쟁하며 꾸준히 노력해야만 달성할 수 있다. 일제의 통치 하에서 살던 고통의 시일을 추억하자! 담 위에 놓인 돌멩이까지도 괴로운 노력과 피땀에 대하여 말하지 않는가? 당신들은 누구를 위하여 일하였는가? 왜놈들이 고대광실에서 호의호식하며 조선 사람들을 멸시하고 조선의 풍속과 문화를 모욕한 것을 당신들도 잘 안다. 이런 노예적 과거는 다시 돌아오지 않을 것이다. 진저리나는 악몽과 같은 그 과거는 영원히 없어져버렸다. 조선 사람들이여! 기억하라! 행복은 당신들의 수중에 있다. 당신들은 자유와 독립을 찾았다. 이제는 모든 것이 죄다 당신들에게 달렸다.

붉은 군대는 조선 인민이 자유롭게 창조적 노력에 착수할 만한 모든 조건을 지어주었다. 조선 인민 자체가 반드시 자기의 행복을 창조하는 자로 되어야 할 것이다. 공장·제조소 및 공작소 주인들과 상업가 또는 기업가들이여! 왜놈들이 파괴한 공장과 제조소를 회복시켜라! 새 생산 기업체를 개시하라! 붉은 군대 사령부는 모든 조선 기업소들의 재산 보호를 담보하며 그 기업소들의 정상적 작업을 보장함에 백방으로 원조할 것이다. 조선 노동자들이여! 노력에서의 영웅심과 창작적 노력을 발휘하라! 조선 사람의 훌륭한 민족성 중의 하나인 노력에 대한 애착심을 발휘하라! 진정한 사업으로서 조선의 경제적 및 문화적 발전에 대하여 고려하는 자라야만 모국 조선의 애국자가 되며 충실한 조선 사람이 된다. 해방된 조선 인민 만세!

1945년 8월 25일

자주독립국가 건설을 향해

우리 민족은 미군이 한반도에 들어오기도 전에 전민항쟁으로 일본 통치기구를 분쇄하고 자주적인 민중권력을 세워나갔다. 서울에서는 1945년 8월 15일 밤 여운형의 주도로 첫 건국준비위원회(건준)가 세워졌으며, 평양에서는 1945년 8월 17일 조만식을 중심으로 평남 건준이 세워졌다. 8월 말에 이르러 서울, 평양뿐 아니라 각 도와 시와 군, 면 단위에 이르기까지 건준 지부들이 우후죽순처럼 세워져, 해방 후 보름 동안 전국적으로 145개나 되었다. 각 지역 건준의 대표자들은 1945년 9월 6일 서울 경기여고 강당에 모여 전국 인민대표자대회를 열었다. 회의에서는 건준을 확대 개편해 조선인민공화국을 수립한다고 선포했다. 각 지역의 건준 조직들도 인민위원회로 개편되어 갔다. 각 지역 인민위원회는 우리나라 민중들이 자주적으로 세운 자치 권력이었으며, 그 지역에서 정부의 기능을 맡았다.

한편 조선총독부는 8월 15일에는 여운형에게 임시통치권을 넘겨주는 등 우리 민족의 자주적 건국 활동을 방임하는 태도를 보였으나, 나음 날 돌연 태도를 바꿔 '정치운동 단속요령'을 공포하고, 건준 조직을 부정하고 강경한 탄압에 나섰다. 이리하여 38선 이남 지역에서는 9월 8일 미군이 들어오기 전까지 건준과 총독부 권력이 공존하는 이중권력 체제가 유지되었다.

38선 이북에 있던 일본군은 1945년 8월 22일 소련군에게 공식적으로 항복했다. 소련군이 함흥에 진주했을 때였다. 당시 소련군은 막 한반도에 진주했기 때문에 국내 실정을 잘 파악하지 못한 상태였다. 그래서 행정권을 당분간 일본 관리들이 그대로 담당하도록 조치하려고 했다. 그때 '조선민족 함경남도집행위원회'(함남 공산주의자협의회와 함남 건준이 통합된 조직)가 이에 항의하자 소련군은 즉각 '조선민족 함경남도 집행위원회'에 행정권을 넘겨주었다. 함경남도의 경우 8월 16일부터 8월 31일 사이에 함흥, 원산을 비롯한 도 내의 3개 시와 16개 군, 129개 면 전체에 인민위원회가 세워져 행정권을 행사했다.

소련군 선발대가 평양에 진주한 것은 1945년 8월 25일이었으며, 소련 사령부가 설치된 것은 1945년 8월 26일이었다. 8월 27일 소련 주둔군 사령관 치스차코프는 그때까지 행정권을 고수하고 있었던 일본 관리들을 모아 놓고 "일본 정부의 소멸, 모든 일본인 관리의 퇴직, 일본군 포로 대우 그리고 모든 민간인의 총기 몰수"를 선언하고, 정권을 조만식을 위원장으로 하는 평남인민정치위원회에 이양하라고 명령했다. 이렇게 행정권은 우리 민족이 자치적으로 조직한 각급 단위의 인민위원회(또는 건국준비위원회)로 순조롭게 넘겨짐으로써 자주적 민중 정권의 기초가 만들어지게 됐다.

소련이 군정을 실시하지 않은 이유

소련군이 군정을 실시하지 않은 까닭은 무엇인가? 그 역사적 연원을 찾아가자면 1942년 7월에 결성된 국제연합군(88여단, 미국 중심의 국제연합이 아님)의 결성과정으로 거슬러 올라간다. 1940년 12월부터 1941년 3월까지 소련의 하바롭스크에서 코민테른이 주최한 '만주 빨치산 회의'가 열렸다. 이 회의에는 조선과 중국의 빨치산 지휘관들과 소련군 지휘관들이 참석해 세 나라 무장력의 연합문제를 비롯한 당면 현안들을 협의했다. 그런데 이 회의에서 다른 문제들은 쉽게 합의되었으나, 군대의 연합문제에서는 이견이 쉽게 좁혀지지 않았다.

소련군은 조선과 중국의 빨치산 부대들이 소련군의 지휘체계 내로 편입되기를 희망했으나, 조선과 중국의 빨치산은 일방적인 편입에 격렬히 반대함으로써 결론을 보지 못한 채 회의가 끝났다. 이후 다시 세 나라 부대의 연합문제를 논의한 결과 각 나라의 독자성 보장을 전제로 국제연합군을 조직하는 것으로 합의되었다. 이것은 각각 나라의 자체 문제는 철저히 각 나라의 군대가 책임과 권한을 갖고 독자적으로 풀어나가는 것에 대한 원칙적인 합의였다. 이처럼 각 나라의 문제는 해당 빨치산들이 자주적으로 풀되 일본군을 격멸하는 전투에서는 통일적인 지휘체계 아래에서 공동행동을 보장하기로 했다. 국제연합군 88여단은 이렇게 해서 탄생했다. 소련은 조선 인민혁명군과 합의한 대로 한반도 내부에 관한 문제에서는 우리 민족의 자주적 판단과 결정을 존중한다는 대조선 정책을 수립하게 되었다.

급속히 악화되는 이남의 사정

이남에서도 우리 민중들의 자주적인 건국 준비는 숨 가쁘게 진행되었다. 총독부 잔존세력의 탄압에도 불구하고, 1945년 9월 8일 전국적 건국조직으로서 조선 인민공화국 창립이 선포되었다. 조선 인민공화국의 적절성에 대한 역사적 평가는 다양하지만, 자주적 국가건설의 의지와 능력을 과시했다는 점에서는 이견이 있을 수 없다. 당시 인공(조선 인민공화국)과 인민위원회는 약 70% 정도의 국민적 지지를 얻고 있었으며, 대부분 지역에서 정부 역할을 훌륭히 수행하고 있었다.

38선 이남 지역에서의 건국준비위원회 활동은 미군이 한반도에 진주한 1945년 9월 8일 이후부터 새로운 국면을 맞게 되었다. 그때 사람들은 미군을 소련군과 함께 해방군으로 여겼다. 미군이 인천항에 상륙한다는 소식을 듣자 그들을 환영하기 위해 인천항으로 몰려들었다. 미군의 지휘 아래 일본 군경들은 몰려드는 사람들에게 총격을 가해 수명이 죽고 상당수가 다치는 불상사가 발생했다. 미군에 항의하자, 미군은 정당한 공무집행 과정에서 발생한 것이라고 오히려 일본군을 옹호했으며. 일본군에게는 동맹군을 대하듯 따뜻하고 우호적이었다.

미군은 한반도에 진주한 직후 바로 군정을 실시했으며, 모든 적산물자들을 미 군정의 소유로 만들어 마음대로 사용했다. 당시 미 군정은 38선 이남의 한반도를 미 독점자본의 시장으로 확보하고, 반공의 전초기지로 만들려는 목표하에서 움직였다. 당시 맥아더는 부하들에게 한반도 점령의 제일차적 임무는 '공산주의에 대한 방어벽을 구축하는 것'이라고 강조했다. 그들은 완고한 반공주의에 사로잡혀 있었고, 모든 사물을 오로지 반공이라는 색안경을 끼고 바라보았다.

그들은 자신만이 38선 이남 지역에서 유일한 합법 정부라고 선언하고, 인민공화국을 총칼로 해산하는 폭거를 자행했다. 조선총독부 시절 파쇼 폭압기구를 그대로 유지했을 뿐 아니라, 일본총독부 시절 일제에 빌붙었던 민족배반자, 친일파들을 중용했다. 미 군정이 끌어들인 그자들은 과거에 쓰고 있던 친일 모자를 친미 모자로 바꿔쓰고, 반공의 깃발을 들고 자주적인 건국운동을 탄압하는 데 앞장섰다. 또 미 군정은 민중들의 당면한 민생개혁 요구도 철저히 외면하고, 친일파들을 앞세워 민족 분열을 부추기고, 한반도를 반공의 전초기지로 만드는 데에만 열중했다. 38선 이남 지역에서의 자주독립국가를 세우기 위한 건국 활동은 총칼을 앞세운 미 군정의 탄압에 직면했다. 인공이 강제 해산되고, 공산당이 불법 단체로 낙인찍히는 사태들이 발생하였다.

38선을 경계로 자주독립국가 건설 과정에서 남북은 서로 다른 환경과 조건이 조성되었다. 우리 민족의 앞에는 서로 다른 조건과 환경을 이렇게 평가해야 하고, 어떤 전략 전술을 통해 난관을 돌파할 것인가를 심사숙고해야 하는 과제가 제기되었다.

| 2 |
조선 인민혁명군의 개선

새 조국의 설계도

1945년 8월의 조선은 해방의 열기로 뜨거웠다. 삼천리를 뒤흔든 감격 속에 조선 인민혁명군의 개선을 바라는 민중들의 열망도 뜨겁게 달아올랐다. 원래 조선 인민혁명군 주력부대는 1945년 8월 9일 총공격 개시 명령 하달(소련군의 대일전 개시일)에 맞춰 항공기 편으로 미리 지정된 지역에 낙하할 예정이었다. 그런데 이 작전계획은 실현되지 않았다. 이 작전은 소련군의 작전 협조를 전제로 한 것이었는데, 어찌 된 영문인지 소련군의 협조가 무산되었다. 일본의 무조건 항복이 예견된

해방의 날 온 나라는 끝없는 감격과 기쁨으로 들끓었다.

서울과 도쿄의 형무소들에서 풀려나온 애국자들

조건에서 스탈린이 불필요한 피해를 방지하기 위한 조치를 취한 것이라는 얘기가 떠돌 뿐이었다. 1945년 8월 15일 일본 천황의 무조건 항복 선언이 발표되었을 때, 조선 인민혁명군 주력부대는 북야영기지(하바롭스크 근방 비야츠코예 나 아무르 마을)에서 출발 대기 상태에 있었다.

북야영기지에서 일본 천황의 무조건 항복 소식을 들은 조선 인민혁명군 대원들은 얼싸안고 만세를 부르고 뜨거운 눈물을 흘렸다. 그들의 머릿속에는 지난 십수 년간의 일들이 주마등처럼 스쳐 지나갔다. 국가적 후방이나 외부 지원이 없는 상황에서 이천만 조선 민중의 힘을 믿고 항일무장투쟁의 깃발을 들어 투쟁의 길을 걸어왔다. 적은 인원에 무기도 변변치 않은 항일빨치산이 발톱까지 무장한 일제와의 정면 대결에서 승리하리라고는 상상하지 못했다. 그러나 결과는 어떠했는가? 강도 일본 제국주의자들은 창해일속(滄海一粟, 큰 바다에 던져진 좁쌀 한 톨이라는 뜻으로 보잘것 없는 존재를 의미함)이라고 떠벌였지만, 항일대전은 조선 인민혁명군의 승리로 끝났다. 이제 승리자가 되어 고국에 돌아갈 일만 남았다. 대원들은 모두 흥분된 기분으로 조국으로 돌아갈 준비에 바빴다.

하지만 조선 인민혁명군 지도부는 귀국을 서두르지 않았다. 그동안 조국해방 총공격전은 적어도 수개월 이상 걸릴 것으로 예상하고 새 조국 건설보다는 당면 총공격에 관심을 집중하고 있었는데, 갑작스러운 항복에 따라 조국해방 국면이 예상보다 빨리 펼쳐지게 되었다. 일제의 무조건 항복으로 인해 조성된 정세를 보다 면밀하게 타산하고, 귀국해서 해야 할 과제와 임무를 새롭게 정리할 필요가 있었다. 조선 인민혁명군 지도부는 해방 이후 국내정세가 매우 복잡하게 펼쳐질 것이라고 예견했다.

예상대로 해방 이후 국내정세는 매우 복잡했다. 국가기관도 없고 법도 없는 혼란된 정국을 타고 야심가들이 '혁명가', '애국자'로 자처하면서 자파 세력을 규합하는가 하면, 부르주아 공화국을 세워야 한다느니, 당장 사회주의의 길로 가야 한다느니 하면서 민중들을 자기들의 세력권 내로 끌어들이기 위해 동분서주했다. 무엇보다도 근심스러운 일은 미소 양군의 주둔으로 인한 민족 분열의 위험성이었다. 패전국도 아닌데 우리 땅에 외국 군대가 둘씩이나 주둔한다는 것은 매우 우려할 만한 일이었다. 갑오농민전쟁 때도 일본과 청나라가 우리나라에 동시 출병해 청일전쟁으로 이어지고, 이 나라 강산은 전란에 부대껴 황폐해졌다. 그러한 사태가 재발할 위험이 매우 농후했다.

미소 양군의 주둔으로 우리나라가 사회주의와 자본주의의 대결장으로 될 수 있었으며, 그러한 배경 아래에서는 민족이 좌익과 우익으로, 애국과 매국으로 분열될 수 있는 위험성을 안고 있었다. 조선 인민혁명군 지도부는 귀국을 서두르지 않고 며칠 동안 사색에 사색을 거듭했다. 대원들은 하루라도 빨리 조국으로 돌아가고 싶어 조바심이 났지만, 건국사업 구상과 준비에 몰두하고 있는 지도부의 새로운 지침을 인내심을 갖고 기다렸다.

김일성 사령관은 국내정세를 전면적으로 분석 고찰한 후, 혁명의 주체역량 강화 문제를 건국사업의 중심 과제로 내세웠다. 당시 식민지로부터 해방된 나라들은 대체로 소련이나 미국의 도움과 지원에 기대어 나라를 세우려고 했다. 건국노선을 어떻게 수립하는가 하는 것은 향후 세워지게 될 국가의 운명과 직결되는 중대한 문제였다. 이 문제에 있어서 그는 민족자주노선, 민중주체노선을 확고히 견지해야겠다고 결심했다. 민중의 지지 속에서 민중의 힘을 믿고 투쟁할 때 그 어떤 준엄한 시련도 이겨내고 승리할 수 있다는 것은 항일혁명의 불길 속에서 찾아낸 귀중한 진리였다.

자주냐 외세의존이냐 하는 문제는 해방 후 새로운 나라를 세우는 데서도 놓칠 수 없는 중심 문제였다. 그는 자주를 선택했다. 그래야 우리 민족이 쓰라린 과거를 되풀이하지 않을 것이며, 민족의 운명도 확고하게 담보할 수 있다고 확신했다.

새로운 조국 건설에 대한 중대한 방침의 핵심 요체는 '건국사업은 오직 자기 나라 민중들의 자체적 힘으로 해야 하며, 이를 위해서는 건국의 주체역량 강화사업을 앞세워야 한다'라는 것이었다. 무엇보다도 민중을 교양하고 조직하고 동원할 수 있는 혁명의 참모부가 있어야 하며, 다음으로 정권이 있어야 하며, 끝으로 새 사회를 무력으로 담보할 수 있는 군대가 있어야 한다. 그는 1945년 8월 20일 북야영 훈련기지에서 조선 인민혁명군 군정간부회의를 개최하고, 역사적인 '해방된 조국에서의 당, 국가 및 무력건설에 대하여'라는 연설을 통해, 새 조국 건설 노선과 그 실현을 위한 건당 · 건국 · 건군의 3대 과업을 제기했다.

"우리 인민은 마침내 근 반세기에 걸친 일제의 식민지통치를 끝장내고 자유와 해방을 얻었으며 조선 인민 앞에는 독립되고 번영하는 새 조선건설의 휘황한 앞길이 열려지게 되었습니다. 조국광복의 역사적 위업이 성취됨으로써 이제 우리 앞에는 새로운 투쟁과업이 나서게 되었습니다. 우리는 승리한 성과에 기초하여 조선 혁명을 계속 앞으로 전진시켜야 하며 조선 인민 자신의 손으로 부강하고 자주적인 독립국가를 건설해야 합니다. 이

위대한 과업을 수행하기 위하여 우리는 무엇을 하여야 하겠습니까? 우리는 무엇보다 먼저 조선 혁명을 승리에로 확고히 영도할 수 있는 맑스-레닌주의 당을 창건해야 합니다. 이와 동시에 인민정권을 세움으로써 혁명에서 기본문제인 주권문제를 해결해야 하며 나라와 인민을 보위하고 혁명의 전취물을 수호할 인민 무력을 건설해야 합니다. 당면한 이 3대 과업은 해방된 조국에서 조선 혁명을 급속히 발전시키기 위하여 하루도 지체할 수 없는 긴급한 혁명 임무로 나서고 있습니다. 우리들은 항일무장투쟁 과정에서 이룩한 고귀한 혁명업적과 풍부한 투쟁 경험에 토대하여 건당·건국·건군의 사업을 힘있게 밀고 나감으로써 새 조선건설의 역사적 과업을 반드시 빛나게 수행해야 할 것입니다."

이 연설에서 그는 자체의 힘으로 반제반봉건 민주주의혁명을 수행해 부강한 자주독립국가를 건설하는 길이야말로 새 조국 건설의 방도임을 천명했다. 당시 국내에서는 한편에서는 사회주의혁명을 하여야 한다고 떠들고, 다른 한편에서는 부르주아 공화국으로 가야 한다고 떠들고 있었다. 해방된 조선이 과연 어느 길로 갈 것인가를 두고 혼란이 가중되고 있었다. 이때 반제반봉건 민주주의 혁명에 기초한 인민정권 건설노선을 제시함으로써 좌우경적 편향을 극복하고 가장 빠르게 자주독립국가를 세울 수 있는 길을 제시한 것이다.

당시 사람들은 부르주아 공화국과 소비에트 공화국이라는 두 개의 국가형태만 존재한다고 알고 있었다. 새 조국 건설 노선을 둘러싸고 부르주아 공화국을 세울 것인가, 소비에트 공화국을 세울 것인가를 둘러싸고 치열한 논쟁과 혼란에 휩싸여 있었다. 이런 때에 1945년 8월 20일 발표된 '해방된 조국에서의 당, 국가 및 무력건설에 대하여'에서는 '인민정권 건설노선'이라는 매우 독창적인 건국노선을 제시했다. 이 건국노선은 1930년 6월 30일 카륜회의에서 처음 제시한 독창적인 노선으로, 1933년 해방지구 형태의 유격근거지에서 실험적으로 실시해 민중들의 열렬한 지지를 받았다. 이 건국노선에는 새 조국 건설을 '우리의 손으로, 우리 식으로 해나가야 한다'라는 투철한 자주적 입장이 담겨있었다.

당시 동유럽에서는 자주적인 건국노선을 갖지 못한 채 소련의 방침에 의존하다 보니 적지 않은 편향과 곡절을 겪었다. 1945년 6월 민주주의적 민족통일 정부를 수립했던 폴란드는 2년 동안 혼란을 겪다가 겨우 정국을 수습했고, 1945년 4월 민족전선 연합정부를 수립했던 체코슬로바키아도 3년 동안 곡절을 겪은 뒤에야 새 사회 건설에 들어설 수 있었다. 동독, 루마니아, 불가리아, 알바니아도 비슷했다. 그들이 정국혼란을 극복하고 새 사회 건설에 나설 수 있었던 것도 소련의 직접적 개입으로서 가능했다. 이에 비해 이 연설에는 자주적으로 새 조선을 건설하려는 자주적 신념과 배짱, 독창적인 주견과 결단이 담겨 있었다.

이 연설에는 새 조국 건설 노선을 실현하기 위한 전략적 과업으로 건당·건국·건군의 3대 과업이 제시되어 있다. 이북에서 당은 혁명의 참모부이며, 노동계급의 전위부대이다. 당이 있어야 광범한 대중을 정치적으로 결속해 군대도 만들 수 있고, 나라도 세울 수 있다. 그러므로 건당·건국·건군의 3대 과업 중에서 혁명적 당을 창건하는 건당 방침이 가장 우선적인 과제로 제시되었다. 이때 밝힌 당 창건방침은 다음과 같다.

첫째, '통일적 당' 창건방침이다. 여기에서 항일혁명투사들만의 당 건설 노선을 반대하고, 항일혁명투사와 국내 공산주의자들이 모두 함께 참여하는 통일된 공산주의 정당을 건설해야 한다는 당 건설 방침을 주목해야 한다. 1943년 2월 9일 연사지구 우적골 비밀근거지에서 전국 당 조직 책임자 및 당 핵심성원들의 회의가 열렸다. 그때 전국 각지에서 올라온 회의 대표들은 전국 도처에서 당 조직을 비롯한 혁명조직들이 대중 속에 깊이 뿌리를 내리고 있으므로 당 창건을 선포할 때가 되었다는 의견을 제기했다.

그러나 김일성 사령관은 "우리나라 공산주의운동의 복잡성으로 조선 공산주의자들이 여러 갈래로 갈라져 활동하고 있으며, 일부 지역에서는 당 조직이 꾸려지지 못하고 있다. 그러므로 당 창건을 선포하는 것은 시기상조다"라고 설득했다. 그리고 당 창건을 선포하는 대신에 당 창건의 조직 사상적 기초를 반석같이 다져나가자고 호소했다. 해방 이후에도 당 창건 문제가 제기되었을 때, 일부 항일혁명투사들은 국내 공산주의자들은 종파에 찌들어 있으므로, 순결한 항일무장투쟁 대오만으로 당을 창건해야 한다고 주장했다.

그들은 그동안 활동 과정에서 당의 사상적 토대와 대중적 토대를 충분히 쌓아놓았으니, 자체의 역량만으로 노동자 계급의 혁명적 당을 건설할 수 있다는 것이었다. 김일성 사령관은 이런 견해를 단견이라고 비판했다. 만약 항일무장투쟁 역량만으로 독자적 당을 건설할 경우, 여러 개의 공산주의 정당이 난립함으로써 당 대열의 통일단결이 파괴되고, 이어 광범한 대중들의 통일단결이 파괴됨으로써 건국사업에 막대한 장애가 조성될 것이라고 비판했다. 그러므로 비록 단련이 부족하고 종파주의 여독을 미처 청산하지 못했을지라도 국내에서 활동하던 공산주의자들을 대담하게 믿고 끌어들여 공산주의 대오의 통일단결을 보장하는 통일적 유일 정당을 건설해야 한다고 강조했다.

둘째, '대중적 당' 창건방침이다. 물고기는 물을 떠나서 살 수 없듯이, 광범한 군중적 기초가 튼튼하지 않으면 혁명투쟁을 앞으로 전진시켜 나갈 수 없다. 노동계급의 혁명적 정당 역시 광범한 근로대중에게 튼튼히 뿌리 박은 대중적 정당으로 건설되어야 자기의 역할을 원활히 수행해 나갈 수 있다. 이를 위해서 항일혁명투사들이 앞장서서 대중 속으로 깊숙이 들어가야 했다. 귀국 이후 대다수 항일혁명투사들은 각 지방으로 흩어져 아래로 내려가 대중 속으로 들어갔다.

셋째, '전투적 당' 창건방침이다. 노동계급의 혁명적 당은 전투적 당으로 꾸려야 한다. 전투적 정당으로 꾸리려면 전 대오의 사상의지 및 행동의 통일성이 보장되어야 한다.

넷째, 당 창건과 대중단체 건설 사업 병행 방침이다. 당의 대중적 기초를 강화하려면, 당원을 늘리는 것만으로는 부족하다. 당과 행동을 함께할 수 있는 대중단체들을 튼튼히 꾸려야 당의 군중적 토대가 튼튼하게 뿌리내릴 수 있다. 그러므로 당 창건 사업을 추진하면서 동시에 직업별 계급별 대중단체 조직건설 사업을 동시 병행해 나가야 한다.

연설에는 또한 '건국문제' 즉 주권문제 해결 과업과 그 수행 방도가 제시되어 있다. 그 내용을 요약하면 다음과 같다.

"혁명에서 기본문제는 주권에 관한 문제입니다. 해방된 조국에서 우리는 어떠한 정권을 세워야 하겠습니까? 우리나라는 일제의 중세기적인 식민지통치로 말미암아 자본주의 발전을 억제

당하였으며 오랫동안 식민지반봉건사회로 남아있있습니다. 이
로부터 오늘 조선 인민 앞에는 의연히 반제반봉건 민주주의혁
명을 수행해야 할 과업이 나서게 되며 주권문제에 있어서는 현
단계에서의 우리나라 혁명의 성격과 임무로부터 출발하여 전
체 조선 인민의 이익을 대표하는 민주주의 인민공화국을 수립
해야 할 과업이 나서게 됩니다.

(……) 민주주의 인민공화국은 반드시 조선 사람들 자신의 손
에 의하여 건설되어야 합니다. 조선 인민은 자신의 손으로 자기
의 정권을 세울 만한 힘이 있으며 우리에게는 인민정권 건설의
풍부한 경험이 있습니다. 우리는 항일무장투쟁 초시기 유격근
거지―해방지구에서 종파사대주의자들의 좌경적인 소비에트
정부 노선을 분쇄하고 진정한 인민의 정권인 인민혁명정부를
건설한 경험을 가지고 있으며 조국광복회 강령 제1조에 인민정
부 수립의 과업을 제기하고 그를 위하여 장기간 싸워왔습니다.
우리가 이 경험에 튼튼히 의거하여 인민정부노선을 견지하고
관철한다면 해방된 조국 땅 위에 새 형의 인민정권을 성과 있게
수립하게 될 것입니다.

(……) 민주주의 인민공화국을 건설하기 위해서는 우선 노동계
급의 영도 밑에 광범한 농민대중과 지식인, 양심적인 민족자본
가 등 각계각층의 민주역량을 망라하는 민주주의 민족통일전
선을 결성하여야 하며 이에 토대하여 인민정권을 수립하여야
합니다. 우리의 통일전선은 민주주의 인민공화국의 건설을 위
한 통일전선이므로 여기에는 나라의 참다운 주인들인 노동자,
농민을 비롯하여 근로인테리, 도시 소자산 계급, 양심적인 민족

자본가 등 민주주의적 독립 국가 건설을 요구하는 각계각층의 애국적 민주역량이 망라되어야 하며 친일파, 민족반역자 등 일체 반동세력들이 기어들지 못하도록 하여야 합니다."

이와 같은 인민정권 건설 노선을 제시하는 것과 함께 13개 항의 정강 정책을 구체적으로 제시했다. 연설에는 끝으로 건군 노선이 제시되어 있다. 건군 노선의 핵심적 요체는 자체의 힘으로 정규화된 혁명군대를 건설하자는 것이었다. 연설에서는 다음과 같이 호소했다.

"우리나라가 완전한 자주독립국가로 되기 위하여서는 나라와 민족을 보위하며 혁명의 전취물을 수호할 수 있는 자기의 강력한 민족군대를 창건하여야 합니다. 자기의 민족군대를 가지고 있지 못한 나라는 완전한 자주독립국가라고 말할 수 없습니다. 만일 우리가 해방된 조국에 인민정권을 수립하는 동시에 강력한 혁명군대를 창건하지 않는다면 피 흘려 쟁취한 혁명의 전취물을 외래 제국주의자들의 무력침공으로부터 보위할 수 없을 것이며 또다시 망국노의 쓰라린 역사를 되풀이하게 될 것입니다. 더욱이 지금 조국은 복잡한 정세에 처하여 있습니다.
일본 제국주의자들은 패망하였으나 조국의 38도선 이남에는 미제국주의 군대가 진주한다고 합니다. 물론 미제는 금번 제2차 대전에서 형식상 동맹군의 편에 서서 일, 독, 이 파시스트들을 반대하여 싸웠으며 또한 대일전에 직접 참가하였습니다. 그러나 우리는 미국이라는 나라가 어떻게 생겨났으며 어떻게 팽창되어 왔는가를 잘 알고 있습니다. 미제는 19세기 말부터 우리나라에 침략의 마수를 뻗쳐왔으며 1905년에는 카스라 태프트 밀약을 체결하고 일제의 조선강점을 도와주었습니다. 오래전부터 우리나라를 호시탐탐 노려오던 미제 침략군대가 오늘 조국 남반부에 주둔하게 되는 현 정치정세는 우리들에게 혁명적 경각성을 더욱 높일 것을 요구하고 있으며 외래 제국주의 침략자들로부터 나라와 민족을 보위할 수 있는 강력한 자기의 민족군대를 창건할 것을 지체할 수 없는 절박한 과업으로 제기하고 있습니다.

우리는 그 어떤 어려운 난관이 조성된다 하더라도 반드시 자신의 힘으로 정규화된 혁명군대를 건설하여야 합니다. 우리는 정규화된 혁명군대를 건설할 튼튼한 밑천을 가지고 있습니다. 일제 식민지 통치의 가장 암담한 시기에 조선 공산주의자들은 선진적인 노동자, 농민, 애국청년들로써 우리나라에서의 첫 혁명적 인민 무력인 조선 인민혁명군을 조직하였으며 인민혁명군 대원들은 모두가 다 일치단결하여 조국의 광복과 민족의 영예를 위하여 용감하게 싸웠습니다.

민족적 독립과 사회적 해방을 위한 15여 성상에 걸친 항일무장투쟁의 준엄한 불길 속에서 조선 인민혁명군은 불패의 강철의 대오로, 정치와 군사를 겸비한 간부군대로 단련 육성되었습니다. 이것은 오늘 우리에게 정규적인 혁명무력을 제때에 창건할 수 있는 튼튼한 밑천이 이미 마련되었다는 것을 의미하는 것입니다. 우리는 항일무장투쟁의 시련 속에서 단련 육성된 혁명투사들을 골간으로 하고 노동자, 농민을 비롯한 근로인민의 아들딸로 혁명군대를 창건하여야 합니다.

혁명무력을 건설함에 있어서 우리는 항일무장투쟁시기 인민혁명군 대원들 속에서 발현된 조국과 인민에 대한 열렬한 사랑과 적에 대한 불타는 증오심, 그 어떤 간난신고도 이겨내고 제힘으로 일떠서는 혁명정신, 상하일치, 군민일치의 전통적 기풍, 혁명적 동지애와 인민적 사업작풍, 자각적인 군사규율과 혁명적 생활질서 등을 계승하여 그 정신으로 새로 창건될 혁명군대를 교양 육성하도록 하여야 합니다.

혁명무력 건설은 국가와 인민의 생사존망과 관련되는 매우 중요한 문제이므로 우리 지도적 핵심간부들 자신이 모두 다 이 사업에 직접 참가하여야 하며 앞장에 나서야 합니다. 우리는 모든 힘을 다하여 광복된 조국에 맑스—레닌주의 사상으로 튼튼히 무장한 불패의 인민무력, 정규화된 혁명의 군대를 하루속히 창건하여야 할 것입니다."

주목할 점은 조선 인민혁명군의 미군 진주에 대한 입장이다. 조선 인민혁명군은 미군의 제국주의 침략군대로서의 본질을 정확하게 인식하고 있었다. 이것은 박헌영을 비롯한 많은 정치인과 정치세력이 해방 당시 미군을 해방자로 인식했던 것과는 대조된다.

이북의 역사학계에서는 역사적인 '해방된 조국에서의 당, 국가 및 무력건설에 대하여'라는 연설에서 제시된 건당·건국·건군의 3대 과업은 새 조국 건설을 편향 없이 밀고 나갈 수 있는 합리적이고 과학적인 설계도이자 이정표였다고 평가하고 있다.

회의를 마친 후 조선 인민혁명군 지도부는 건당·건국·건군 3대 과업을 수행하기 위한 소조를 편성했다. 소조들을 각기 파견지로 보내기에 앞서 며칠 동안 강습을 진행했다. 이 강습에는 김일성 사령관도 강사로 직접 참여했다. 그는 소조원들이 파견지에 가서 해야 할 사업내용과 방법, 각 지방의 풍습에 이르기까지 아주 세밀한 지침을 주었다. 9월 초에는 전체 조선 인민혁명군 대원들에 대한 강습을 마친 후 귀국 준비에 들어갔다.

조용한 귀국

조선 인민혁명군 지도부가 북야영 훈련기지를 출발한 것은 1945년 9월 5일 아침이었다. 환자들과 일부 여성 대원들은 남아있다가 훗날 2진으로 출발했다. 처음에는 육로로 귀국길에 올랐다. 자동차 행군과 열차 행군을 반복하며 하바롭스크, 우스리스크를 거쳐 그로데고워를 지나 소만국경을 넘어섰지만 목단강에 이르는 도중 철길이 끊어지고 영안으로 가는 철길도 막혀 육로 귀국을 포기할 수밖에 없었다.

소련 땅으로 되돌아가 우스리스크에서 이틀을 보낸 일행은 9월 16일 아침, 열차로 블라디보스토크로 가서 9월 18일 소련 해군 태평양함대에서 제공해준 함선을 타고 해로로 귀국길에 올랐다. 귀국 함선은 한낮에 닻을 올리고 출항을 알리는 긴 뱃고동 소리를 울렸다. '보이코프'라는 대형 함선이었다. 이 배는 나진과 청진 상륙전에도 참가한 태평양함대의 주력 함선 중 하나였다.

군함을 타고 망망대해를 가르며 조국으로 돌아오는 귀국 대오는 감개무량했다. 십수 년 동안 이국땅에서 총칼을 들고 빨치산 투쟁을 벌였던 나날을 떠올렸고, 쓰러져간 동지들을 생각했다. 김일성 사령관은 저 멀리 수평선 위로 조국 산천을 바라보며 격정에 넘치는 어조로 대원들에게 기어이 고국에 돌아왔다고 말했다. 항일 혈전의 나날, 그 어느 한순간도 잊은 적 없고 목숨을 바쳐서라도 기어이 찾고 말리라고 결심했던 귀중한 조국이 눈앞에 다가왔으니, 그 어느 누가 울먹이지 않을 수 있었겠는가?

모두 울먹이고 있을 때, 사령관은 오늘을 영원히 잊지 말자고, 오늘이야말로 조국 땅에 돌아온 역사의 날이라고 말했다.

조선 인민혁명군 귀국 대오는 소리소문없이 1945년 9월 19일 원산항에 조용히 상륙했다. 조국해방의 일등공신 조선 인민혁명군 귀국 대오를 맞이하는 원산항은 너무도 조용했다. 귀국 일정을 비밀로 해 일절 공개하지 않았기 때문이었다. 김일성 사령관은 이미 파견돼 있던 소부대 성원들의 안내를 받아 원산시당을 먼저 찾았다. 시당 청사 벽에는 '공산주의 기치 아래 프롤레타리아는 단결하라!'라는 구호가 붙어있었다. 그는 그 구호를 잠깐 찬찬히 본 후 청사 안으로 들어가 시당 일꾼들을 만났다. 김일성 사령관은 시당 일꾼들에게 자신을 김영환 정치위원이라는 가명으로 소개했다.

자연스레 조선의 진로에 대한 문제가 화제로 떠올라 김일성 사령관은 시당 일꾼들에게 그에 대한 견해를 질문했다. 몇몇 일꾼들이 당장 사회주의혁명을 해야 한다는 견해를 밝혔다. 이들에게 '그렇다면 노동계급의 힘만 갖고 새 조국을 건설하려고 하느냐?'고 다시 질문했다. 그들은 '우리야 공산혁명을 하려는 사람들인데 노동계급밖에 믿을 게 없다'라고 답했다. 그것은 1920년대 초기 공산주의자들의 주장과 매한가지였다. 우리나라의 구체적 실정은 전혀 고려하지 않고 고전의 명제를 교조적으로 외우고 있었다. 해방된 우리나라에 맞는 노선을 탐구하려는 진지한 사색도 없었다. 시당 일꾼들을 만난 후 숙소인 동양여관으로 놀아왔다. 노동조합 대표, 지방 유지들이 여관으로 찾아왔다. 이들과 만나 얘기를 해보아도 마찬가지였다. 이를 통해 국내에서는 어느 당파나 조직도 올바른 건국노선을 내놓지 못하고 있다는 것을 간파했다. 김일성 사령관은 그들에게 조선 혁명의 성격과 당면임무, 새 조국 건설 노선을 다음과 같이 명확히 천명했다.

> "현 단계에서 조선혁명의 성격은 의연히 반제반봉건 민주주의 혁명으로 되며, 우리는 당면하여 일제 잔재와 봉건 잔재를 숙청하고 나라의 민주주의적 발전을 이룩하기 위한 혁명 임무를 수행하여야 합니다. 반제반봉건 민주주의혁명 단계에서 조선이 나아갈 길은 진보적 민주주의의 길이며 해방된 조국 땅에 세워야 할 국가는 민주주의 자주독립국가입니다. 이것이 바로 우리의 건국노선이며 인민대중이 염원하는 길입니다."

이런 건국노선을 실현해 나가려면 광범한 민중들을 민주주의 깃발 아래 단결하도록 해야 하며, 이런 면에서 원산시당 벽에 걸려 있는 '공산주의 기치 아래 프롤레타리아트는 단결하라!'라는 구호는 잘못되었다고 그들에게 밝혀주었다. 김일성 사령관은 국내로 들어오기 전에 건당·건국·건군의 3대 과업을 중심으로 하는 건국의 이정표를 세우고 국내로 돌아온 것이 천만다행이라고 생각했다.

원산에서 평양으로 떠난 날은 1945년 9월 20일이었다. 평양으로 떠나기 전날 항일혁명투사들을 정치공작원으로 각지에 파견했다. 김책, 안길, 최춘국, 류경수, 조정철 등을 함경남북도로, 일부 투사들은 철원 등지로 파견했다. 평양으로 떠나는 열차에 오르기 전에 서해지구와 강계를 비롯한 내륙지방에 가서 사업할 정치공작원들을 떠나보냈다. 김일성 사령관은 파견지로 떠나는 일꾼들에게 38선 이남 땅을 강점한 미제가 군정을 실시하고 친일파, 민족반역자들이 군정에 참여해 반민중적 책동을 점차 노골화하고 있는 정세에서 예상치 못한 사태가 발발할 위험이 있으므로 그에 대처할 수 있는 철저한 준비를 해 놓도록 당부했다. 특히 강계, 희천, 혜산, 천마와 같은 산간지대에 유사시에 싸울 수 있는 기지를 튼튼히 꾸리도록 했다. 지방으로 나가는 파견원들에게 그곳에 가서 당 창건 준비사업을 적극적으로 추진해 나가고, 인민 정권기관을 조직하고 그를 강화하기 위한 사업에 집중하면서 파괴된 산업을 복구 정비하고 인민 생활을 안정시키도록 하는 과업을 주었다.

정치공작원들을 다 보낸 그는 서해지구에서 사업하게 될 동지들과 함께 9월 20일 기차로 원산을 떠나 우여곡절 끝에 이틀 후 평양역에 도착했다. 그리고 해방산기슭에 있는 자그마한 집에 자리를 잡고 건당·건국·건군의 3대 과업을 수행하기 위한 사업에 착수했다.

진보적 민주주의, 새 조국이 나가야 할 길

해방된 조선이 어느 길로 나가야 하는가 하는 문제는 당시 가장 절박한 문제였고, 민중들의 관심이 집중된 사안이었다. 전국 각지에서 서로 다른 수많은 당파의 대표 인물들이 제각각 주장을 통해 민중들의 이목을 끌려고 했다. 대부분 우리나라의 구체적 현실과 동떨어져 있었지만, 사람들은 이러저러한 주의 주장에 귀가 솔깃해 있었다. 그때까지만 해도 사람들은 소련식 소비에트 민주주의와 미국식 부르주아 민주주의(자유민주주의)만 있는 줄 알았고, 우리나라가 나가야 할 길도 그 두 가지 길 중 하나라고 생각했기 때문이다. 일찍이 카륜회의에서 처음 제시되고, 유격근거지에서 실험적으로 실시했던 인민정권노선에 대해서는 아는 사람이 드물었다.

1945년 10월 3일 김일성 사령관은 평양노농정치학교에서 학생들을 상대로 조선이 나가야 할 길에 대해 강연을 했다. 이 강연에서 그는 조선이 나가야 할 길은 진보적 민주주의의 길이라고 밝혔다.

"오늘 우리 민족 앞에는 일제 잔재와 봉건 잔재를 철저히 쓸어버리고 자유롭고 독립된 부강한 나라를 건설하여야 할 중대한 역사적 과업이 나서고 있습니다. 우리가 이 건국 위업을 성과적으로 수행하기 위하여서는 무엇보다 먼저 우리나라가 나아갈 길을 바로 정해야 합니다. 조선이 나아갈 길을 바로 정하지 않는다면 인민 대중을 건국사업에 옳게 조직 동원할 수 없을 뿐 아니라 나라의 완전 자주독립을 이룩할 수 없으며 나아가서 우리 인민이 또다시 식민지 노예살이를 면치 못하게 될 것입니다. 그러므로 우리 조선이 어느 길로 나아갈 것인가 하는 문제는 조국과 민족의 운명과 관련되는 매우 중대한 문제입니다.

해방된 우리 인민은 끝없는 기쁨과 커다란 희망을 안고 흥분된 마음으로 나날을 보내고 있으며 불타는 건국 열의로 들끓고 있습니다. 그러나 지금 인민대중은 어느 길로 나아가야 할지 갈피를 잡지 못하고 있습니다. 우리는 하루빨리 인민대중에게 조선이 나아갈 올바른 길을 가르쳐주어야 합니다. 조선이 나아갈 길은 참다운 민주주의인 진보적 민주주의의 길입니다. 이 길만이 우리 인민에게 자유와 권리를 주고 행복한 생활을 마련하여 줄 수 있으며 나라의 완전 자주독립을 보장하여 줄 수 있습니다."

— '진보적 민주주의에 대하여' 중에서

이어서 부르주아 공화국은 말 그대로 지주, 자본가 계급을 위한 정권이며, '민주', '민권'은 소수 특권계급이 모든 권력을 틀어쥐고 민중을 억압 착취하는 것을 가리기 위한 병풍에 지나지 않는다고 비판했다. 그리고 당장 소비에트 정권을 세워야 한다고 주장하는 것도 우리의 현실을 똑똑히 알지 못한 채 떠드는 소리라고 비판했다. 우리나라는 일제 잔재, 봉건 잔재가 많이 남아있고, 농촌에서는 봉건적 착취 관계가 지배적이기 때문에 소비에트정권 수립은 시기상조라고 말했다. 그러면서 다음과 같이 천명했다.

"새 조선을 건설하는 데서 반드시 우리나라의 현실을 고려하여야 합니다. 우리는 건국사업에서 역사발전단계에 뒤떨어진 요구를 내세워도 안 되며 또한 그것을 뛰어넘은 요구를 내세워도 안 됩니다. 어디까지나 조선의 실정에 맞게 건국목표를 내세우고 대중을 그 실현으로 옳게 이끌고 나가야 합니다. 오늘 조선 인민은 인민대중이 나라의 주인으로 되고 모든 사람에게 자유와 행복을 가져다주는 진보적 민주주의의 길을 요구합니다. 진보적 민주주의의 길, 이것은 지난날 오랫동안 봉건제도와 일제식민지 통치 밑에서 아무런 자유와 권리도 가지지 못하고 가혹한 학대와 착취를 받아온 삼천만 조선 인민이 염원하는 길이며 조국의 융성 발전과 민족의 무궁한 번영을 약속하는 길입니다. 우리가 이 길로 나갈 때만 인민 대중이 건국사업을 위하여 있는 힘과 지혜를 다 바쳐 투쟁하게 될 것이며 새 조국 건설 위업이 성과적으로 수행되어 나가게 될 것입니다.

우리는 진보적 민주주의에 기초한 자주독립국가를 건설하여야 합니다. 그러기 위하여서는 민주주의 인민공화국을 세워야 합니다. 지금 나라의 방방곡곡에서는 인민 대중의 창의에 의하여 인민위원회들이 조직되고 있습니다. 우리는 하루빨리 모든 지방에 인민위원회를 조직하고 그에 토대하여 민주주의 인민공화국을 세워야 할 것입니다. 민주주의 인민공화국은 우리 인민의 의사에 맞을 뿐 아니라 우리나라의 현실에 가장 알맞은 정권이며 참다운 민주주의를 구현한 인민의 정권인 것입니다.

우리가 민주주의 자주독립국가를 건설하려면 각계각층의 모든 애국적 인민들을 민주주의 깃발 아래 굳게 묶어 세워야 합니다. 오직 나라를 사랑하고 민족을 사랑하는 온 겨레가 정견과 신앙의 차이, 재산과 지식의 유무를 가리지 말고 하나로 굳게 뭉쳐 건국사업에 떨쳐나설 때 비로소 나라의 완전 자주독립은 이루어질 수 있습니다. 우리가 광범한 인민 대중을 굳게 묶어 세우기 위하여서는 각계각층의 모든 애국적 민주역량을 망라하는 민족통일전선을 형성하여야 합니다.

우리의 통일전선은 어디까지나 민주주의적인 통일전선입니다. 우리는 하루빨리 민주주의적 기초 위에서 민족통일전선을 형성하고 노동자, 농민을 비롯한 각계각층의 광범한 군중을 묶어 세워 건국사업에 적극 불러일으켜야 합니다. 그리하여 전체 인민의 단결된 힘으로 친일파, 민족반역자를 비롯한 반동분자들을 철저히 쓸어버리고 새 조선을 건설해 나가야 합니다. 이같이 우리가 민주주의 민족통일전선을 형성하고 그 운동을 강화 발전시켜 나간다면 결국 통일적이며 자주적인 정권, 참다운 민주주의 국가를 건설할 수 있을 것입니다. 이것이 바로 우리가 나아갈 진보적 민주주의의 길입니다."

- '진보적 민주주의에 대하여'에서 발췌 요약

이어서 진보적 민주주의는 구미 자본주의 국가들의 민주주의와는 근본적으로 다르며, 사회주의 국가의 민주주의를 본뜬 것도 아니라고 하면서 반제 반봉건 민주주의 혁명단계에 놓여있는 조선의 현실에 가장 알맞은 새 형의 민주주의라고 규정했다. 그리고 그 특징을 '자주'(자신의 판단과 결심에 따라 자체의 힘으로 자주독립국가 건설), '연합'(반제적이며 애국적인 모든 계급, 정당, 단체들이 망라되는 민족통일전선을 형성해 각계각층의 광범한 애국적 인민들의 연합실현), '자유'(인민대중에게 자유와 평등 보장, 민주주의 중앙집권 원칙에 기초한 민주주의 실현), '부강'(부강한 국가 지향), '혁명'(토지혁명을 비롯한 반제반봉건 민주주의혁명 지향), '평화'로 규정했다.

근대 이후 세계정치사를 돌이켜보면 국가의 형태와 정치 방식에서 부르주아 민주주의(자유민주주의)와 소비에트 민주주의 두 가지 형태만이 존재했다. 그러다 보니 제2차 세계대전 이후 신생국들은 두 개의 국가 형태(또는 민주주의 형태) 중 하나를 선택해야 하는 것처럼 알려져 있었다. 즉 미국식 민주주의와 소련식 민주주의의 대결장으로 되었다. 이런 세계적 추세에 편승해 해방 이후 각기 다른 정치세력들은 저마다 이 둘 중 하나를 들고나와 자기들의 민주주의라 떠벌였다. 하지만 김일성 사령관은 우리나라의 구체적 실정에 맞는 새로운 형태의 민주주의(진보적 민주주의)와 그것을 구현한 인민정권 건설노선을 제시했다. 그것은 독창적인 민주주의 사상이었으며, 세계정치사에서 특기할 만한 일이었다.

건당·건국의
초석을 세우다

| 1 |
주체형의 당을 창건하다

당 창건방침 제시

해방 이후 건국사업을 원활하게 추진시켜 나가는 데에서 가장 우선적인 과업은 정치적 참모부로서 근로민중의 혁명적 정당을 창건하는 일이었다. 민중이 역사의 주인으로 나서는 일은 저절로 이루어지지 않는다. 민중들은 의식화, 조직화되어야 역사의 주인, 주체로 나설 수 있다. 민중들을 정치적으로 각성시키고, 조직 동원하는 역할을 담당하는 조직이 바로 정당이다. 조선 인민혁명군은 당 건설 방침을 세우고 귀국했다. 김일성 사령관은 1945년 8월 20일 북야영기지의 조선인민혁명군 군정간부회의에서 '해방된 조국에서의 당, 국가 및 무력건설에 대하여'라는 연설을 했다. 그는 이 연설에서 당 건설 방침을 제시하며 "항일무장투쟁에서 단련되고 육성된 공산주의자들을 핵심으로 통일적인 노동계급의 당인 조선공산당을 하루속히 창건하여야 한다"라고 밝혔다.

국내외 공산주의자들을 망라하는 통일적인 정당을 창건하는 일은 매우 복잡하고 어려웠다. 가장 큰 장애는 38선 이남을 강점한 미 군정의 정치적 탄압이었다. 미 군정은 공산주의의 진출을 가로막기 위해서 친일파들을 대거 등용하는 한편 온갖 친일 친미 세력들을 끌어들여 각종 반민족적, 반민주적 단체들을 조작해 자주적 독립국가 건설 운동을 방해했다. 아울러 민중들을 분열 이간시켜 민족의 단결과 단합을 가로막고 애국 민중들의 혁명적 진출을 총칼로 탄압했다. 특히 노동계급의 혁명적 당 건설을 가로막아 당과 대중들의 혈연적 연계를 원천적으로 봉쇄하고자 했다.

그러자 변절자와 각양각색의 정치투기꾼들이 고개를 들고 나타나 혁명가인 양 떠벌이면서 해방 직후의 혼란스러운 정세를 이용해 자신의 정치적 목적을 달성하려고 온갖 음모와 모략을 꾸몄다. 주도권 쟁탈에만 혈안이 된 종파세력(파쟁세력)들은 제각기 당 간판을 들고 나와 파벌싸움으로 공산주의 대열을 분열시키고 있었다. 그들이 바로 장안파와 재건파 세력이었다.

김일성 사령관은 귀국하자마자 조선 인민혁명군 간부 및 원산시 공산당과 각 단체 책임일꾼들이 함께 있는 자리에서 다음과 같이 당 창건 문제를 거론했다.

> "우리는 우리나라의 현실적 조건을 고려하여 지방에 당 조직을 먼저 내오고 그에 기초하여 당 중앙지도기관을 꾸리는 방법으로 당을 창건하려고 합니다. 그러므로 우리는 당면하여 각 지방에 당 조직들을 내오기 위한 사업을 적극 추진시켜야 합니다."

당 창건 준비사업 진행

이런 당 창건방침에 따라 지방당 조직을 튼튼히 꾸리기 위해 항일혁명투사들을 각 지역으로 파견했다. 김책은 함흥으로, 안길은 청진으로, 박성철과 최춘국은 함경북도로, 김일은 신의주로, 최현은 강계, 유경수는 혜산으로 떠나갔다. 각 지방에 파견된 항일혁명투사들은 당창건방침을 관철하기 위해 분투했다. 당 조직이 있는 곳은 실태 파악을 통해 문제점을 해결해 나가면서 당 조직을 보강 강화했으며, 당 조직이 없는 곳에는 신속히 당 조직을 건설해 갔다. 특히 당 조직 건설사업에서 핵심 육성사업에 특별히 힘을 기울였다.

예를 들어 함북 청진에 파견된 안길은 일제강점기 때 자신들과 연계가 있었던 인물들을 찾아 당 조직으로 끌어들였다. 그리고 그들을 중심으로 청진시당을 결성하고 청진제철소를 비롯한 공장에 당 조직들을 결성해 당 대열을 확대해 나갔다. 이처럼 각지로 파견된 투사들은 흩어져 있던 조국광복회 회원 등 항일무장투쟁 세력과 연계되어 있었던 애국지사들을 찾아내 당 조직에 인입시켜 당 창건의 조직적 기초를 확대해 나갔다.

평양으로 귀환한 김일성 사령관은 본명 대신 조선 인민혁명군 정치위원 김영환이라는 가명으로 활동했다. 9월 20일 원산역을 출발한 그가 평양역에 도착한 것은 9월 22일 오전이었다. 마중 나온 오백룡을 통해 평안남도 당 책임자로 활동하던 김용범에게 만나자는 전갈을 보냈다. 김일성 사령관의 당 창건 구상에서 평안남도 도당이 갖고 있었던 특별한 지위 때문이었다. 그는 평안남도 도당을 당 창건의 기관차로 삼으려고 했다.

당 창건 사업을 조선 인민혁명군 당 위원회의 이름으로 주도할 수도 있지만, 국내에서 당 활동을 해왔던 주체들이 앞장서는 게 자연스럽다. 국내 각 도에서도 평양이 속해 있던 평안남도(당시 평양은 평안남도 소재지)가 주도하는 게 대표성도 있고, 상징성도 있었다. 때마침 평남도당 지도부는 국내 파벌의 영향을 받지 않고 김일성 사령관을 따르는 사람들을 주축으로 구성돼 있었다. 첫 책임자였던 현준혁은 일찍부터 조국광복회 조직을 건설하기 위해 투쟁해 왔고, 리주연 역시 항일빨치산과 조직적으로 연계되어 활동하고 있었다. 이들은 1943년도에 평남지구 당 위원회를 결성해 활동하다가, 해방 후 곧바로 국내 공산주의자들을 결집해 평안남도 당 위원회로 발전했다. 현준혁이 암살된 이후 평남도당 책임자를 맡고 있던 김용범 역시 김일성 사령관의 평양귀환을 일일여삼추로 기다리고 있었다. 바로 이런 연유로 평남도당은 당 창건 사업의 기관차 역할을 하기에 안성맞춤이었다.

그런데 서울에서 무조건 당 중앙을 선포하고 파벌싸움에 열을 올리고 있는 세력들의 극심한 방해로 인해 중앙당 조직건설에 중대한 난관이 발생했다. 종파세력들은 조직 사상적 기초나 대중적 토대도 없이, 또 구체적 실정과 민중들의 요구에 맞는 뚜렷한 건국노선도 없이 무조건 당 중앙부터 선포함으로써 당 대오를 분열시키고 있었다. 그들은 음모적으로 결성한 서울의 당 중앙을 내세워 조선 인민혁명군의 당 창건 구상을 격렬하게 반대했다.

당시 38선 이북과 이남의 정치적 환경과 조건은 달랐다. 38선 이북 지역은 민중들의 자주적인 건당·건국 노선을 구현해 나갈 수 있는 정치적 자유와 권리가 보장되어 있었다면, 38선 이남 지역은 미 군정의 폭압으로 인해 민중들의 정치적 자유와 권리가 억제되어 있었다. 이런 정치적 환경과 조건에 비추어 볼 때 서울의 소위 '당 중앙'이 38선 이북의 당 활동을 통일적으로 조직 지휘하기란 불가능했다.

38선 이북에서는 공산당원들이 통일적인 지휘체계 없이 제각각 활동하고 있었다. 그로 인하여 좌경바람, 지방 할거주의가 판쳐 대중들을 당의 주위로부터 멀리 떨어져 나가게 하고 있었다. 또 평양을 중심으로 민족주의 바람이 세게 몰아쳐서 공산당은 자체의 대중적 지반을 확대하기 어려웠다. 이런 정황으로 볼 때 38선 이북 지역에 시급하게 통일적인 중앙지도기관을 창설해야 공산주의 대열을 단일한 대오로 결집해 건국사업을 올바로 이끌어 나갈 수 있었다. 그렇지만 서울의 종파세력들은 이런 현실을 무시하고 38선 이북 지역 당 중앙지도기관 창립사업을 한사코 반대했다.

평양에 입성한 그날 김일성 사령관은 시내 형편을 파악한 후 곧바로 김용범을 만났다. 김용범은 먼저 평안남도 도당 건설 경위를 설명했다. 평안남도 도당은 해방 전부터 평남 일대에서 활동하던 공산주의자들을 중심으로 1945년 8월 중순에 조직되었다. 그런데 도당이 건설된 지 얼마 되지 않아 재건파(박헌영 계열)가 자기들대로 따로 도당 건설을 선포했다. 그리하여 평양에 두 개의 평남도당이 병존하는 사태가 발생했다. 그 후 현준혁을 비롯한 현재의 도당 일꾼들의 적극적인 투쟁으로 당원들 다수 의사에 따라 8월 말 하나의 도당으로 통합되었다. 그런데 9월 3일 통합된 도당 책임비서였던 현준혁이 암살자들에 의해 피살되는 사태가 발생했다. 그 후임으로 김용범이 평남도당 책임비서로 일하고 있었다.

이런 설명을 한 후 김용범은 "서울에서는 박헌영이 조선공산당이라는 것을 세워놓고, 당 중앙이라고 자처하면서 38선 이북에까지 사람들을 파견해 자신들을 무조건 따르라고 강압하고 있으며, 평양에서는 조만식이 38선 이남의 반동들과 연계해 불순분자들을 자기 주위에 끌어들여 공산당과 맞서고 있어서 갈피를 잡을 수 없다"라고 호소했다.

김일성 사령관은 김용범에게 당면 혁명의 성격과 임무, 당면과업을 찬찬히 해설한 후, 현재의 조건에서 어떻게 당을 창건하려고 하는가 하는 당 창건방침과 그 실현방도를 아주 구체적으로 밝혀주었다. 그리고 공산주의자들의 통일적 당을 창건하는 데서 평남도당의 역할이 막중하다고 하면서, 평남도당이 해야 할 사업에 대해 구체적으로 제시했다. 그 요지는 다음과 같았다.

"정치투쟁은 정권을 잡는 투쟁이며, 정권 쟁취는 누가 대중을 많이 전취하는가에 달려있다. 대중을 우리 편에 집결시키자면 무엇보다 먼저 혁명의 참모부인 당을 조직해야 한다. 우리 앞에는 당을 창건하는 문제보다 더 긴급한 과업은 없다. 우리는 모든 힘을 다해 통일적 당을 창건하기 위한 준비사업을 다그쳐야 한다. 당면해서 북조선의 각 도당 대표들의 회의를 소집해야 한다. 그러자면 지금부터 회의문건을 작성해야 하며, 각 도당에 연락을 취해 대회에 참가할 대표의 숫자를 결정해주고, 회의 소집날짜를 여유 있게 통지해 줘야 한다. 그리고 평양으로 오는 각 도당 대표들에게 모든 편의를 보장할 구체적인 조직사업도 잘해야 한다."

김용범은 김일성 사령관의 방침과 노선에 적극적으로 찬성하고, 당 창건에 앞장설 것을 결의했다. 이렇게 평남도당이 주체이자 기관차가 되어 38선 이북 지역의 동일적인 당 중앙지도기관을 창건히기 위한 사업이 적극적으로 펼쳐졌다. 김일성 사령관은 1945년 9월 24일 평남도당을 다시 찾아가 임춘추를 평남도당 제2비서로 추천하고 평남도당이 북조선공산당 5도당대표자 회의 소집을 발기하도록 했다. 평남도당은 9월 25일 집행위원회 확대 회의를 열고 북조선공산당 5도당대표자 회의 소집을 결정하고 각 지방 당 대표와 열성자들에게 이를 알렸다.

당 창건 예비회의

각 지역으로 파견된 항일혁명투사들의 적극적인 투쟁과 평남도당의 열정적인 활동으로 당 창건사업이 진행되었지만. 중앙지도기관 창설 방침에 대한 저항도 만만치 않았다. 소위 '장안당'과 '재건당' 대표들은 김일성 사령관을 찾아와 저마다 다른 파벌을 욕하면서 자기 파벌에 대한 지지를 요청했고, 서울에 결성돼 있다고 하는 당 중앙에 대한 승인을 요구했다.

장안당 대표는 장안당의 발족 경위를 설명했다. 이어서 박헌영이 자파 세력 중심으로 '계동 열성자회의'라는 것을 열고 '당 중앙'을 조작하였는데, 박헌영은 현 단계 조선혁명의 성격을 부르주아 민주주의혁명으로 규정했다고 비판하면서 당장 사회주의혁명을 해야 한다고 주장했다. 소위 재건당 대표 역시 제2차 세계대전 후의 국제정치정세와 조선혁명의 성격 문제 그리고 재건당의 승인 문제를 제기했다. 김일성 사령관의 답변 요지는 다음과 같았다.

- 제2차 세계대전은 제국주의 열강들의 모순에 의해 제국주의 열강들 사이의 전쟁으로 시작됐지만, 소련을 비롯한 세계 민주역량이 반파쇼, 자주독립을 위한 항전에 궐기함으로써 반파쇼 해방전쟁으로 바뀌었다.
- 매개 나라 혁명의 성격과 노선 문제는 그 나라의 사회경제적 및 계급적 제 관계에 따라 규정해야 하는데, 일제로부터 갓 해방된 우리나라는 일제 잔재와 봉건적 착취가 그대로 남아 있다. 따라서 현 단계 조선혁명의 성격은 반제반봉건 민주주의혁명이다.
- 우리는 소련식 민주주의도 아니고 미국식 민주주의도 아닌, 조선의 실정에 맞는 조선식 민주주의 즉 진보적 민주주의로 나가야 한다. 진보적 민주주의의 길, 이것이 조선혁명의 노선이며 정로이다. 조선 인민은 해방된 조국에 부르주아공화국을 세우는 것을 지지하지 않을 것이다.
- 재건당 승인 문제에 대해서는, 당 창건 문제를 누가 승인하는가 안 하는가 하는 것 자체가 노동계급의 당 건설 원칙에 맞지 않는다. 지난날 국내 공산주의자들이 저마다 국제당을 찾아가 승인해 달라고 하였는데 그것은 매우 유치하고 온당치 못한 행위이다.
- 편협한 종파적 경향을 일소하고 시급히 모든 파벌을 없애며, 남조선의 당 조직을 민주주의적 원칙에 기초해 통일 단결된 혁명대오로 꾸려야 한다. 남조선의 당 조직은 조선혁명의 이익을 위해 조직적으로 단결하며 당의 대중적 지반을 축성하기 위한 사업을 적극적으로 추진해야 한다.

서울의 소위 '당 중앙'과 연계되어 있던 종파세력들, 지방 할거주의 세력들은 평양에 당 중앙지도기관을 세우는 사업을 방해했다. 그들은 "만일 북조선에 중앙조직위원회를 결성한다면 당을 분열시키는 것으로 된다"라고 하면서, 종파세력이 조작해 낸 '서울 중앙'을 당 중앙지도기관으로 인정할 것을 요구했다. 박헌영은 38선 이북에 재건당 사람들을 보내 당 중앙지도기관을 창설하는 사업에 간섭하였으며, 종파세력, 지방 할거주의 세력들을 부추겨 방해했다. 각 지방에 파견되어 있는 항일혁명투사들은 이들의 방해 활동을 정연한 논리와 대중적 설득으로 분쇄하고, 당원들과 민중들을 튼튼하게 지도부 중심의 통일단결을 이룩해나갔다.

평남도당은 9월 25일 확대집행위 결정에 따라 1945년 10월 5일 당 창건을 위한 예비회의를 소집했다. 김일성 사령관은 회의 소집 이틀 전인 1945년 10월 3일 전국에 파견되어 있던 항일혁명투사들을 평양으로 불렀다.

이날 밤 평양에 도착한 김책을 만난 김일성은 그간의 활동 보고를 받고 난 후 당 창건의 절박성에 대해 다음과 같이 말했다.

"사태가 보여주는 바와 같이 지금 전국 도처에서 반동들의 책동이 매우 엄중한 단계에 이르고 있습니다. 특히 미국놈들이 남조선에 기어들자 우리나라 정세는 더욱 심각해지고 있습니다. 우리는 하루빨리 혁명의 참모부인 당을 창건하고 당의 두리에 근로 인민대중을 묶어 세워 반동들의 책동을 짓부숴버려야 하며 조국 땅 위에 부강한 자주독립 국가를 일으켜 세워야 합니다. 혁명적 당을 창건하기만 하면 모든 문제가 다 풀릴 수

당 창립대회가 열렸던 당 창건 사적관 건물

있습니다. 그래서 당 창건을 위한 예비회의를 빨리 열자고 하
는 것입니다."

1945년 10월 5일, 당 창건을 위한 예비회의가 열렸다. 회의에는 당
중앙지도기관으로 북조선공산당 중앙조직위원회를 창설하는 문제가
자유발언 형태로 토의되었다. 항일혁명투사들과 지방당 대표들은 대
부분 중앙조직위원회 창설을 지지 찬동했지만, 서울의 재건당과 연계
되어 있었던 일부 종파세력들은 이를 결사적으로 반대했다.

김일성 사령관은 38선 이남과 이북에 조성된 서로 다른 정세를 분
석한 후 북조선공산당 중앙조직위원회 창설의 필요성을 설파했다. 즉
38선 이남에 주둔하고 있는 미군이 군정을 실시하면서 혁명가들과 민
중들을 가혹하게 탄압하고 있는 상황에서 전반적 조선혁명을 주동적
으로 밀고 나가기 위해서는 모든 조건이 유리한 북조선에 강력한 당

중앙지도기관을 세워야 한다고 강조했다. 또 서울에서 상안낭과 재건당이 서로 '당 중앙'이라고 자처하면서 파벌싸움을 벌이고 있는 현실을 폭로 규탄했다. 이런 상황에서 '서울 중앙' 평계를 대고 북조선 중앙조직위원회의 창설을 반대하는 것은 공산주의 대열의 통일단결을 이룩할 생각은 전혀 없고 자신들의 지방 할거주의적 속셈을 스스로 드러내는 것이라고 비판했다. 이런 토론 과정을 통해 회의에서는 북조선 공산당 중앙조직위원회를 창설하기로 합의가 이뤄졌다.

당 창건대회(1945년 10월 10일~13일)

1945년 10월 10일, 북조선공산당 중앙조직위원회 창립대회가 개최되었다. '조선공산당 북조선 5도당 책임자 및 당 열성자대회'라는 이름으로 열린 당 창립대회에서 김일성 사령관(그는 이때까지 본명을 밝히지 않고 '조선 인민혁명군 정치위원 김영환'으로 참여했다)은 '우리나라에서의 맑스-레닌주의 당 건설과 당의 당면과업에 대하여'라는 내용의 보고를 했다.

그는 "북조선공산당 중앙조직위원회를 하루빨리 건설해야만 공산주의 대열의 통일단결을 이룩해 광범한 대중들을 묶어 세우고 건국사업을 잘 해나갈 수 있으며, 북조선을 조선혁명의 튼튼한 기지로 전변시켜 나갈 수 있다"라고 설파했다(민주기지 노선의 제시). 그리고 정치노선으로 '민주주의 인민공화국' 창건노선을 제시하며 "우리는 민주주의 인민공화국을 창건해 우리 조국을 부강한 민주주의 자주독립국가로 발전시켜야 할 것입니다. 이것이 바로 현 단계에서 우리 앞에 나선 기본 정치과업입니다"라며 다음과 같은 4대 당면과제를 제시했다.

- 애국적이며 민주주의적인 각 정당과 각파들을 망라하는 민주주의 민족통일전선 건설을 통해 광범한 애국적 민주역량을 묶어 세워 우리 민족의 완전한 자주독립을 보장하는 민주주의 인민공화국을 세우기 위하여 노력하며
- 민주적 건국사업에서 가장 큰 장애물인 일제 잔재세력과 국제반동의 앞잡이를 비롯한 모든 반동분자를 철저히 쓸어버림으로써 나라의 민주주의적 발전을 순조롭게 하며
- 각 지방 인민의 정권인 인민위원회를 조직하고 민주주의적 개혁들을 추진해 경제를 부흥시키고 인민들의 물질문화 생활을 높임으로써 독립국가건설의 기본토대를 닦으며
- 이와 같은 모든 과업을 수행하기 위하여 공산당을 확대 강화하며 사회단체들과의 사업을 힘있게 밀고 나가는 것.

조직노선으로는 "당을 무산계급의 토대 위에 선 대중적 정당으로, 하나의 혁명사상에 기초한 당의 사상의지 및 행동의 통일을 보장하는 정당으로, 종파주의와 지방주의를 반대하고 좌우경 기회주의를 반대해 투쟁하는 정당으로, 민주주의적 중앙집권적 규율이 확고히 서고 당 중앙의 유일 지도 밑에 움직이는 전일적 조직으로 만들어야 한다"라고 제기했다. 특히 북조선에 조성된 유리한 정세를 이용해 "모든 과업을 지체없이 수행함으로써 북조선을 민주주의 자주독립국가 건설을 위한 강력한 민주주의 기지로 전변시켜야 한다"라고 강조했다.

대표들은 이와 같은 제안을 적극 지지하면서 북조선공산당 중앙조직위원회 창설을 전적으로 찬성했다. 이리하여 대회 첫날인 1945년 10월 10일, 당 중앙지도기관으로서 북조선공산당 중앙조직위원회 창

건이 신포되있다.[5] 당 창건을 위한 회의는 10월 13일까지 계속되었다. 당 창건을 선포한 후 당의 당면 정치 조직노선을 둘러싼 회의참가자들의 열린 토론이 계속되었다. 특히 서울의 조선공산당을 지지하는 종파세력들이 김일성 사령관이 제기한 정치 조직노선에 대해 여러 문제를 제기하면서 치열한 논쟁이 계속됐다.

1945년 10월 13일 당 창건 대회를 마친 후 김일성 사령관은 참석자들에게 자신의 본명을 공개하고, '새 조선 건설과 민족통일전선에 대하여'라는 제목의 연설을 했다.

창당대회가 끝난 다음 날인 1945년 10월 14일, 평양공설운동장에서는 김일성 사령관의 조국 개선을 환영하는 평양시 군중대회가 열렸다. 이 모임은 항일혁명투사들과 평남도당 위원회의 적극적인 주도와 계획으로 추진되었으며, 추진위원장은 조만식이 맡았다. 당 창립대회가 끝나고 김일성 사령관이 본명을 처음 공개하였을 때 누군가가 연단에 나서서 김일성 장군을 환영하는 거족적인 민중대회를 열자고 제의함

---

5) 이남의 역사학계에서는 '북조선공산당 중앙조직위원회'가 아니라 '조선공산당 북조선 분국'이 공식 명칭이었다고 보고 있다. 틀린 견해는 아니다. 당시 항일무장투사들은 국내 공산주의자들을 최대한 끌어들여 통일적인 당을 건설하기 위해 많은 양보를 했다. 명칭 역시 그중 하나다. 회의에서는 서울의 박헌영 중심으로 조직된 조선공산당과의 관계가 쟁점으로 떠올랐다. 김일성 사령관은 파벌의 산물이었던 서울 조선공산당의 문제를 집중 제기했지만, 다른 한편으로는 공산주의 대열의 통일단결을 위해 서울의 중앙을 용인하는 대담한 양보를 했다. 북조선 중앙조직위원회가 실질적인 당 중앙으로서 책임과 권한을 행사할 수 있는 조건이 마련되었기 때문에 명칭, 형식적인 지위, 체계 문제에서 서울에 있는 당 중앙의 조직체계를 인정한다는 의미에서 '조선공산당 북조선 분국'이라는 명칭을 수용한 것이다. 하지만 당의 조직 사상적 통일이 강화되어 감에 따라 북조선 분국이라는 명칭은 실질적으로 사라졌다. 종합된 자료에 따르면 중앙조직위원회 3차 확대집행위 이후에는 공식적으로 북조선 분국이라는 명칭을 사용하지 않았다.

개선 환영대회에서 연설하는 김일성 사령관

으로써 최종적으로 성사되었다.

환영대회 장소인 평양공설운동장은 새벽부터 사람들이 몰려들어 인산인해를 이루었다. 운동장 밖 나무꼭대기에도 사람들이 올라가 있었으며, 모란봉의 을밀대와 최승대 쪽에도 사람들이 하얗게 덮여있었다. 평양 시내와 시 주변은 물론 멀리 신의주, 함흥, 청진, 해주 심지어는 38선 이남 지역에서도 사람들이 구름처럼 몰려들었다.

환영대회는 오후 1시부터 시작되었다. 김일성 사령관은 '모든 힘을 새 민주 조선 건설을 위하여'라는 제목의 연설을 하며 '민족 대단결의 기치'를 높이 들 것을 제창했다.

"우리 조선 민족이 민주주의 새 조선을 건설하기 위해 힘을 합칠 때는 왔다. 각계각층 인민들은 누구나 다 애국적 열정을 발휘해 새 조선 건설에 떨쳐 나서야 한다. 힘 있는 사람은 힘으로, 지식 있는 사람은 지식으로, 돈 있는 사람은 돈으로 건국사업에 이바지해야 한다"라고 하면서 "나라를 사랑하고 민족을 사랑하고 민주를 사랑하는 전 민족이 굳게 단결해 민주주의 자주독립국가를 건설하자"라고 외쳤다.

평양민보의 김일성 환영대회 관련 기사

『평양민보』는 1945년 10월 15일 기사에서 이날의 정경을 '금수강산을 진동시키는 40만의 환호성'이라는 제목으로 다음과 같이 전했다.

"평양의 역사가 (……) 일찍이 이와 같이도 많은 사람이 모인 일이 있었던가? 이와 같이도 뜻깊은 모임을 가져 본 일이 있었던가? (……) 특히 대회를 역사적으로 뜻깊게 하고 회중을 감동케 한 것은 조선의 위대한 애국자, 평양이 낳은 영웅 김일성 장군이 여기에 참석하여 민중에게 반갑고도 열렬한 인사와 격려를 보낸 것이다. (……) 조선 동포가 가장 숭모하고 고대하던 영웅 김일성 장군께서 그 름름한 용자를 한번 나타내니 장내는 열광적 환호로 숨 막힐 듯 되고 거의 전부가 너무 큰 감동 때문에 소리 없는 울음을 울었다."

김일성 사령관은 훗날 이날의 감회에 대해 다음과 같이 고백했다.

"그 환호성을 듣는 순간 나의 심신에서는 스무 해 동안 쌓이고 쌓인 피곤이 한꺼번에 다 날아가 버리었습니다. (……) 내 일생에서 가장 행복한 순간이 어느 때였는가고 묻는 사람이 있다면 나는 그 순간이었다고 대답할 것입니다. 민중의 아들로서 민중을 위해 싸웠다는 행복감, 민중이 나를 사랑하고 신임한다는 것을 느끼는 데서 오는 행복감, 그 민중의 품에 안긴 행복감이었을 것입니다."

제2차 확대집행위원회 회의(1945년 11월 15일~17일)

당은 창건됐지만, 당내 혼란은 끝나지 않았다. 당 창건 과정에서 당 대열의 통일단결을 이룩하고, 혁명의 전략적 참모부로서 당 중앙조직을 건설하는 일이 급선무였기 때문에 정치조직노선에서는 불가피하게 일정한 타협을 할 수밖에 없었다. 그 결과 서울 중앙을 지지하고 있던 종파세력들은 당의 정치 조직노선에 대한 해석을 제각각 하면서 김일성 사령관의 정치 조직노선 관철을 방해했다. 당적 체계와 질서는 잡히지 않았고, 당의 정치노선도 원활하게 관철되지 않았다. 항일혁명투사들은 김일성 사령관이 제시한 당 방침을 관철하기 위해 고군분투했다. 이런 상황에서 북조선공산당 중앙조직위원회의 제2차 확대집행위원회 회의가 1945년 11월 15일 개최되었다.

김일성 사령관은 이 회의에서 당의 정치노선 혼란 상태에 종지부를 찍기 위해 노력했다. 제2차 확대집행위원회에서는 당 건설 문제뿐 아니라 정권 문제, 대중단체 건설과 통일전선 문제 등이 중심적 의제로 논의되었다. 회의에서는 매우 심각한 논쟁이 펼쳐졌다. 회의에서 김일성 사령관은 '진정한 인민의 정부를 수립하기 위해'라는 보고를 통해 당의 정치노선을 다시 명확히 밝혔다.

정치노선에서 핵심 쟁점은 정권의 성격에 관한 문제였다. 박헌영을 중심으로 하는 재건파 세력들은 부르주아 공화국 창립노선을 제기하면서, 서울에서 이승만을 대통령으로 하는 인민공화국을 선포했다. 반면에 장안파 세력들은 당장에 사회주의 정권을 수립해야 한다고 주장했다.

김일성 사령관은 보고에서 인공(서울에서 박헌영 세력이 주축이 되어 결성한 인민공화국)을 격렬하게 비판했다. 그는 인공은 반공, 친미분자인 이승만을 비롯한 친일파 민족반역자들과 가짜 혁명가인 종파분자들이 들어가 있으며, 민중의 이익을 옹호하는 정권이 될 수 없다며 비판하고, 서울의 인공을 인정해야 한다는 일부의 주장을 정면으로 반대했다. 이와 함께 프롤레타리아 독재정권을 수립하고 사회주의혁명을 해야 한다는 장안파의 견해 역시 극좌적 노선으로 대중을 혁명으로부터 이탈시키는 위험한 행동이라고 비판하며 다음과 같은 방침을 재천명했다.

> "공산당은 정권 수립 문제에서 나타나고 있는 그릇된 좌우경적 견해와 태도를 철저히 반대하고 당의 정치노선에 기초하여 정권 문제를 옳게 해결하기 위한 투쟁을 전개하여야 합니다. 우리 당은 이미 우리나라의 구체적 현실과 인민대중의 요구에 맞는 민주주의 인민공화국을 세울 데 대한 방침을 제시하였습니다. 민주주의 인민공화국 정부는 친일파, 민족반역자들을 제외하고 공산당 대표를 비롯한 진보적이며 애국적인 각 정당들과 각 계각층 인민의 대표들로 구성되어야 합니다. 이런 정권만이 부강한 자주독립국가를 건설할 수 있는 혁명의 강력한 무기로 될 수 있으며 광범한 인민대중의 이익을 위하여 투쟁하는 애국적이며 인민적인 정권으로 될 수 있습니다.

민주주의 인민공화국을 수립하기 위하여서는 대중을 묶어 세우는 사업부터 하여야 합니다. 지금 일부 사람들이 들고나온 '인민공화국'은 군중적 토대도 없이 하룻밤 사이에 몇 사람이 조작해놓은 것입니다. 민족통일전선을 옳게 형성하지 못하고 대중적 지반도 닦지 않고 세우려는 이런 정권이 어떻게 우리 인민의 정권으로 될 수 있겠습니까?

우리는 광범한 대중을 쟁취한 데 기초하여 우리 당의 지도 밑에 민주주의적 정당들과 노동자단체, 농민단체, 청년단체, 여성단체와 같은 대중단체들을 망라한 민족통일전선 협의회를 열고 여기에서 중앙정권기관을 조직할 데 대한 문제를 토의하여야 합니다. 그리하여 우리의 정권이 모든 민주주의적 정당, 사회단체들을 망라한 민족통일전선에 튼튼히 기초한 정권이 되도록 하여야 합니다. 각계각층의 광범한 애국적 민주역량을 망라한 민족통일전선에 기초하여 세운 정권만이 전체 조선 인민의 절대적인 지지와 환영을 받고 국제적인 지지도 받을 수 있으며 자기 앞에 나선 역사적 사명을 옳게 수행할 수 있습니다."

이처럼 '선 민주주의 민족통일전선 형성, 후 정부 수립'이라는 이정표를 제시하고, 인민정권 수립의 대중적 지반을 축성하기 위한 투쟁을 적극적으로 벌여나가자고 호소했다. 노동조합의 건설과 중앙조직 건설 사업, 유일 지도체계를 갖는 중앙 농민조직 건설, 통일적 여성조직 건설, 공청의 민청으로 개편 등을 통해 대중단체를 강화하고 이에 기초해서 민족통일전선을 시급히 형성해 나가야 한다고 제기했다. 끝으로 지수토지 볼수와 농민적 분배라는 토지개혁의 방향과 방도를 제시했다.

참석자들은 김일성 사령관의 방침과 노선을 지지하고 당의 방침으로 받아들였다. 이로써 '반제반봉건 민주주의혁명 노선'이 당의 공식 방침으로 확립되었다. 제2차 확대집행위원회 회의는 당의 정치노선 관철을 방해하는 책동을 막고 민족통일전선에 기초한 민주주의 인민공화국 창건방침을 공고히 확립한 중요한 계기로 되었다.

제3차 확대집행위원회 회의(1945년 12월 17일~18일)

당의 정치노선 문제는 제2차 확대집행위원회 회의를 통해 어느 정도 가닥이 잡혔다. 하지만 당의 조직 실태는 심각했다. 당의 정치노선을 관철해 나가는 것은 당 조직인데, 그 당시 당 조직은 중구난방으로 질서와 체계가 잡히지 않아 당의 노선과 방침을 관철해 나갈 수 있는 준비가 갖춰지지 않고 있었다.

제3차 확대집행위원회가 열릴 당시 공산당원의 숫자는 불과 4,530명에 지나지 않았다. 이중 노동자는 30%, 농민은 34%였으며, 지식인 상공인이 36%나 되었다. 즉 당의 계급적 토대가 매우 취약했다. 당원 숫자보다도 더 심각했던 것은 당 체계만 있었지, 지휘명령 체계나 당 규율이 제대로 서지 않았던 것이다. 도당은 도당대로, 군당은 군당대로 제각각 행동했고, 지방 할거주의가 판쳤다. 특히 함경남도, 강원도, 평안북도 지방이 유독 심했다. 게다가 공산당 내에 친일파, 민족 반역자들이 숨어들어와 당 사업을 망치고 있었다. 군당위원장이나 면 당위원장 가운데도 이런 자들이 있어서, 권세를 앞세우고 월권과 일

탈 행위를 자행함으로써 공산당의 권위와 대중적 신망을 추락시키고 있었다.

김일성 사령관은 이런 경향을 방치하면 안 되겠다고 판단하고 제3차 확대집행위원회를 소집하도록 했다. 1945년 12월 17일~18일에 제3차 확대집행위원회 회의가 열렸다. 김일성 사령관은 '북조선공산당 각급 당 단체들의 사업에 대하여'라는 보고를 통해 그동안 당 조직 사업상의 결함을 집중적으로 분석 평가하고, 그것을 극복하기 위한 방향과 방도를 제시했다. 노동자, 농민 당원 비율의 저조, 당 규율의 약화 현상, 대중과의 연계 취약, 직업동맹 등 대중단체에 대한 당적 지도장악 능력 취약, 간부 부족 등이 거론됐다. 회의에서는 보고에 기초해서 개선 대책을 논의 결정하고 2개월 후 그 추진 성과를 평가하기로 했다.

또 회의에서는 '김일성 책임비서 추대안'이 제출되어 통과되었다. 김일성 사령관은 건당·건국·건군 사업을 총괄하기 위해 당 책임비서 역할을 맡지는 않았었는데, 당 내부의 혼란을 더는 두고 볼 수 없어 맡게 되었다.

북의 역사학계에서는 제3차 확대집행위원회에 대해 "우리 당이 창건된 후 처음으로 당 사업과 당 생활에서 일대 혁신을 일으키게 했으며, 이때부터 비로소 우리 당이 진실로 건전하고 강력한 당으로 발전하게 되었다"라고 평가하고 있다.

제3차 확대집행위원회의 결정사항을 총평가하기 위해 제4차 확대집행위원회 회의가 1946년 2월 15일에 열렸다. 이 회의에서는 2개월 동안의 당 활동을 종합 평가하였다. 특히 종파 분자들을 엄격하게 취급해, 조직적으로 제거함으로써 당 대열의 사상 의지적 통일성을 강화했다. 3차 확대집행위 결정사항을 관철하기 위한 투쟁을 통해 당 대열이 급속히 확대되었다. 1946년 4월 20일을 기준으로 당원 숫자는 4만 2천 명으로 늘어났다. 불과 몇 개월 동안에 10배 가까이 증가했다.

| 2 |
각계각층 대중단체의 건설

공청이냐 민청이냐

　당 건설 사업과 함께 각계각층 대중조직을 건설하는 일이 시급했다. 대중단체를 튼튼히 꾸려야 당의 대중적 지지기반을 급속히 확대할 수 있으며, 대중적 토대가 튼튼한 민족통일전선을 빨리 건설할 수

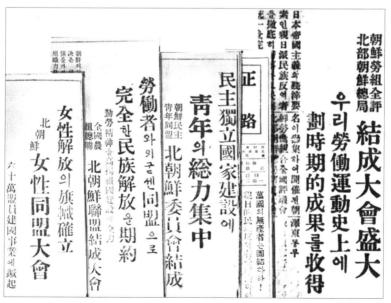

대중단체 건설에 관한 신문 보도

있다. 또 이는 민족통일전선에 기초한 인민정권을 빨리 세울 수 있는 길이기도 하다.

당시 가장 어려웠던 것은 청년단체 건설 사업이었다. 해방 이후 각 지역에서 공산당조직이 세워짐과 동시에 공산주의청년동맹(공청)도 활동하고 있었다. 하지만 당시 공청은 조직원 숫자도 많지 않았고, 청년 대중을 포괄하지 못한 약점을 갖고 있었다. 공청 외에도 해방청년동맹, 애국청년동맹, 건국청년동맹, 사회민주청년동맹, 농민청년동맹, 학생청년동맹 등 진보적인 청년단체들이 제각각 조직되어 분산적으로 활동하고 있었으며 기독청년회, 백의청년동맹 등 우익 청년 조직들도 있었다.

청년조직들이 우후죽순처럼 분산적으로 활동하면서, 각양각색의 구호를 들고 청년들을 자기 편으로 끌어당기려고 했다. 이런 사태가 계속된다면 청년들 사이에는 대립이 불거질 것이고, 친일파 등 반민주 반민족 세력들에게 악용될 게 불을 보듯 뻔했다. 김일성 사령관은 '애국적 청년들은 민주주의 깃발 아래 단결하라!'라는 구호를 들고, 모든 애국적 청년들의 단결 단합을 추구해 나갔다.

공청은 명칭 그대로 공산주의를 신봉하는 무산 청년들만 들어갈 수 있는 청년조직이다. 이런 면에서 볼 때 민주주의 기치 아래 각계각층 광범한 청년들을 묶어 세우는 데서 제한성이 있었다. 실제 많은 청년이 나라를 사랑하고 건국사업에 뛰어들 의지가 있었지만, 자기들의 계급적 처지로 인해 공청에 들지 못하고 있었다. 또 일제의 공산주의에 대한 악선전으로 인해 공청에 들어야 할 노동 청년, 빈농 청년들이 방관하는 경우도 많았다. 그는 이런 상황을 직시하고, 1945년 10월에 공청 해소와 민청 건설 방침을 제기했다.

김일성 사령관은 1945년 9월 28일 항일혁명투사 김익현을 불러 평양시 공청 부위원장 직무를 부여했다. 갑작스럽게 공청 사업을 맡아 하도록 임무를 부여받아 어떻게 해야 할지 걱정하는 김익현에게 그는 "우리의 구호는 '애국적 청년들은 민주주의 깃발 아래 단결하라!'라는 것이오. 바로 이 구호 밑에 공산주의청년동맹을 민주청년동맹으로 개편함으로써 각계각층 청년들을 하나로 묶어 세워야 하오"라며 청년운동의 방향을 제시했다.

10월에 접어들면서 '공청의 발전적 해소와 민청 결성' 방침을 공개적으로 천명하고, 이 사업을 본격적으로 추진하여 10월 6일 민주청년동맹 결성준비위원회가 출범했다. 김일성 사령관은 1945년 10월 20일 3도 공청 일꾼협의회를 개최해 민청결성 방침의 필요성과 의의를 해설하고, '민주청년열성자대회'를 개최해 공청을 민청으로 개편한다는 것을 세상에 선포하자고 제안했다. 이 제안에 따라 1945년 10월 28일 ~29일 평양에서 '민주청년열성자대회'가 열렸다. 이 대회에는 각 도에서 올라온 공청 일꾼들이 참가했다. 대회에서 김일성 사령관은 혁명의 성격과 임무를 밝히면서, 우리나라 청년운동은 공청이라는 좁은 테두리에서 대담하게 벗어나 민주주의 청년운동으로 나가야 한다면서 공청을 민청으로 개편하고, 공청원들은 민청에 들어가 핵심적 역할을 해야 한다고 호소했다.

청년들은 민청조직 건설 방침을 적극적으로 지지하는 발언을 했지만, 국내 종파세력들의 영향을 강하게 받고 있었던 일부 청년들은 청년운동의 퇴보니, 우경화니 하면서 민청건설 노선을 반대했다. 치열한 논쟁이 펼쳐졌다.

대회는 10월 29일까지 계속되었다. 29일 대회에서 김일성 사령관은

'민주청년동맹을 조직할 데 대하여'라는 대회 마무리 연설을 했다. 여기에서 민청결성의 필요성을 재확인하고, "민주청년동맹을 조직하는 것은 어느 한두 사람의 정치적 이익을 위한 것이 아니며, 모든 조선 청년들을 결속하여 우리 인민의 행복한 생활을 마련해 줄 민주주의 자주독립국가를 성과적으로 건설하는 데 그 목적이 있다"라면서, 대표들이 열성자대회 정신을 받들고 민주청년동맹을 결성하기 위해 적극적으로 투쟁하리라는 기대와 확신을 표명했다. 대회에서는 공청을 민청으로 개편하기로 확정하고 민주청년동맹의 강령과 규약 초안을 승인했다. 그리고 전체 조선 청년들에게 보내는 선언서가 채택 발표되었다.

각 도에서는 공청원들이 중심이 되어 청년열성자대회를 열고 분산된 청년단체들을 단일한 민청에 합류시킬 구체적 대책들을 토의 결정했다. 이렇게 사업들이 착착 진행되자 일부 종파세력의 조종을 받고 있었던 청년운동 간부들이 더욱 날뛰었다.

어떤 도에서는 민청열성자대회 결정을 수용하지 않고 공청을 유지하면서 보조 조직으로서 일반청년동맹을 조직하겠다고 결정을 왜곡하는가 하면, 어떤 도의 공청 지도부는 민청 결성 방침을 청년일꾼들에게 전달하지도 않았다. 아래 단위 청년 간부들이 항의하자, '공청 해소와 민청 결성 방침'은 자기 지방의 실정에는 맞지 않는다고 하면서 공청을 고수하려고 고집했다. 예를 들어 오기섭 등은 '서울 중앙'의 지시라고 하면서 공청을 절대로 해산시키지 말아야 하며, 민청은 공청의 외곽단체로 되어야 한다는 주장을 굽히지 않았다. 이처럼 공청을 해소하고 민청을 건설하는 길은 탄탄대로가 아니었으며, 험산 준령을 넘어가는 힘든 길이었다.

김일성 사령관도 1945년 11월 26일 평남민청결성대회에 직접 참석해 민청조직노선 관철을 방해하는 자들의 책동을 비판하고, 민청 결성 사업의 방향과 방도를 구체적으로 제시했다. 이런 과정을 거쳐 1945년 말까지 전국 각 도, 시, 군, 면들에 민청 단체들이 조직되었고 공장, 광산, 탄광, 농촌, 어촌, 학교와 기관들에도 민청조직이 꾸려지는 등 여러 청년단체가 민청조직으로 흡수 통합되어 갔다.

1946년 1월 16일, 민청 결성을 위한 북조선 민주청년단체대표자회의가 평양에서 개최되어 북조선 민주청년단체 결성이 선포되었다. 이로써 광범한 청년대중들이 단일한 대오로 단결해 새 조국 건설에 참여할 수 있는 조직적 무기를 갖게 되었다.

민주주의 기치 아래 각계각층 대중단체의 결성

김일성 사령관은 대중적 지지를 건국사업의 핵으로 보았다. 미 군정의 민족 분열 공작이 치밀하게 전개되고 있었던 복잡한 정세에서 대중을 확보해야 당의 지도력을 발휘하고, 반혁명에 대한 혁명역량의 압도적 우세를 보장할 수 있었다. 대중 획득의 결정적 고리는 근로대중의 자주적 조직을 결성하고, 이 조직체에 광범한 대중을 참여시키는 것이었다. 이런 이유로 노동자, 농민, 여성 등 각계각층 계급계층별 대중조직 결성사업에 공을 들였다.

해방 후 공장, 농촌, 지역 등 여기저기서 서로 다른 명칭의 노동자단체, 농민단체, 청년단체들이 생겨났다. 이런 단체들은 서로 연계도 없고, 성격도 제각각이었다. 공산당에 대한 대중들의 이해가 부족한 때라서, 서로 다른 조직들이 각양각색의 구호를 들고 대중들을 제각각 끌어당겼다. 자칫 근로대중이 여러 갈래로 분열될 수 있는 위험이 농후했다. 근로대중을 조직적으로 묶어 세우는 사업이야말로 건국사업에서 매우 시급한 일이었다.

김일성 사령관은 여러 차례에 걸쳐 "대중을 묶어 세우기 위하여서는 우선 그들을 조직적으로 결속하는 사업을 잘하여야 합니다. 우리는 대중단체들을 광범히 조직하고 노동자들은 노동자 조직에, 농민들은 농민조직에, 청년들은 청년조직에, 여성들은 여성조직에, 문화인들은 문화인조직에 망라시켜야 합니다"라면서 각계각층 군중을 계급별, 계층별로 묶어 세우자는 방침을 제시했다.

이 사업에 있어서 중요한 문제는 대중들이 다 같이 받아들일 수 있는 단결의 기치를 어떻게 내세우느냐 하는 것이었다. 그는 '민주주의 기치 아래 단결하자!'라는 구호를 제시했다. '민주주의 기치'야말로 해방 후 노동자, 농민뿐 아니라 지식인, 상인, 종교인들을 비롯해 나라와 민족을 사랑하고 민주주의를 지향하는 각계각층 민중들이 다 받아들일 수 있는 유일한 단결의 기치였다.

그는 1945년 10월 8일 평양 시내 노동조합 일꾼들과 만나 노동조합 조직방침을 제시했다. 이에 따라 공장, 기업마다 노동조합이 결성되고, 1945년 11월 30일 북조선노동조합총연맹[6]이 결성되었다. 이리하여 노동대중을 하나의 대중조직으로 묶어 새 조선 건설에 힘있게 조직 동원할 수 있게 되었다.

이 과정 역시 우여곡절을 겪었다. 좌경적인 사람들은 당시 이북 정

---

6) 당시 공식 명칭은 '조선노동조합전국평의회 북조선 총국'이었다. 서울에서 조선노동조합 전국평의회가 결성된 것은 1945년 11월 5일~6일이었으며, 북조선 지역의 노동조합들도 참가했다. 하지만 남과 북의 정치 상황의 차이를 들어, 북에서는 전평에 소속된 별도의 중앙조직을 결성하기로 했다.

세의 구체적 특징을 고려하지 않고, '노동조합은 노동자의 권익을 대변해야 하므로 무조건 자본가나 국가와 투쟁해야 한다'라며 심지어 파업을 선동하기까지 했다. 당시 이북은 공산당과 민족통일전선, 노동자와 민중들이 정권의 주인이었고, 노동자가 공장의 주인이었다. 물론 소수의 자본가가 존재했지만, 그 자본가들은 애국적 자본가들이었고, 공산당의 새 조선 건설 방침을 따르는 자본가들이었다. 따라서 투쟁은 곧 자신 자신을 반대하는 투쟁이며, 파업은 곧 자기 자신을 파괴하는 행동에 지나지 않았다.

모든 것(공장과 정권)이 자기 것이 된 조건에서는 파업투쟁이 아니라, 새 조국 건설의 선봉에 서서 민주주의 인민공화국 창건에 앞장서는 게 올바른 것이었다. 그런데 종파세력은 투쟁과 파업을 선동하며 새 조국 건설을 오히려 방해했다. 김일성 사령관은 이들에 맞서 노동대중의 통일단결을 이룩하고, 노동대중이 선봉에 서서 새 조국 건설의 주역 역할을 다할 수 있도록 이끌어 나갔다. 북조선공산당 제3차 확대집행위원회 회의에서 이 문제가 심도 있게 다루어져 종파세력들의 그릇된 주장이 타파되었다.

농민들 역시 자주적 조직건설을 밀고 나갔다. 각 지역 농민조합 결성이 속속 추진되고, 그에 기초해서 1946년 1월 31일 고농과 빈농을 비롯한 전체 농민들의 민주주의적 대중정치조직인 북조선농민조합연맹이 결성되었다.

김일성 사령관은 여성동맹 결성사업에서 지식인 여성을 중심으로 조직할 것이 아니라 공장과 농촌에 튼튼하게 뿌리 내린 조직으로 꾸리자고 하면서 1945년 10월 초부터 여성동맹 창건 조직위원회 결성을 직접 이끌었다.

1945년 11월 18일 북조선민주여성동맹 창립대회가 열렸다. 창립대회에 앞서 각 도 대표들이 김일성 사령관을 찾아가 담소를 나누었다. 이 자리에서 그는 여성동맹 창립의 역사적 의의를 밝힌 후, "오늘 창립되는 북조선민주여성동맹은 각계각층의 광범한 여성들을 망라하는 민주주의적 여성조직이며, 여성들의 유일한 대중적 정치조직입니다"라고 그 성격을 설명했다.

| 3 |
민족통일전선의 결성

민족통일전선의 원칙과 방향

해방 직후 민주와 반민주, 애국과 매국 사이에 치열한 투쟁이 펼쳐졌다. 특히 38선 이남 지역을 강점한 미국은 중간세력을 자기 편으로 끌어당기기 위해 온갖 술수를 다하고 있었다. 애국 민주세력은 이런 정세에서 반민주 매국세력의 탄압을 물리치고 자주독립국가를 건설해야 했다. 자주와 민주를 지향하는 모든 세력의 단결과 단합을 실현해야 하고, 그를 실현할 조직적 무기인 각계각층 민주역량들의 통일전선을 하루라도 빨리 실현해야 했다. 그 길만이 중간세력을 확보해 반민주세력을 철저히 고립시키고 민주역량의 압도적 우세를 보장할 수 있었다. 김일성 사령관은 민주주의 민족통일전선 건설을 적극적으로 추진해 나갔다.

그는 '새 조선 건설과 민족통일전선에 대하여'(1945년 10월 13일 각 도당 책임일꾼들 앞에서 한 연설), '민족통일전선 문제에 대하여'(1945년 12월 22일 민주청년단체가 주최한 정치강좌에서 한 강의)를 비롯한 많은 연설과 강의에서 민족통일전선 노선의 본질과 의미, 견지해야 할 원칙, 그 형태에 대해 전면적으로 밝혔다. 그 내용을 보면 "일제 잔재세력들과 봉건세력을 쓸어버리고 민주주의 인민공화국을 빨리 건설하기 위해서는 노동계급이 핵심이 되고 광범한 농민들과 애국적 지식인들, 더 나아가 민족자본가도 포함한 모든 애국적 민주역량이 참여하는 민주주의 민족통일전선을 시급히 결성해야 한다는 것. 또 이 사업을 추진해 나가는 데서 공산당의 독자성과 영도적 역할 보장, 노농동맹에 기초한 모든 애국민주역량의 단합 실현, 동요 계층에 대한 단결과 투쟁의 원칙 견지를 기본 원칙으로 삼아야 한다"라는 것이다. 그는 "통일전선의 형태와 관련해서는 항일무장투쟁 시기 반일민족통일전선(조국광복회)과는 달리 정당, 사회단체들과의 공개적 연합의 형태로, 모든 애국적 민주역량을 튼튼히 묶어 세우는 전 민족적 조직으로 되게 해야 한다"라고 밝혔다.

다른 정당들과의 통일단결을 위해

민주주의 민족통일전선을 형성해 나가는 데 있어서 각계각층 대중단체를 결성해 통일전선 운동의 대중적 토대를 튼튼히 세우는 것이 첫째 과제라면, 다른 정당들과의 연대연합을 실현하는 것이 다음 과제가 된다.

해방 직후 정세에서는 소자산계급, 민족자본가, 종교인 등 중간세력들의 민주주의적 정당의 존재가 불가피했다. 공산당이 창건되고 그 역량이 커 나가고 있을 때 중간세력들도 독자 정치세력화의 길로 나갔다. 미국과 매국세력들은 중간세력들의 이런 움직임을 포착하고, 이러한 흐름을 공산당 반대운동으로 끌어들이려 했다. 이런 현실을 방치하면 중간 정치세력들이 미국과 매국세력의 의도에 놀아날 가능성이 농후했고, 민중들의 분열과 대립이 격화됨으로써 건국사업에 일대 혼란이 생겨날 것이다. 미 군정으로부터 '소련과 공산당을 반대하고, 사회적 혼란을 조성하라!'라는 지침을 받은 미국의 하수인들이 이북 사회 곳곳에 스며들어 활동하고 있었으며, 그들의 주된 과녁은 조만식을 비롯한 기독교 세력과 중간 정치세력들이었다. 미 군정은 이들에게 조만식 세력 내로 스며들어 공산당을 반대하는 정당을 결성하도록 부추겼다.

이러한 흐름을 간파한 김일성 사령관은 중간 정치세력들과의 연대연합 사업을 적극적으로 벌여나갔다. 중간세력들의 정당 결성 흐름을 방관하거나 방해할 게 아니라, 반대로 정당을 결성하도록 적극적으로 이끌어주고, 그 정당들이 공산당과 연대해 나가도록 하자는 것이었다.

그는 민족주의자, 성직자 등 중간세력과 종교인들 속에서 영향력 있는 사람들을 직접 만났다. 이런 만남을 통해 해방된 조선이 나아갈 길을 밝히고, 각계각층의 세력들이 어떠한 목표를 내걸고 정당을 만들어야 하는가를 일깨워 주었다. 이렇게 그는 중간세력들이 정당을 만들더라도 봉건세력을 반대하고 민주주의 자주독립국가 건설이라는 반제반봉건 민주주의 혁명의 기본 강령을 내세워 공산당과 연대하는 민족통일전선에 참여할 수 있도록 이끌어 나갔다.

그는 특히 조만식을 직접 만나 정당 창당을 설득했다. 조만식은 처음에는 38선 이북의 독자적 정당 창당에 반대했다. 남과 북이 합쳐진 이후 정당을 건설해야 한다는 것이었다. 여러 차례의 설득과정을 거쳐 10월 말경 조만식은 정당 결성에 동의했다. 1945년 11월 3일, 조만식을 위원장으로 하고, 항일혁명투사 최용건을 부위원장으로 하는 조선민주당이 창당되었다. 민주당은 소자산계급, 기업가, 부농, 소시민 등으로 구성되었으며, 특히 기독교인들이 많이 참여했다. 1946년 2월에는 천도교인들을 중심으로 하는 천도교청우당이 창당되었다.

중간세력들을 끌어당겨 민족의 분열을 확대하고, 새 조국 건설 사업을 파탄시키려던 미국의 의도는 무산되었다. 하지만 미 군정은 포기하지 않고 새로 결성된 정당 상층에 하수인들을 포진시켜 공산당을 반대하고 새 조선 건국사업을 방해했다. 김일성 사령관은 이런 흉계들을 무력화하면서 중간세력 정당들이 공산당과의 부분적 연합에서 전면적 연합으로 나가도록 이끌었다. 이런 노력으로 이북의 중간 세력 정당들은 야당이 아닌 공산당의 우당으로 발전해나갔다. 이는 그의 독창적 정당 건설 방침의 빛나는 승리이자 민족통일전선 결성의 중대한 전진이었다.

민족주의자, 종교인들과의 단결

김일성 사령관은 지난날 민족주의운동을 하던 사람들을 찾아가 새 조국 건설의 방향과 방도를 제시하고, 적극적인 참여를 호소했다. 1945년 11월 6일 한 민족주의자를 만난 자리에서 나라의 해방을 위해 국내외에서 반일운동을 벌여온 공로를 치하한 후 "지금 일부 사람들은 남조선에 상륙한 미군에 기대를 걸고 있는데 그것은 참으로 어리석은 일이다. 미국의 역사를 보아도 그렇고, 오늘 남조선에 상륙한 미군의 소행을 보아도 그렇고, 어느 모로 보나 미국에 대한 환상을 가져서는 안 된다. 만일 미국에 대한 환상을 가지고 미군의 방조로 새 나라를 세우려 한다면 자주독립국가를 건설할 수 없을 뿐 아니라 또다시 과거와 같은 망국노의 처지에 빠지게 될 것이다. 우리는 다른 나라의 힘으로 건국해보려는 그릇된 태도를 철저히 반대하고 반드시 자체의 힘으로 새 나라를 건설하기 위하여 적극 투쟁해야 한다"라면서 같이 손잡고 새 조선 건설에 나서자고 호소했다.

그는 종교계 인사들도 자주 만났다. 그들에게 종교에 대한 자신의 견해와 공산당의 종교정책, 통일전선정책을 해설하고, 하느님을 믿어도 남의 나라 하느님이 아니라 조선의 하느님을 믿어야 하며, 숭미사상을 퍼뜨리는 신자가 될 것이 아니라 조국의 자주독립을 위해 투쟁하는 애국적 종교인이 될 것을 호소하며 종교인의 자주적 조직건설을 주도했다. 북조선그리스도교연맹과 불교도연맹이 결성되어 새 민주 조선 건설에 참여했다.

신의주 방문

김일성 사령관은 1945년 11월 하순 평양에서 평안남도 민주청년단체 결성대회에 참석하고 있을 때 신의주학생사건(1945년 11월 23일)이 일어났다는 보고를 받았다. 발발의 계기는 11월 18일 용암포(평안북도 용천군) 제일교회 사건이었다. 이날 용암포 제일교회에서는 인민위원회 주최로 시민대회가 열렸다. 이 대회에서 한 학생대표가 공산당의 횡포를 공개적으로 비난하면서 좌우익 간에 충돌이 발생했다. 이때 반공세력을 주축으로 한 신의주 학생 3,500명이 신의주보안대를 향해 가두행진을 하다가 유혈사태가 일어났다.

학생 소요는 도당과 도 인민위원회의 일부 간부들이 적산 물자를 개인적으로 빼돌려 사리사욕을 채운 것이 동기였다. 반공 세력은 그 소문을 대대적으로 퍼뜨리며 공산당에 대한 악선전을 퍼붓고, 학생들을 부추겨 소요를 일으켰다. 학생들은 주먹을 휘둘러대며 '공산당 반대' 구호를 외치고 건물의 유리창을 깨는 등 시위를 폭력사태로 몰아갔다. 골방에 틀어박혀 있던 친일파, 경찰 관계자, 지주, 자본가 및 각종 반공분자들이 다시 고개를 들고 공산당이 집과 가산, 아내까지 '공유'하게 한다는 소문을 냈다. 소문은 또 다른 끔찍한 소문을 낳고 사람들은 공포에 질렸다. 이윽고 사태가 걷잡을 수 없이 확대되면서 끔찍한 폭력사태로 번졌다.

신의주로 달려간 김일성 사령관은 사태를 분석하고 수습대책을 세워주었다. 그리고 11월 27일 신의주 군중대회에 참석했다. 신의주학생사건이 발발한 직후라 민심은 여전히 흉흉했으며, 반공 분위기가 지배적이었다. 공산당 대표로 연단에 올라간 사람은 군중들의 항의에 연설도 하지 못한 채 내려와야 했을 정도였다. 이런 분위기 때문에 일꾼들은 김일성 사령관의 공개연설을 만류했지만 김일성 사령관은 개의치 않고 연단에 올라가 '해방된 조선은 어느 길로 가야 하는가'라는 제목의 연설을 했다. 그 요지는 다음과 같다.

- 15년 동안의 항일무장투쟁으로 조선은 해방을 맞이하였으며, 해방된 조선은 인민들에게 자유와 행복을 가져다줄 민주주의 자주독립국가 건설의 길로 나가야 한다. 새 국가를 건설하려면 민족의 단합된 힘이 요구된다. 민주주의 깃발 아래 굳게 뭉치자.
- 신의주 용암포 사건은 친일파 민족반역자를 비롯한 반동분자들의 책동으로 발생했다. 그들은 공산당이나 정권기관에 잠입한 일부 나쁜 놈들이 인민의 이익을 침범하는 행동을 한

것을 악용해 소동을 일으키도록 충동질하고 사태를 폭력행
위로 이끌어갔다.

- 공산당은 근로인민의 이익을 위해 투쟁하는 진보적이며 혁
  명적 정당이다.

- 누가 나보고 장군님도 공산주의자인가 하고 물었는데, 나도
  공산주의자이다. 진짜 공산주의자와 가짜 공산주의자를 나
  눠서 보아야 한다. 과거 일제의 주구 노릇을 하던 자들이 정
  체를 숨기고 공산당 안에 기어들어와서 사리사욕을 채우는
  나쁜 행동을 하고 있다. 그리하여 공산당을 대중으로부터 이
  탈시키고 군중 속에서 공산당의 위신을 떨어뜨리려 하고 있
  다. 이런 불순 이색분자들을 공산당에서 내쫓고 공산당이 대
  중 속에서 위신이 있고 인민 대중의 절대적인 지지를 받는 대
  중적 당으로 되도록 하여야 한다.

- 광범한 대중을 묶어 세워 민주주의 민족통일전선을 튼튼히
  형성하고 그들을 건국사업에 적극 조직 동원하여야 한다. 노
  동자, 농민, 지식인, 상인, 기업가, 종교인 할 것 없이 각계각
  층의 애국적 인민들은 다 민주주의 민족통일전선에 굳게 뭉
  쳐 새 조국 건설을 위하여 모든 노력을 다하도록 하여야 한
  다.

- 새 조선을 건설하고 있는 우리에게 민주주의적인 정치 외에
  다른 정치적 대안은 없다. 우리가 말하는 민주주의는 근로대
  중을 억압 착취하는 지주, 자본가 계급을 위한 미국식 민주주
  의도 아니며 소련식 민주주의도 아니다. 우리의 민주주의는
  새 형의 민주주의이며 우리나라의 실정에 맞는 조선식 민주

주의이다. 우리는 이런 진정한 민주주의를 철저히 구현함으로써 인민들에게 정치적 자유와 권리를 주며 인민의 힘에 의거하며 인민의 이익과 행복을 보장하는 민주정치를 실시하기 위하여 힘써야 한다.

연설이 끝나자 참석한 군중들은 박수갈채를 보내며 '김일성 장군 만세'를 외쳤다. 연설을 들은 신의주시의 대중들은 김일성 사령관 같은 진정한 애국자가 공산주의자라면 우리가 무엇 때문에 공산당을 반대하겠는가 하면서 공산당과 함께 건국사업에 적극적으로 참여하겠다고 밝혔다. 김일성 사령관은 공산당과 인민위원회, 보안기관 내에 잠입해 있던 나쁜 자들을 밝혀내 단호히 처벌했다. 신의주학생사건을 막후에서 조종한 매국세력들의 의도는 실패로 막을 내렸다.

민주주의 민족통일전선의 결성

북조선공업기술총연맹, 북조선예술총연맹, 북조선기자동맹, 북조선불교도연맹, 북조선그리스도교연맹 등 사회단체들이 잇달아 결성되었다. 이렇게 노동자, 농민, 청년, 여성들의 대중정치조직이 조직되고, 각계각층 민주적 사회단체들이 결성되었을 뿐 아니라, 공산당과 연대연합을 지향하는 민주적 정당들도 결성되었다. 근로대중을 분열시키려 했던 매국세력들의 계획이 무산되었고 공산당의 대중적 지반이 튼튼히 구축되었다. 각계각층 군중들이 조선 인민혁명군을 중심으로 하나처럼 움직이는 조직된 역량으로 결집했다.

김일성 사령관은 정당의 주요 인사들과 정책토론을 자주 했다. 그를 통해 그들 스스로 공산당의 정치노선과 통일전선정책을 지지하도록 이끌었다. 또 그들을 건국사업에 적극 참여시켜, 단결과 협조를 확대해 나갔다. 이런 노력 끝에 1946년 초 이북 내 민주주의적 정당, 사회단체 사이에서 민주주의 임시정부 수립에 대한 의견이 하나로 모였다.

1946년 2월 이북 지역의 중앙정권기관인 '북조선 임시인민위원회'가 결성되었다. 이로써 아직 통일전선 조직이 정식으로 결성되지는 않았지만, 실질적으로는 민주주의 민족통일전선이 형성되었다. 이렇게됨으로써 복잡했던 이북의 정세가 기본적으로 수습되었고, 민주역량들이 단합해 미 군정과 매국세력에 반대하는 투쟁을 힘있게 벌여 나갈 수 있게 되었다.

김일성 사령관은 이런 통일전선을 더욱 공고하게 발전시켜 나가기 위해 토지개혁, 산업국유화를 비롯한 사회경제개혁에 민주주의 정당, 사회단체들이 적극적으로 참가하게 하여 그들과의 협조를 공고히했다. 이런 성과에 기초해 1946년 7월 22일 북조선 민주주의 정당, 사회단체 대표 회의가 열려 상설적 통일전선 조직체인 '북조선 민주주의 민족통일전선 중앙위원회'가 결성되었다. 여기에는 각 정당, 사회단체들이 총망라되었으며, 600여만 명에 달하는 각계각층 군중이 망라되었다.

북의 정권기구
'북조선 임시인민위원회'
수립과 민주개혁

| 1 |
조성된 정세

　건국사업에도 많은 애로와 난관이 가로놓여 있었다. 미국은 주한미군을 38선 이남에 진주시켜 놓고 자주적이고 통일적인 자주독립국가 건설을 노골적으로 간섭 방해하고 있었다. 그들은 자주적 통일독립국가를 세우려는 민중의 절절한 염원은 아랑곳하지 않고, 오로지 친미국가를 세우는 데에만 관심이 있었다. 미국은 처음에는 대일전승국이라는 유리한 지위를 이용해 얄타회담 합의대로 신탁통치안을 관철해 한반도 전체를 반공 친미정부로 만들려고 구상했다. 1945년 12월 16일 ~25일, 모스크바에서는 한반도 문제를 다루는 국제회의가 개최되었다. 모스크바 삼상회의라고 불리는 이 회의에서 미국은 신탁통치안을 들고나왔다. 그러나 우리 민족의 자주독립국가 건설 의지와 역량을 잘 알고 있었던 소련은 미국의 제안을 반대했다.

　회의는 난항을 겪으면서 미국의 신탁통치안을 배격하고, ●조선에 민주주의적인 임시정부를 수립한다 ●조선 주둔 미소 양국 대표들로 미소공동위를 설치한다 ●미소공동위가 조선 임시정부와 합의해 5년 이내를 기한으로 하는 미, 영, 중, 소 4개국의 원조협력(후견) 방책을 작성한다 ●미소 양국 대표들로 조속한 시일 내에 미소공동위를 개최한다는 4개 항의 결정을 채택했다.

모스크바 삼상회의의 결정사항은 일정한 문제점을 안고 있었다. 그 것은 우리나라의 운명을 우리 민족의 대표들이 참가하지 않은 상태에 서 강대국끼리 제멋대로 결정했으며, 우리 민족의 의사를 묻지도 않고 자기들끼리 '후견제'라는 것을 채택한 것이다.

이런 한계에도 불구하고 그것은 당시 정세에서 통일된 자주독립국 가를 세울 수 있는 가장 합리적인 방안이었다. 특히 미국이 제출한 영 구 또는 수십 년간에 달하는 한반도 신탁통치 구상을 무너뜨렸다는 점 에서 큰 의미가 있었다.

신탁통치안 관철에 실패한 미국은 38선 이남 단독정부 수립으로 정 책을 전환하고, 모스크바 삼상회의 결정 사항 관철을 파탄시켜나갔 다. 이것이 소위 반탁 - 찬탁 논쟁 발발의 정치적 배경이었다. 모스크 바 삼상회의 결정 사항에는 신탁통치 실시 방안이 없었다. 그런데 민 주주의적인 임시정부를 수립하고 이를 후견하자는 결정 사항을 마치 소련이 내놓은 신탁통치안으로 왜곡 보도하게 유도하고, 이를 계기로 반탁운동을 대대적으로 일으켰다. 사실 반탁운동은 민족을 분열시키 고, 38선 이남 단독정부 수립이라는 방향으로 정세를 몰고 가려는 미 국의 모략의 산물이었다. 그러므로 반탁운동은 미국의 모략에 말려드 는 그릇된 길이었다.

김일성 사령관은 모스크바 삼상회의 결정 소식을 입수한 즉시 일꾼 들과 신중한 토론을 거쳐 1945년 12월 31일 북조선공산당 중앙조직위 원회 부장협의회에서 이 결정의 본질과 그 이행을 위한 과업과 방도를 제시했다. 이 자리에서 그는 다음과 같이 분석했다.

"모스크바 3국외상회의 결성은 우리나라의 통일을 하루속히 실현하고 민주주의 자주독립 국가를 수립하는 데 유리한 조건을 지어주기 위한 것입니다. 우리는 이 조건을 조선에 소미 양군이 주둔하고 있는 현 실정에서 민주주의 자주독립 국가를 수립하는 데 최대한으로 이용해야 하며 이 결정을 적극 지지하고 실현을 위하여 꾸준히 노력해야 합니다."

모스크바 삼상회의의 핵심은 한반도에 자주독립국가를 수립하기 위한 민주주의 임시정부를 수립하도록 한다는 것이었다. 즉 우리 민족이 자주적으로 임시정부를 수립하고 이것을 토대로 자주독립국가 수립으로 나가는 것을 보장한다는 것이다.

물론 앞에서도 말했다시피 이 결정에 문제가 전혀 없다고 볼 수는 없다. 우리나라 문제가 당사자인 우리나라 사람들의 참여가 배제된 채 열강들끼리 토의되었으며, 한반도에 5년 이내의 후견제를 실시한다는 것은 즉각적인 독립을 염원하는 우리 민족의 염원과는 배치된다. 하지만 이것을 신탁통치안으로 볼 수는 없다. 5년 이내라는 기한을 명확히 했다는 점에서 그렇고, 또 4개국 후견 문제를 우리나라 사람들이 자주적으로 세울 민주주의 임시정부와 협의해서 결정한다고 되어 있으므로, 우리 민족의 의사를 무시한 채 실시하는 제국주의적 신탁통치와는 전혀 달랐다.

이처럼 '후견제'는 다소 문제가 있었지만, 이 결정을 지지해 통일적 임시정부를 수립한 다음 미소 양군을 철수시킨다면 나라의 분열을 방지하면서 통일된 자주독립국가로 나갈 수 있었다.

김일성 사령관은 이런 종합적 분석을 토대로 모스크바 삼상회의 결정은 미소 양군이 한반도에 주둔해 있는 현실적 조건에서 볼 때 나라의 통일을 보장하며 민주주의 자주독립국가로 나가는 데 있어서 매우 유리한 조건을 만들어 줄 수 있다고 결론을 내리고, 전체 민중들을 이 결정을 지지하는 쪽으로 이끌어야 한다고 정리했다.

반면에 이남의 많은 정치세력은 미국의 왜곡된 선동에 휘말려 맹목적인 반탁투쟁으로 내달려갔다. 민중들을 올바른 길로 이끌어 가야 할 서울의 공산당 역시 미국의 의도에 휘둘려 반탁투쟁에 동참하는 실책을 범하고 말았다. 뒤늦게 모스크바 삼상회의 결정사항을 올바로 파악하고 나서 반탁투쟁에서 지지투쟁으로 선회했지만 이미 돌이킬 수 없게 된 뒤였다.

이리하여 이남 정계는 찬탁과 반탁의 회오리에 깊숙이 말려들었고, 미국은 이 틈에 반탁세력들을 결집해 미소공동위를 파탄 내고 이남만의 단독정부 수립의 길로 민중들을 내몰아 갔다.

김일성 사령관은 민중의 힘으로 난관을 타개하고 통일된 자주독립국가 건설의 길에 나섰다. 그것은 유리한 환경과 조건이 갖춰져 있는 이북 지역에서 먼저 강력한 인민정권을 세우고 민주개혁을 철저하게 이행하는 것이었다. 이는 곧 한반도에 반공 친미정권을 세워 제국주의적 침략의 전초기지로 삼고자 하는 미국의 야욕을 꺾고 통일적인 자주독립국가를 건설해 나가는 길이었다.

김일성 사령관의 방침에 따라 모스크바 삼상회의 결정을 지지하는 전 민족적 투쟁이 활발히 펼쳐졌다. 1946년 1월 2일 공산당(김일성), 독립동맹(김두봉), 노동조합(현창영), 민주청년동맹(방수영), 민주여성동맹(박정애), 평안남도 농민위원회(이관엽) 등 6개 정당 사회단체 공동성명을 발표한 데 이어, 평양과 지방에서 모스크바 삼상회의 결정을 지지하는 군중 집회와 시위들이 열렸다. 서울에서도 공산당을 비롯한 민주주의적 정당, 사회단체들의 공동주최로 모스크바 삼상회의 결정을 지지하는 시민대회가 열렸다. 미국에 속아 반탁운동에 나섰던 정치세력들과 중립을 지키던 사람들도 이 결정의 참된 의미를 알고 방향을 전환했다.

이 투쟁을 이끌면서 김일성 사령관은 38선 이북 지역을 튼튼한 민주기지로 만들기 위한 투쟁을 더욱 빠르고 힘차게 전개해 나갔다. 미국의 민족분열 정책을 격파하고 민족의 단합에 기초한 자주적 통일독립국가를 건설하려면 무엇보다도 민족 자체의 힘을 키워야 한다. 그 힘의 하나는 이북 지역을 민주기지로 튼튼히 꾸리는 것이며, 다른 하나는 반외세 민족자주의 기치를 앞세운 전 민족적 통일전선을 튼튼히 꾸리는 것이었다.

| 2 |
북조선 임시인민위원회 수립

인민정권 수립의 기초 확립

인민정권 건설에는 많은 난관과 장애가 가로놓여 있었다. 미국은 조선 민중들이 자체의 힘으로 세운 인민공화국을 부정하고 불법시했으며, 민중들의 자주적인 정권건설 노력을 총칼로 탄압했다. 전국적 범위에서 통일적인 정권건설이 불가능했다. 사태가 이러함에도 일부 종파세력들과 이들의 영향에서 벗어나지 못한 민중들은 우선 이북만의 독자적인 중앙주권기관을 창설하는 것은 민족의 분열을 고착화하는 행위로 생각하고 있었다. 또 이북에 진주해 있던 소련 당국도 미국을 의식해 이북의 독자적인 중앙주권기관 창설을 꺼렸다.

하지만 미국의 이남 강점으로 전국적 통일정부를 수립할 수 없게 되었다고 해서 정권건설 자체를 멈출 수 없었다. 이럴 때일수록 자주적인 정권건설이 가능한 이북만이라도 중앙주권기관을 세워 민주주의적 개혁을 철저히 밀고 나가야 전국적 범위에서 자주역량을 강화해 나갈 수 있으며, 민주주의 자주독립국가 건설의 토대를 다질 수 있다는 것이 김일성 사령관의 생각이었다.

그는 1945년 10월 공산당 창립대회와 11월 북조선공산당 중앙조직위원회 2차 확대집행위원회에서 이북의 중앙주권기관으로서 '북조선 임시인민위원회' 개최 방침을 제시했다. 국내외 정세로 인해 선거를 치를 수 없는 조건에서 각 정당 각파의 연합을 실현하고, 각계각층 모든 애국 민주역량을 결집하기 위해 임시적 성격의 '북조선 임시인민위원회'가 필요하다는 것이었다.

그는 이북 지역의 중앙주권기관을 창설하기 위한 방도로서 두 가지를 제기했다. 첫째는 각 도 인민위원회를 우선적으로 꾸리고 튼튼히 강화 발전시켜 나가는 것이며, 둘째는 각계각층 군중 단체를 튼튼히 꾸려 민주주의 민족통일전선을 강화해 나가는 것이다.

이 방침에 따라 지방인민위원회, 인민정치위원회를 건설하고 이북 전역에 각 도 인민위원회와 시군 인민위원회를 세워 중앙주권기관 창설의 행정적 토대를 확립했다.

각지로 파견 나간 항일혁명투사들은 지방인민위원회를 조직하고 다지는 활동을 전개했다. 지방인민위원회 조직은 민중들의 열렬한 지지 속에서 1945년 11월 말까지 각 도에서 마무리되었다. 각지에 조직된 인민위원회는 민중 자신의 손으로 세운 정권이었으며, 사회 질서를 유지하고 민중 생활을 안정시키는 사명을 띤 민중 자치기관이었다.

하지만 지방인민위원회 체계만으로는 부문별 경제와 각 도 사이의 정치, 경제, 문화적 연계를 보장하는 문제를 풀 수 없었다. 이 문제를 풀기 위해 1945년 11월 19일 북조선 행정 10국이 설치되었다. 행정 10국은 지방 정권기관들의 활동을 통일적으로 지도하며 각 도 사이의 경제적 연계를 실현하기 위한 과도적 부문별 행정기관이었다.

행정 10국은 산업국, 교통국, 체신국, 농림국, 상업국, 재정국, 교육국, 보건국, 사법국, 보안국으로 구성되었으며 당면과제를 수행하고, 향후 중앙주권기관 수립의 행정적 기초를 마련하고 풍부한 사업경험을 쌓을 수 있게 하는 조치였다.

부문별 행정국의 조직기구체계와 활동방식, 사업경험은 중앙주권기관을 설치할 수 있는 밑천이 되었다.

임시인민위원회 수립

모스크바 삼상회의 이후 혼란된 정국에서 이북은 민주개혁을 빠르게 추진시켜 미국의 민족분열 정책을 분쇄해 나갈 수 있는 민족 역량을 강화 발전시키려 했다. 토지개혁을 비롯한 제반 민주개혁을 강력하게 추진해 나가려면 빨리 중앙주권기관을 세워야 했다.

1946년 2월 초 민주주의적 정당, 사회단체 대표자들로 북조선 중앙주권기관 창설을 위한 발기위원회를 조직하고, 중앙주권기관 창설사업을 신속하게 밀고 나갔다. 2월 5일에는 북조선공산당 중앙조직위원회 상무집행위에서 '북조선 임시인민위원회' 수립 관련 대책을 논의했으며, 2월 7일에는 '북조선 임시인민위원회' 수립을 위한 북조선 민주주의 정당, 사회단체 대표들과 각 도, 시, 군 인민위원회 위원장, 행정국 국장이 참여하는 예비회의를 소집했다.

이 회의에서 김일성 사령관이 북조선 임시인민위원회 결성의 필요성을 설파하였고, 이에 따라 '북조선 임시인민위원회를 결성한다'라는 결의가 채택되었다.

1946년 2월 8일, '북조선 임시인민위원회' 설립을 위한 본회의가 개최되었다(공식 명칭은 '북조선 각 정당 사회단체, 행정국 및 각 도, 시, 군 인민위원회 대표 확대회의'였다). 이 회의에는 이북 지역의 민주주의적 정당, 사회단체, 행정국, 각급 단위 인민위원회 대표 등 138명이 참석했다. 김일성 사령관은 '목전 조선 정치정세와 북조선 임시인민위원회의 조직에 관하여'라는 제목의 보고를 했다. 그는 이 보고를 통해 해방 후 인민정권의 발전과정을 상세히 분석 평가하고 중앙주권기관을 세워야 할 필요성과 '북조선 임시인민위원회' 앞에 제기되는 당면과업을 밝혔다. 여기에서 그는 복잡한 정치정세로 선거를 할 수 없는 조건에서 이 회의를 통해 새롭게 창설되는 북조선 중앙주권기관은 '임시정권'이라고 규정했다. 또 당의 정치노선을 구체화해 인민정권의 임무를 밝힌 11개조 당면과업을 제시했다.

김일성 사령관의 보고 후 임시인민위원회 수립과 관련된 제반 문제들을 심층적으로 토의했다. 그 결과 '북조선 임시인민위원회' 수립을 결정하고, 김일성 사령관을 '북조선 임시인민위원회' 위원장으로 추대했다. 이튿날 회의에서는 임시인민위원회 위원 23명이 선출되었다. 그 성원은 행정국장 9명, 사회단체 대표 6명(노동조합 2명, 농민연맹, 여성동맹, 민청동맹, 문예동맹), 정당대표 6명(공산당, 독립동맹, 민주당 각 2명씩), 도 인민위원회 대표 2인으로 구성되었다.

행정집행기구는 위원장 김일성, 부위원장 김두봉, 서기장 강양욱이 선출되었다. 이로써 북조선 임시인민위원회는 '통일전선적 성격을 띠고 있는 의결기구와 강력한 행정집행기구'라는 이원적 구조로 구성됐다.

북조선 임시인민위원회는 인민들이 직접 선거를 통해 중앙주권기관을 세울 수 없었던 조건에서 전체 민중들의 의사와 요구를 대변하고 있는 각계각층 대표들이 모여 결성한 임시 중앙주권기관이었다. 또 노동동맹에 기초해 광범한 반제반봉건 민주역량을 총망라한 민주주의 민족통일전선에 입각한 정권이며, 민중들에게는 민주주의를, 친일파를 비롯한 민족반역자들에게는 독재의 기능을 수행하는 인민민주주의 정권이었다.

| 3 |

제반 민주개혁의 추진

1) 20개 조 정강 발표

모스크바 삼상회의 결정에 따라 1946년 3월 20일부터 조선 임시정부 수립 문제를 토의하기 위한 미소공동위원회가 서울에서 소집되었

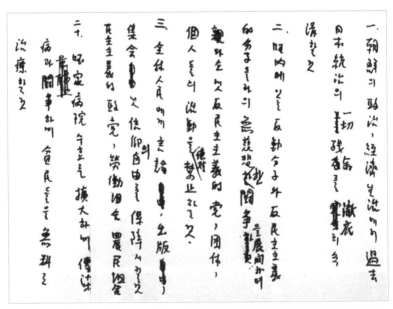

20개 조 정강 친필원고. 일제강점기 때의 조국광복회 10대 강령을 기초로 김일성 위원장이 직접 작성한 것으로 이후 민주개혁의 기본방향이 되었다.

다. 1946년 3월 23일, '북조선 임시인민위원회'의 김일성 위원장은 미소공동위원회 개최에 즈음한 방송 연설을 했다. 이 연설에서 그는 미소공동위원회는 우리 민족이 절실히 요구하는 통일적 임시정부 수립 문제를 해결해야 한다고 요구하면서, 임시정부가 진정한 민주주의 정부로서 반드시 실현해야 할 '20개 조 정강'을 발표했다. 이 정강은 해방 후 새 조국 건설의 구체적 현실에 맞는 반제반봉건 민주주의 혁명 강령이었다. 여기에는 일제 통치의 온갖 잔재를 철저히 숙청하고 민중들에게 진정한 자유와 정치적 권리를 보장하며, 제반 민주개혁에 꼭 들어가야 할 기본요구들이 전면적으로 담겨 있었다. 20개 조 정강의 구체적 내용은 다음과 같다.

1. 조선의 정치경제 생활에서 과거 일제 통치의 온갖 잔재를 철저히 숙청할 것.

2. 국내에 있는 반동분자와 반민주주의적 분자들과의 무자비한 투쟁을 전개하며 파쇼적, 반민주주의적 정당, 단체, 개인들의 활동을 절대 금지할 것.

3. 전체 인민에게 언론, 출판, 집회 및 신앙의 자유를 보장할 것. 민주주의적 정당, 노동조합, 농민조합 기타 민주주의적 사회단체의 자유로운 활동조건을 보장할 것.

4. 전조선 인민은 일반적, 직접적, 평등적, 비밀투표에 의한 선거로써 지방의 일체 행정기관인 인민위원회를 결성할 의무와 권리를 가질 것.

5. 성별, 신앙 및 재산의 유무를 불문하고 정치경제 생활에서 동등한 권리를 보장할 것.

6. 인격, 주택의 신성불가침, 공민의 재산과 개인의 소유물을 법적으로 보장할 것.

7. 일제 통치 시 사용하였으며 그 영향을 받고 있는 법률과 재판기관을 폐지하고 인민재판기관을 민주주의 원칙에서 선거할 것이며 일반 공민에게 법률상 동등권을 보장할 것.

8. 인민의 복리를 향상시키기 위하여 공업, 농업, 운수 및 상업을 발전시킬 것.

9. 대기업소, 운수기관, 은행, 광산, 산림을 국유로 할 것.

10. 개인수공업과 상업의 자유를 허락하며 장려할 것.

11. 일본인, 일본국가, 매국노 및 계속 소작을 주는 지주들의 토지를 몰수할 것이며 소작제를 철폐하고 몰수한 일체 토지를 농민들에게 무상으로 분배하여 그들의 소유로 만들 것. 관개업에 속한 일체 시설을 무상으로 몰수하여 국가가 관리할 것.

12. 생활필수품에 대한 시장가격을 제정하여 투기업자 및 고리대금업자들과 투쟁할 것.

13. 단일하고도 공정한 세납제를 제정하며 누진적 소득세제를 실시할 것.

14. 노동자와 사무원에게 8시간 노동제를 실시하며 최저임금을 규정할 것. 13세 미만의 소년 노동을 금지하며 13세로부터 16세까지의 소년에게는 6시간 노동제를 실시할 것.

15. 노동자와 사무원들의 생명보험을 실시하며 노동자와 기업소의 보험제를 실시할 것.

16. 전반적 의무교육제를 실시하며 국가경영인 소, 중, 전문, 대학교들을 광범히 확장할 것. 국가의 민주주의적 제도에 따라 인민교

육제도를 개혁할 것.

17. 민족문화, 과학 및 예술을 적극적으로 발전시키며 극장, 도서관, 라디오 방송국 및 영화관의 수효를 확대할 것.

18. 국가기관과 인민 경제의 각 부문에 요구되는 인재들을 양성하는 특별학교들을 광범히 설치할 것.

19. 과학과 예술에 종사하는 인사들의 사업을 장려하며 그들에게 방조를 줄 것.

20. 국가병원수를 확대하며 전염병을 근절하고 빈민들을 무료로 치료할 것.

미소공동위원회는 두 차례에 걸쳐 진행됐다. 미국은 이미 이남 지역에서 단독정부를 수립하는 쪽으로 정책을 선회한 이후였기 때문에 이 핑계 저 핑계 대면서 통일적인 임시정부 수립을 위한 미소 공동위원회를 의도적으로 파탄상태로 몰아갔다. 미소 공동위원회는 아무런 결론도 내리지 못하고 끝나고 말았다. 비록 미소 공동위는 결렬됐지만, 김일성 위원장(북조선 임시인민위원회 위원장)은 이북에서 먼저 20개 정강에 기초한 민주개혁을 추진해 나갔다. 그는 다음과 같이 그 필요성과 의의를 말했다.

"민주개혁을 실시해야만 제국주의와 지주, 예속자본가를 비롯한 반동계급들의 사회경제적 기반을 없애버리고, 민주주의적 자주독립국가 건설의 기초를 쌓을 수 있으며, 인민대중을 식민지적 반봉건적 착취와 억압에서 해방하고 그들로 하여금 새 조선의 주인으로서의 자주적이며 창조적인 활동을 보장할 수 있

습니다. 또한 민주개혁을 수행해야 북반부를 선국 혁명과 조국
통일을 위한 튼튼한 기지로 전변시킬 수 있습니다."

이 답변 속에 이북에서 민주개혁을 적극적으로 추진한 목적과 의도
가 잘 밝혀져 있다.

2) 토지개혁

토지개혁법령을 비롯한 제반 민주개혁법령

토지개혁법령 공표

민주개혁 20개 조 정강에서 중요하지 않은 것은 없지만, 그중에서
도 민중들의 가장 절절한 염원은 토지개혁이었다. 당시 이북 지역 인
구의 80%가 농업에 종사하고 있었으며, 그중 80%는 소작농이거나 빈
농이었다. 반면 전체 농가의 4%에 불과한 지주들이 농토의 58.2%를
차지하고 있었다. 따라서 토지문제를 해결해야 농민들을 지주의 착취
에서 벗어나게 하고, 새 사회 건설의 중심동력으로 불러일으킬 수 있
었다. 또 농업생산을 발전시키고, 전반적 경제의 부흥과 발전을 추동
해 나갈 수 있었다. 특히 미국이 이남 지역을 강점하고 있는 상황에서

지주계급을 청산하지 않는다면, 그들이 미국의 추종 세력이 되어 새 사회 건설을 훼방할 수 있었다. 농업의 봉건 질서 타파는 민주개혁 가운데에서 가장 중요한 과제였으며, 그 중심에는 토지개혁이 있었다.

하지만 토지개혁은 지주세력의 완강한 저항을 뚫고 새로운 토지 질서를 수립해 나가는 하나의 혁명이었다. 이 혁명을 성공으로 이끌어가려면 지주세력의 반발과 저항을 극복할 수 있는 주체 역량이 튼튼히 꾸려져야 했다. 하지만 당시 대다수 농민대중의 의식 수준은 낮았고, 투쟁 의지도 그리 높지 못했다. 수십, 수백 년 동안 억압당하고 착취당하고 살아왔건만, 낡은 질서에 순응해 살아왔던 낡은 세계관이 해방 이후에도 강하게 남아있었다.

이런 실태를 파악한 김일성 위원장은 농민들의 주체적 힘을 키우는 데 가장 역점을 두고 준비작업을 시작했다. 우선 농민들의 절박한 요구를 감안해 1945년 10월 중순 북조선공산당 중앙조직위원회 1차 확대집행위에서 수확의 30%만 지주에게 내고 나머지 70%는 소작인이 가지며, 소작인들이 내던 토지 관련 세금들은 지주가 부담하는 '3.7제' 관철안을 결정 채택해 발표했다. 이 안을 각도 인민위원회, 인민정치위원회의 공식적 방침으로 관철시키고, 농민들로 하여금 소작료 인하 투쟁(3.7제 쟁취투쟁)을 광범위하게 벌여나가도록 했다. 농민들은 희망 속에서 소작료 인하 투쟁을 대규모로 벌였다.

투쟁은 순탄치 않았다. 지주들은 농민들의 요구를 순순히 받아들이려 하지 않았다. 일부에서는 지주들이 교활한 방법으로 농민들을 기만하고 소작료를 종전대로 유지하려 했으며, 소작권을 떼겠다고 협박하기까지 했다. 농민들은 전국각지에서 군중대회를 열고 지주들의 행위를 규탄했으며, 완강하게 투쟁해 나갔다. 대중들의 엄청난 기세에 눌

녀 시주들은 3.7세를 받아들이지 않을 수 없었다.

1945년 가을과 겨울에 걸쳐 진행된 3.7제투쟁은 해방 후 농민들이 지주계급을 반대해 진행한 첫 투쟁이었다. 이 투쟁을 통해 많은 농민이 눈을 뜨게 되었으며, 계급의식이 급속히 높아졌다. 이 투쟁을 거치면서 농촌 지역에 농민대중에 튼튼히 뿌리박은 농민위원회가 서게 되었다. 지역의 농민위원회는 토지개혁을 위한 주체적 힘을 갖추는 데 결정적 역할을 했다.

농민들은 소작료 인하 투쟁을 통해 단순한 소작료 인하가 아니라 지주- 소작 관계를 청산하고 땅의 주인이 되어야 계급적 해방을 이룰 수 있다는 것을 깨달았다. 아울러 농민도 지주와의 투쟁에서 승리할 수 있다는 자신감을 느끼게 되었다. 김일성 위원장은 농민들이 기세를 늦추지 않고 농민들의 주체적 힘으로 토지개혁 투쟁에 나설 수 있도록 이끌어 갔다. 투쟁을 통해 각성된 전국 각지 농민들은 군중대회를 열고 봄갈이 전에 지주의 땅을 빼앗아 밭갈이 농민에게 나누어 달라는 편지와 결의문, 청원서를 올리는 투쟁을 전개해 나갔다. 1946년 2월 말에는 각 지방에서 300여 명의 농민대표가 북조선 임시인민위원회를 찾아와 토지를 요구하는 전체 농민의 의사를 전달했으며, 3.1절에는 각지에서 200여만 농민들이 토지를 요구하는 대중적 시위를 벌였다.

김일성 위원장은 직접 농민대중 속으로 들어가 농촌의 실태를 구체적으로 파악해 나갔다. 한 달 가까이 평남 대동군을 비롯한 여러 농촌에 나가 지주집 머슴과도 만나고, 소작농, 자작농과도 만났으며, 농민들과 질펀한 논밭을 거닐며 토질을 파악하기도 했다. 그 과정에 착잡하게 얽혀 있는 봉건적 토지 소유 관계를 해부학적으로 분석하고 농촌 실정에 맞는 몰수대상과 기본 투쟁대상, 토지를 몰수하고 분배하는 방법, 소작제도를 근절하기 위한 방도 등 토지개혁의 원칙과 방도를 확정해 나갔다.

그는 1946년 2월 중순 북조선 농민조합연맹 중앙위원회 위원장을 만나 이북 전 지역 토지실태 조사사업과 농촌인구 조사사업을 진행하도록 했다.

김일성 위원장은 이런 사전준비사업을 마친 후 1946년 3월 초 북조선공산당 중앙조직위원회 5차 확대집행위를 열고 토지개혁의 기본 방침을 천명했다. 그는 '토지는 밭갈이하는 농민에게!'라는 구호를 제시하고, 농민들을 땅의 주인으로 만드는 것을 토지개혁의 기본 원칙으로 하는 '무상몰수, 무상분배' 원칙의 토지개혁안을 내놓았다. 회의에서 일부 사람들은 유상몰수, 유상분배안을 제기하며 반대했지만, 그는 다음과 같이 반박했다.

> "만일 땅을 유상으로 몰수하여 유상으로 분배한다면 지주들은 땅값을 받아 부농이나 자본가로 변하여 계속 농민들을 착취하게 될 것이며, 농민들은 땅값에 얽매여 다시 부농들과 고리대금업자들의 착취대상으로 될 것입니다. 이렇게 되면 토지개혁을 한 보람이 없게 되고 봉건적 착취 관계를 자본주의적 착취 관계로 바꾸어놓는 결과만을 가져올 수 있습니다."

김일성 위원장은 토지개혁에 절실한 이해관계를 가진 고농, 빈농에 철저히 의거하여 광범한 중농과 동맹해 부농을 고립시키고 지주를 치는 것을 토지개혁에서 견지해야 할 원칙으로 제시했다. 가장 중요한

것은 투쟁대상을 올바르게 규정하는 것이었다. 그는 친일파, 민족
반역자 그리고 5정보 이상의 땅을 소작 주고 놀고먹는 지주만을 청
산 대상으로 한정했다. 당시 이북에서 5정보 이상의 땅을 소작 주고
놀고먹는 지주는 4만 4,000호에 달했으며, 땅이 없거나 적은 농민은
72만 호가 넘었다.

김일성 위원장은 지주들이 농민들에게 미치는 해로운 영향력을 차
단하기 위해 지주를 다른 지방으로 이주시키고 땅을 분배해 주어 제
손으로 직접 농사를 지으며 살아갈 수 있도록 했다. 그리고 도시에 나
가 사는 지주들은 토지만 몰수하고, 도시에서 갖고 있던 공장이나 상
점은 그대로 두었다.

이처럼 그는 농촌 실태에 대한 세심한 파악과 분석에 기초해 토지
소유 원칙과 토지개혁 실시방법, 계급정책 등 토지개혁에 관한 방침
들을 확정하고 이를 공적 의사결정 구조를 통해 법령화하도록 했다.
김일성 위원장이 작성한 토지개혁법령은 북조선농민대표회의를 거
쳐 북조선 임시인민위원회에 제출되었다. 1946년 3월 5일 열린 북조
선 임시인민위원회 회의에서는 역사적인 '북조선 토지개혁에 대한 법
령'을 확정 공표했다.

'북조선 토지개혁에 대한 법령'은 총 17조로 구성되어 있다. 그 전
문은 다음과 같다.

북조선 토지개혁에 대한 법령
제1조 북조선 토지개혁은 역사적 또는 경제적 필요성으로 된
다. 토지개혁의 과업은 일본인 토지 소유와 조선인 지주들의 토
지 소유 및 소작제를 철폐하는 데 있으며 토지이용권은 밭갈이

하는 농민에게 있다. 북조선에서의 농업제도는 지주에게 예속되지 않은 농민의 개인소유인 농민경리에 의거한다.

제2조 몰수되어 농민소유로 넘어가는 토지는 다음과 같다.

ㄱ. 일본국가, 일본인 및 일본인 단체의 소유지.

ㄴ. 조선 민족의 반역자, 조선 인민의 이익에 손해를 주며 일본 제국주의의 통치기관에 적극 협력한 자의 소유지와 일제의 압박 밑에서 조선이 해방될 때 자기 지방에서 도주한 자들의 소유지.

제3조 몰수하여 무상으로 농민의 소유로 분여하는 토지는 다음과 같다.

ㄱ. 한 농호에서 5정보 이상 가지고 있는 조선인 지주의 소유지.

ㄴ. 자기가 경작하지 않고 모두 소작을 주는 소유자의 토지.

ㄷ. 면적에 관계없이 계속적으로 소작을 주는 모든 토지.

ㄹ. 5정보 이상을 가지고 있는 성당, 승원 기타 종교단체의 소유지.

제4조 몰수되지 않는 토지는 다음과 같다.

ㄱ. 학교, 과학연구기관, 병원의 소유지.

ㄴ. 북조선 임시인민위원회의 특별한 결정으로 규정하는, 조선의 자유와 독립을 위하여 일본제국주의의 침략을 반대하는 투쟁에서 공로 있는 사람들과 그 가족에게 속하는 토지, 조선민족문화발전에 특별한 공로가 있는 사람들과 그 가족에게 속하는 토지.

제5조 제2조, 제3조에 의하여 몰수한 토지는 모두 무상으로 농민의 영원한 소유로 넘긴다.

제6조

ㄱ. 몰수한 토지는 고용농민, 토지 없는 농민, 토지 적은 농민에게 분여하기 위하여 인민위원회의 처리에 위임한다.

ㄴ. 자기 노력에 의하여 경작하는 농민의 소유지는 그대로 둔다.

ㄷ. 자기 노력으로 경작하려는 지주들은 본 토지개혁에 대한 법령에 의하여 농민들과 같은 권리로써 다만 다른 군에서 토지를 가질 수 있다.

제7조 토지를 농민의 소유로 분여하는 것은 도 인민위원회가 토지소유권에 대한 증명서를 교부하며 그것을 토지대장에 등록함으로써 완결된다.

제8조 본 법령에 의하여 농민에게 준 토지는 일반 부채와 부담에서 면제한다.

제9조 본 법령에 의하여 토지를 몰수당한 지주에게서 차용한 모든 부채는 취소한다.

제10조 본 법령에 의하여 농민에게 분여된 토지는 매매나 소작, 저당하지 못한다.

제11조 본 법령 제3조 'ㄱ'항에 의하여 토지를 몰수당한 지주의 축력, 농기구, 주택의 모든 건축물, 대지 등은 몰수하여 인민위원회의 처리에 위임하되 인민위원회는 본 법령 제6조에 의하여 토지를 가지게 되는 고용농민, 토지 없는 농민에게 분여한다. 몰수된 모든 건물은 학교, 병원 기타 사회기관의 이용으로 넘길수 있다.

제12조 일본국가, 일본인 및 모든 일본인 단체의 과수원 기타 과목들은 몰수하여 도 인민위원회에 맡긴다. 본 법령 제3조 'ㄱ'항

에 의하여 토지를 몰수당한 조선인 지주의 소유인 과수원 기타 과목들은 몰수하여 인민위원회에 맡긴다.

제13조 농민들이 가지고 있는 적은 산림을 제외하고 모든 산림은 몰수하여 북조선 임시인민위원회의 처리에 위임한다.

제14조 본 법령에 의하여 토지를 몰수당한 소유자에게 속한 모든 관개시설은 무상으로 북조선 임시인민위원회의 처리에 위임한다.

제15조 토지개혁은 북조선 임시인민위원회의 지도 하에 실시된다. 지방에서 토지개혁을 실시할 책임은 도, 군, 면 인민위원회에 맡기며 농촌에서는 고용농민, 토지 없는 소작인, 토지 적은 소작인들의 총회에서 선거된 농촌위원회에 맡긴다.

제16조 본 법령은 공포한 때로부터 실행력을 가진다.

제17조 토지개혁 실행은 1946년 3월 말일 전으로 끝낼 것이다. 토지소유권증명서는 금년 6월 20일 전으로 교부할 것이다.

토지개혁법령이 공표되자 이북의 농민들은 열광적으로 환영했다. 믿을 수 없는 놀라운 현실 앞에서 감격에 울고 웃으며 '김일성 장군 만세!', '토지개혁 만세!'를 소리높이 외쳤다. 전국 각지 농민들은 연일 농민대회를 열고 토지개혁법령을 지지 환영했으며, 이북의 모든 정당, 사회단체들은 공동성명서를 발표해 법령 시행을 적극적으로 도울 것을 결의했다. 토지개혁은 농민들을 땅의 주인으로 만들고 지주계급을 완전히 청산하며, 착취와 압박의 근원이었던 봉건적 토지소유관계를 뿌리째 뽑아버린 역사적 사건이었다.

토지개혁법령 실행

토지개혁의 성패는 법령 공표에 있는 게 아니라 얼마나 신속하고 철저하게 집행해 나가느냐에 달려있다. 이북의 토지개혁은 씨 뿌리기 전인 3월 말까지 완료할 것을 목표로 했으며, 김일성 위원장이 직접 진두지휘해 나갔다. 그는 당, 정권기관의 우수한 역량, 선진적 노동자들로 조직된 토지개혁지원단을 농촌에 파견해 토지개혁 집행을 맡도록 하는 등 모든 정당, 사회단체들을 토지개혁 집행사업에 총동원했다. 이처럼 토지개혁은 온 나라가 떨쳐나선 전 민중적 투쟁으로 진행됐다.

토지개혁 실행의 직접적 담당자는 농민위원회였다. 전국 농촌에 빈고농으로 농촌위원회를 조직하고, 그들이 주체가 되어 토지개혁을 해나가도록 했다. 각지 농촌에서 1만 1,500개의 농촌위원회가 조직되어 당과 국가의 지도와 노동계급의 지원 밑에 토지개혁을 밀고 나갔다. 김일성 위원장도 직접 농촌 마을에 들어가서 토지개혁 추진을

토지를 분여받고 있는 농민들

독려했다. 김일성 위원장은 한 지주 집에 들어가 그 집 머슴을 만나 얘기를 나눈 다음 지주 집을 그 머슴에게 주도록 조처하고 직접 문패까지 써서 달아주었다.

토지개혁 과정에서 편향들도 나타났다. 어떤 지방에서는 5정보 이하의 땅을 가진 자를 지주로 규정해 청산하려고 하는가 하면, 응당 청산해야 할 지주와 민족반역자들을 동정하거나 두둔하는 현상들이 나타났다. 김일성 위원장은 이런 좌우경적 편향을 바로잡아 나갔으며, 농촌에 직접 가서 청산대상을 정확히 규정하고 처리했다.

토지개혁이 시작되자 악질 지주들은 거세게 저항했다. 그들은 '땅을 가졌다고 좋아하지 말고 땅을 빼앗겼다고 슬퍼하지 말라', '임시정부가 준 땅은 통일정부가 서면 무효로 된다'라는 유언비어를 퍼뜨리면서, 학생들을 유혹하여 소요를 일으키려고 했다. 아울러 농촌위원회 일꾼과 농민에게 폭행을 가하고 기관건물에 불을 지르는 등 발악했다. 미 군정도 테러리스트들을 밀입북시켜 파괴 활동을 감행했다. 법령 공포와 함께 '토지개혁실시에 대한 임시조치법'을 제정 공포해 지주들의 파괴행위를 제압해나갔다. 또 농민자위대를 비롯한 민간 군사조직들의 역할을 높여, 토지개혁이 원활하게 집행될 수 있도록 했다.

토지개혁은 한 달도 못 되는 짧은 기간인 3월 31일에 완결되었다. 토지개혁으로 100만 정보 이상의 토지가 무상 몰수되어 72만여 가구의 농민들에게 98만 1,000여 정보의 토지가 분배되었다. 수천 년을 내려오던 봉건적 착취와 예속의 멍에를 벗어던지고 제 땅을 가지고 싶어 했던 세기적 숙망을 이룩한 농민들의 감격은 이루 헤아릴 수 없이 컸다. 농민들은 기쁨에 겨워 울먹였으며, 토지개혁을 이끈 김일성 위원장에게 수없이 많은 감사편지를 보냈다.

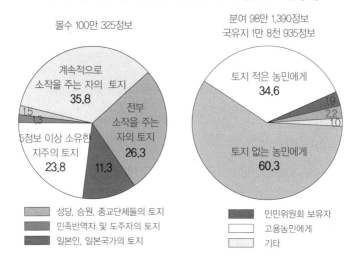

토지개혁에서의 몰수 및 분여 대상별 구성(%)

몰수 100만 325정보

분여 98만 1,390정보
국유지 1만 8천 935정보

계속적으로 소작을 주는 자의 토지 35.8

전부 소작을 주는 자의 토지 26.3

1.5
1.3

5정보 이상 소유한 지주의 토지 23.8

11.3

토지 적은 농민에게 34.6

1.9
2.2
1.0

토지 없는 농민에게 60.3

■ 성당, 승원, 종교단체들의 토지
■ 민족반역자 및 도주자의 토지
■ 일본인, 일본국가의 토지

■ 인민위원회 보유자
□ 고용농민에게
□ 기타

김일성 위원장은 토지개혁의 성과를 더욱 발전시켰다. 1946년 4월
10일 북조선공산당 중앙조직위원회 6차 확대집행위에서 '토지개혁 총
결과와 금후 과업'이라는 보고를 통해 토지개혁의 성과를 발전시켜 나
가기 위한 과업을 제시했다. 그것은 토지개혁 투쟁 과정에서 단련된
우수한 빈농과 고농들을 당에 많이 받아들이고, 그들로 정권기관과 사
회단체, 보안기관들과 자위대를 강화해 당의 농촌 진지를 더욱 튼튼히
꾸리자는 것이었다. 또 1946년 6월 27일, 수확의 25%를 현물로 나라에
내고, 나머지는 농민들이 자유롭게 처분할 수 있도록 하는 '농업현물
세제'를 실시했다. 농업현물세제가 실시됨으로써 농민들은 고율의 소
작료와 수십 종의 가렴잡세에서 완전히 벗어났다.

애국미 헌납운동

토지개혁으로 새 땅을 가진 농민들은 난생처음 제 땅에서 농사를 지은 감격으로 수많은 쌀을 나라에 바치는 애국미 헌납운동을 벌였다. 이 운동은 그 누가 목적의식적으로 조직한 대중운동이 아니라, 당과 정부의 은덕에 보답하겠다는 마음으로 자발적으로 시작한 애국운동이었다. 이 운동의 발기자는 황해도 재령군의 김제원 농민이었다. 그는 토지를 분배받은 후 열심히 농사를 지어 많은 양의 곡식을 수확하고, 1946년 가을 그중 30가마니의 쌀을 애국미로 국가에 헌납했다. 1946년 12월 10일, 재령군 농민들은 농업현물세 완납 경축대회를 열고, 이 자리에서 김제원 농민의 모범을 따라 830가마니의 쌀을 국가에 바치고 충성의 편지를 올렸으며 전국 농민들에게 애국미 헌납운동에 참여할 것을 호소했다. 김일성 위원장은 1946년 12월 13일 김제원 농민과 재령군 농민들에게 감사문을 보냈다.

전국의 농민들은 황해도 재령군의 모범을 따라 애국미 헌납운동에 동참했다. 1946년 12월 말까지 1만 8,700명의 농민이 참가해 수만 가마니의 애국미를 나라에 헌납했다. 농민들이 바친 애국미는 당시 막막하던 김일성종합대학과 만경대혁명학원 청사 건설을 비롯해 건국사업에 크게 도움을 주었다.

3) 중요산업의 국유화

토지개혁 다음으로 중요한 민주 개혁과제 중의 하나는 산업 분야였다. 해방 전 일제와 민족반역자들은 이북 산업의 90% 이상을 차지하고 조선인 노동자들을 가혹하게 착취했다. 해방된 후 이 산업을 어떻게 처리하느냐에 따라 나라의 산업과 경제발전의 방향이 좌우되게 되었다.

이남 사회에서는 미 군정이 민족반역자들을 청산하지 않았을 뿐 아니라, 일제가 소유하고 있던 공장 기업소들을 '적산불하'라는 명목으로 친미 세력에게 헐값으로 매각했다. 그 결과 이남 경제가 자주적 경제로 발전하지 못하고 미국 경제의 부속물로 되었을 뿐 아니라 불평등 경제구조가 고착화되었다.

반면에 이북에서는 중요산업 국유화의 길로 나갔다. 일제와 민족반역자의 소유였던 산업시설을 국유화하지 않으면 일제 식민통치의 후유증을 청산할 수 없고 노동자들을 착취와 억압에서 해방할 수 없으며, 민족산업의 자립적 발전을 보장할 수 없었다. '중요산업 국유화' 방침은 1945년 10월 북조선공산당 중앙조직위원회 창립대회에서 김일성 위원장에 의해 처음 제시되었다. 당시 산업 국유화는 일반적으로 사회주의 혁명단계의 과업으로 여겨졌었다. 그런데 반제반봉건 민주주의 혁명을 주창했던 김일성 위원장이 '중요산업 국유화 정책'을 강력하게 주장한 것은 왜일까?

당시 산업의 명맥을 쥐고 있었던 일제와 민족반역자들이 해방 이후 도망쳐 버리는 바람에 대다수 공장 기업들이 주인 없는 상태가 되었다. 이런 때 중요산업을 국유화해야만 민족반역자 및 반민족 반민주세력들의 경제적 기반을 철저히 타파할 수 있었다. 그렇지 않고 만일 이남처럼 자본가들에게 나누어주면 착취계급을 부활시킬 수 있고, 노동자들이 다시 착취의 굴레에 빠지게 된다. 반면에 주인 없는 공장을 국유화하게 되면 노동계급을 착취에서 해방할 수 있고, 민족경제를 계획적으로 발전시킬 수 있었다.

김일성 위원장은 나라가 해방되자 곧바로 일제와 민족반역자들이 소유하고 있었던 산업과 운수시설들을 노동자들이 장악하도록 했다.

국내로 귀국한 직후 정치 간부들을 각 지방에 파견할 때, 지난날 일제가 갖고 있던 공장, 기업들을 장악하고 파괴된 것을 복구 정비하기 위한 사업을 조직하도록 했다. 그리고 공장, 기업별로 노동자 대표들로 공장위원회를 조직하도록 했다. 또 일제와 그 앞잡이들이 갖고 있던 산업시설들에 은밀하게 침투해 들어온 테러리스트들의 파괴 책동으로부터 보호하고 관리 운영하며, 인민정권기관들의 관리체계를 정연하게 세우도록 지시했다. 이런 과정을 거쳐 중요산업이 노동계급의 수중에 장악되었다.

중요산업 국유화 정책은 소련의 방해를 극복하면서 어렵게 진행됐다. 당시 이북에 진주했던 소련군 중 일부는 김일성 위원장의 중요산업 국유화 정책을 반대했다. 그들은 소련군이 대일작전의 주체이므로 일제 소유 공장, 기업들은 자기들이 넘겨받아야 할 적산이라고 하면서 일부 설비들을 뜯어가기까지 했다.

종파 사대주의자들은 중요산업 국유화는 사회주의 혁명단계에서 해야 한다느니, 모든 산업을 다 국유화해야 한다느니 하고 주장했다. 또 어떤 자들은 일제가 패망함으로써 중요산업이 인민의 것으로 되었기 때문에 산업국유화법령은 공표할 필요가 없다느니, 조선혁명 자체가 부르주아 혁명이기 때문에 산업을 자본가들의 개인소유로 넘겨야 한다고 주장했다.

김일성 위원장은 1946년 6월 26일 남북조선 공산당 책임일꾼협의회에서 일부 소련인들이 내정에 간섭하면서 산업국유화를 반대하고 있는 현실을 거론하면서 다음과 같이 말했다.

"우리나라는 제2차 세계대전에서 패한 전패국이 아니라 일제와 싸워 해방을 이룩한 나라입니다. 그렇기 때문에 과거 일제 소유 조선의 공장, 기업들은 응당 조선 인민이 차지하여야 할 적산입니다. 일본국가와 일본인, 민족반역자들이 소유하고 있던 공장 기업들은 어느 것이나 다 조선 인민의 피땀으로 이루어진 것이므로 응당 조선 인민의 소유로 되어야 합니다. 우리는 소련 사람들이 우리나라의 중요 산업시설을 마음대로 처분하는 걸 절대로 허용하지 말아야 합니다."

일제가 패망함으로써 중요산업이 우리 인민의 것으로 되었기 때문에 산업국유화령을 발표할 필요가 없다는 일부의 주장에 대해서도 다음처럼 답했다.

"그것은 잘 모르고 하는 소리입니다. 일제 침략자들이 패망하고 쫓겨갔기 때문에 일제의 소유로 되어 있던 중요산업이 조선 인민의 소유로 되었다고 하지만 우리는 아직 그것을 법적으로 고착시키지 못했습니다. 우리는 중요산업 국유화 법령을 공표함으로써 중요산업이 우리 인민의 소유라는 것을 법적으로 고착시켜야 합니다."

김일성 위원장은 국유화의 대상과 몰수원칙을 제시했다. 그는 일제와 예속자본가, 친일파, 민족반역자가 소유했던 산업시설들을 국유화의 대상으로 규정하고, 무상몰수 원칙을 제시했다. 반면 민족자본가들과 중소기업들의 산업시설은 국유화하지 말고 기업활동을 장려하도록 했다.

안팎의 온갖 방해를 극복하고 국유화의 전제조건을 마련한 다음, 1945년 8월 10일 '산업, 교통운수, 체신, 은행 등의 국유화에 대한 법령'을 공표했다. 법령에서는 "일본국가와 일본법인 및 사인의 소유 또는 조선인 민족반역자의 소유로 되어 있는 모든 기업, 광산, 발전소, 철도 운수, 체신, 은행, 상업 및 문화 기관 등을 무상으로 몰수하여, 이를 조선 인민의 소유로 즉 국유화한다"라고 규정해 놓았다. 중요산업 국유화 법령에 따라 이북 전체 산업의 90% 이상에 해당하는 1,034개의 공장, 기업들이 국가와 인민의 소유로 되었다.

이북의 학계에서는 이에 대해 다음과 같이 평가하고 있다.

> 중요산업 국유화는 자본 일반을 청산하기 위한 것이 아니라 제국주의적 착취와 압박을 청산하기 위한 것이었으며, 반제반봉건 민주주의 혁명과업으로 수행되었다. 그런데도 사회주의 경제형태를 낳았다는 데 그 특징이 있다. 중요산업 국유화는 사회주의적 생산관계를 낳고 민족경제의 자립적 발전을 보장하며 노동계급의 처지를 개선하는 측면에서 획기적 의의가 있었다. 또 나라의 융성 번영과 민중의 복리 증진을 이룩하는 데서도 의의가 큰 역사적 사변이었다.

4) 민중의 민주주의적 권리 보장

노동자의 생존권과 민주적 권리 보장

노동자 대중의 민주주의적 생존권과 민주적 권리를 보장하기 위한 노동 개혁이 다음 과제로 제기되었다. '북조선 임시인민위원회'는 중요산업 국유화 법령 제정에 앞서 노동자들의 노동조건과 생존권을 근본적으로 개선하고 민주적 노동질서를 확립하기 위해 1946년 6월 24일 '북조선 노동자, 사무원에 대한 노동법령'을 공표했다.

이로써 노동자 대중은 처음으로 8시간 노동제와 동일노동 동일임금제, 유급휴가제와 사회보험제를 비롯한 노동과 휴식에 관한 민주적 권리를 전면적으로 보장받게 되었다. 이 노동법은 전 세계 식민지 · 반식민지에서 해방된 나라 가운데 맨 처음으로 제정된 민주적 노동법이었다. 사실 그때까지 동유럽 나라에서도 토지개혁을 비롯한 여러 가지 개혁은 시행됐지만 아직 민주적 노동법이 제정된 나라는 없었다.

김일성 위원장은 공장 기업들을 수시로 현지 지도하면서 민주적 노동법이 잘 집행될 수 있도록 이끌어갔다. 어느 날 함경북도 성진제강소를 찾아가 노동자들의 생활형편과 공장실태를 살피다가 제강소의 원철 직장이 일제강점기 때 노동자의 목숨을 수없이 빼앗아 간 '죽음의 고역장'이라는 것을 알게 됐다. 돈벌이에만 눈이 어두웠던 일제는 이 직장에 원철로를 빼곡하게 들여놓고, 절연장치도 제대로 하지 않은 채 고압 전류를 흘려보내 쇳물을 녹였다. 이 때문에 수많은 노동자가 감전되어 숨졌다. 하루에 38명의 노동자가 떼죽음을 당하는 참사가 발생하기도 했다.

노동자들의 원한의 과거사를 들은 김일성 위원장은 일꾼들의 만류를 무릅쓰고 그 위험한 원철 직장에 들어갔다. '윙' 소리를 내며 고압 전류가 흐르고 독한 가스와 앞을 내다볼 수 없이 자욱한 먼지 속에서 땀을 뻘뻘 흘리며 일하는 노동자들 모습을 한동안 바라보던 그는 "강철이 아무리 귀중하다 해도 우리 노동자들의 생명과는 절대로 바꿀 수

602

북조선 로동자, 사무원에 대한 로동법령

1946년 6월 24일

36년간 일본제국주의가 조선을 노예적으로 통치함으로써 조선의 로동자, 사무원들은 가혹한 착취를 당하였으며 로동자들의 로동시간은 12~14시간에 달하였다.

특히 소년들의 로력과 녀자들의 로력이 광범히 사용되고 가혹한 착취를 당하였으므로 그들은 대대로 육체적불구를 면할수 없었다. 로동자와 사무원에 대한 로동보호와 사회보험은 전혀 없었다.

북조선에서는 해방후 위대한 민주주의적개혁을 실시함으로써 로동자와 사무원들의 로동조건을 근본적으로 개선하고 로력을 합리적으로 리용할수 있게 되었으며 로동자, 사무원들의 물질적생활수준을 향상시킬수 있는 가능성이 조성되었다.

식민지적착취의 잔재를 청산하고 로동자와 사무원들의 물질형편을 근본적으로 개선할 목적으로 북조선림시인민위원회는 다음과 같이 결정한다.

제1조 국가, 사회단체, 소비조합 및 개인의 모든 기업소와 사무소의 로동자와 사무원들에 대하여 8시간 로동일을 제정한다.

북조선 로동자, 사무원에 대한 로동법령　603

제2조 해로운 조건을 가진 생산부문과 지하에서 로동하는 로동자들에게는 로동일을 7시간으로 제정한다.
　비고: 해로운 조건을 가진 생산부문과 지하로동에 대한 로동종목은 산업국과 직업총동맹에서 규정하고 북조선림시인민위원회에서 비준한다.

제3조 생산기업소와 사무소에서 일하는 14세부터 16세까지의 소년들에게는 로동일을 6시간으로 제정한다.
　해로운 로동조건을 가진 생산부문과 지하로동부문에서는 소년로동을 금지한다.
　비고: 해로운 로동조건을 가진 소년로동에 대하여서는 그 로동종목을 산업국과 직업총동맹에서 규정하고 북조선림시인민위원회에서 비준한다.

제4조 모든 생산부문에서 14세미만자의 로동을 금지한다.

제5조 제정한 로동시간외의 로동은 원칙적으로 허락하지 않는다.
　비고: 기업소와 사무소에서의 시간외의 로동은 특별한 경우에 한하여 허용되되 반드시 직업동맹단체의 승인을 얻어야 한다. 매 로동자와 사무원들의 시간외의 로동은 1년간에 250시간을 넘지 못한다.

제6조 보수금의 한도는 일군들의 직업, 직위 및 기술에 의하여 규정한다.
　ㄱ. 국가 기업소 및 사무소에서 일하는 로동자, 사무원

없습니다. 강철을 적게 생산해도 좋으니 우리 노동자들의 원한이 서린 원철 직장을 없애버려야 하겠습니다"라고 지시했다.

하지만 이 지시는 지켜지지 않았다. 노동자들은 새 조국 건설에 한 톤의 강재가 귀중한 때에 생산을 중단할 수 없다고 고집하고 생산을 계속해 나갔다. 이 보고를 들은 김일성 위원장은 바쁜 일정을 뒤로 미루고 원철로를 없앨 구체적 대책을 세우기 위해 애썼다. 마침내 원철로를 대신할 새로운 제강법이 연구 완성되자, 1949년 2월 그것을 흔적도 없이 폭파해버리도록 했다. 이리하여 노동자의 원한이 서린 '죽음의 고역장'은 역사 속에서 영원히 사라졌다.

남녀평등법령의 제정

해방 후 남녀평등 실현 문제는 민주주의 개혁의 핵심과제일 뿐 아니라, 여성들의 지위와 역할을 높여 건국역량을 더욱 튼튼히 꾸리는 중

북조선남녀평등권에 대한 법령

1946년 7월 30일

36년동안 조선녀성들은 일본제국주의의 끊임없는 모욕과 잔혹한 착취를 받았다. 그들은 어떠한 정치적 또는 경제적 권리도 가지지 못하였으며 문화, 사회, 정치 생활에 참가하지 못하였다.

중세기적인 봉건적가정관계가 녀성들에 대한 정치적, 경제적 압박을 더하게 하였다. 멸시와 모욕을 당하며 문맹에서 헤매는것이 조선근로녀성대중의 운명이었다.

조선이 일제식민지통치로부터 해방됨으로써 녀성들의 사회적지위는 달라졌다. 북조선에서 진행되는 제반 민주주의적개혁은 녀성들을 과거의 정치, 경제, 문화 및 가정 생활의 불평등으로부터 해방할수 있는 조건을 지어주었다.

일제식민지정책의 잔재를 숙청하고 남은 봉건적남녀간의 관계를 개혁하며 녀성들로 하여금 정치, 사회, 정치 생활에 전면적으로 참여하게 할 목적으로 북조선림시인민위원회는 다음과 같이 결정한다.

제1조 국가, 경제, 문화, 사회, 정치 생활의 모든 령역에서 녀성들은 남자들과 동등한 권리를 가진다.

제2조 지방주권기관 또는 최고주권기관 선거에서 녀성들은 남자들과 동등한 선거권과 피선거권을 가진다.

제3조 녀성들은 남자들과 동등한 로동의 권리와 동일한 임금과

사회적보험 및 교육의 권리를 가진다.

제4조 녀성들은 남자들과 같이 자유결혼의 권리를 가진다.

결혼할 본인들의 동의없는 비자유적이며 강제적인 결혼을 금지한다.

제5조 결혼생활에서 부부관계가 곤난하며 부부관계를 더 계속할수 없는 조건이 생길 때에는 녀성들은 남자들과 동등한 자유리혼의 권리를 가진다. 모성으로서 아동양육비를 이전 남편에게 요구할 소송권을 인정하며 리혼과 아동양육비에 관한 소송은 인민재판소에서 처리하도록 규정한다.

제6조 결혼년령은 녀성 만 17세, 남성 만 18세이상으로 규정한다.

제7조 중세기적봉건관계의 유습인 일부다처제와 녀자들을 처나 첩으로 매매하는 녀성인권유린의 폐해를 앞으로 금지한다.

공창, 사창 및 기생 제도(기생권번, 기생학교)를 금지한다. 이 항을 위반하는 자는 법에 의하여 처벌한다.

제8조 녀성들은 남자들과 동등한 재산 및 토지 상속권을 가지며 리혼할 때에는 재산과 토지를 나누어가질 권리를 가진다.

제9조 본 법령의 발포와 동시에 조선녀성의 《권리》에 관한 일본제국주의의 법령적 규칙은 무효로 한다.

본 법령은 공포하는 날부터 효력을 발생한다.

대한 정치적 과업이기도 했다. 김일성 위원장은 항일시기부터 여성해방 문제를 민주개혁의 핵심과제로 여기고 이를 실현하기 위해 노력했다. 해방 직후에도 여성들이 건국사업의 주체로 나서도록 힘을 쏟았다. 특히 여성운동을 담당할 조직적 주체가 튼튼히 설 수 있도록 북조선 민주여성동맹 건설사업을 앞에서 이끌어 나갔다.

이북에서는 1946년 7월 30일 '남녀평등권에 대한 법령'이 제정 공표되었다. 이 법은 여성들이 정치, 경제, 문화의 모든 영역에서 남자들과 동등한 권리를 갖는다고 선언하고, 남자들과 동등한 선거권, 피선거권은 물론 노동과 교육의 권리, 자유결혼 및 이혼의 권리, 재산상속권을 보장했다. 또 일부다처제, 인신매매와 같은 여성들의 인권을 유린하는 봉건 유습과 공창, 사창, 기생제도를 금지했다.

김일성 위원장은 법령을 제정 공표하는데 그치지 않고, 정치, 경제, 문화의 전 영역에서 철저히 지켜지도록 이끌었다. 구체적인 예로 토

지개혁을 할 때는 여성들이 남자들과 똑같은 자격으로 토지를 분배받도록 했고, 노동법을 시행할 때에도 노동 생활에서 여성들이 남성들과 동등한 권리를 갖게 했으며, 모성으로서 특전까지 보장받도록 했다.

남녀평등권법령은 수천 년을 내려오던 남존여비의 악습을 없애고 남자와 똑같은 지위와 권리를 찾으려던 여성들의 간절한 염원을 실현하며 관습과 도덕의 모든 분야에 일대 변혁을 가져오게 한 여성해방 선언이었다.

민주적 교육제도 확립

김일성 위원장은 일찍부터 교육 문제를 혁명의 승패와 민족의 장래를 좌우하는 매우 중대한 과제로 인식하고 있었다. 항일무장투쟁 시절부터 학습의 중요성을 강조했으며 항일유격근거지에서도 무상교육제도에 기초한 학교를 세워 아이들을 가르쳤다. 해방 후 이북의 민주적 민족교육제도 확립은 영(0)에서 시작해야 했다.

민주적 민족교육제도 확립은 식민교육의 잔재를 청산하는 데서 시작했다. 해방 후 일제강점기 때의 모든 교육기관들을 장악하고 식민지교육법을 청산하며, 교육기관 내에 숨어있던 친일파와 민족반역자들을 찾아내 쫓아냈다. 한편 교육국을 통해 '북조선 학교 교육 임시조치 요강'을 제정하여 학교 교육의 기본내용과 방법, 교수 과목과 과정안을 확정했다. 그리하여 낡은 식민지 교육제도가 철폐되고 모든 근로자와 그 자녀들이 마음껏 배울 수 있는 넓은 길이 열렸다.

교육사업을 개선 강화하기 위한 첫걸음으로서 교원양성체계를 확립해 나갔다. 현직 교원을 재교육하는 한편, 교원양성소를 세워 일정한 지식을 가진 좋은 사람들을 교원으로 양성했다. 또 교육기관에서 민족반역자들을 철저히 제거해 나갔으며, 학생들의 학습조건을 잘 보장해줄 수 있도록 대책을 수립하고 집행했다.

이와 함께 교육체제를 새롭게 세워나갔다. 그 결과 단시일 내에 소학교, 초급중학교, 고급중학교로 구성된 보통교육체계와 대학과 연구원으로 구성되는 고등교육체계, 초급기술학교와 전문학교로 이루어진 기술교육체계가 세워졌다. 또 대학마다 야간 및 통신학부를 설치하고, 공장기술학교와 야간기술전문학교, 농촌과 지역에는 성인학교와 성인중학교를 세워 근로자들이 일하면서 배울 수 있는 교육체계도 세워졌다.

이런 방침에 호응해 민주적 교육체계를 세우기 위한 전 군중적 운동이 펼쳐졌다. 학교건설사업이 새 조국의 장래를 위한 숭고한 애국사업이라는 것을 자각한 노동자, 농민, 기업가, 상인 등 각계각층 민중들은 노력과 기술, 자금을 후원하여 일 년 남짓한 기간에 전국적으로 소학교는 1,110개, 중학교는 217개나 세워졌다. 일제강점기 교과서들을 전부 없애고, 우리나라의 실정에 맞는 새로운 교과서를 편찬하는 사업도 추진되었다.

다음과 같은 일화는 이북에서 교육문제에 어떻게 접근했는가를 잘 보여준다.

1946년 2월 20일에 '북조선 임시인민위원회'가 수립된 후 첫 번째 회의가 열렸다. 1차 회의에서 첫 번째 토의 의제는 김일성 위원장이 무엇을 가장 중시하는가를 보여주는 것이기 때문에, 위원들 모두 매우 궁금해했다. 당시는 사회의 민주적 개혁 문제가 일정에 오르고 있었던 때라 긴급하고도 중대한 과제들이 산적해 있었다.

뜻밖에도 김일성 위원장은 첫 번째 안건으로 연필 생산 문제를 상정하고 토의에 부쳤다. 위원들은 의아한 빛을 감추지 못했다. 그들에게 연필 생산 문제는 긴급하거나 중대한 현안이 전혀 아니었기 때문이다. '고작 연필 생산 문제라니!' 이런 생각을 읽기라도 한 듯 김일성 위원장은 위원들을 둘러보며 연필 문제를 해결하는 것은 단순히 실무적 문제가 아니라 후대들을 훌륭한 인재로 육성하며 인민들의 가슴속에 깊이 간직되어 있는 소원을 풀어주기 위한 중요한 정치적 문제라고 말했다. 그러면서 자체의 힘으로 연필생산을 보장하기 위한 방침과 그 실현을 위한 구체적 대책을 제시했다.

지난날 글 한 자 배우지 못하고 등뼈가 휘도록 일하면서도 자식들에게만은 연필을 쥐어주어 글을 배우게 했던 민중들의 평생소원을 풀어준 역사적 사건이었다. 또 제국주의 식민지 예속에서 벗어나 새로 독립을 쟁취한 나라에서 교육사업을 어느 위치에 놓고 어떻게 풀어나가야 하는가를 실천적으로 보여준 일화이기도 했다.

5) 민족간부 양성

민족간부 양성 사업 또한 빼놓을 수 없었다. 해방 이후 이북에서 가장 곤란한 문제 중 하나가 민족간부의 부족이었다. 일제의 식민지 우민화 정책으로 특히 이북 지역에는 단 하나의 대학도 세우지 않았고, 우리나라 사람들이 과학과 기술을 배우는 것을 허용하지 않았다. 그나마 일정한 지식을 소유할 수 있었던 지식인들은 거의 다 서울이 있는 이남 지역에 집중되어 있었다. 해방 후 이북 지역에는 기술대학 이상을 나온 지식인들이 극소수에 불과했다. 기관사도 불과 몇 명에 불과했고, 의사, 교원, 작가, 예술인도 매우 적었다. 이북에 있는 소수의 지식인마저 대부분 부유한 가정에서 태어나 일제와 자본가에게 복무했었던 경력 때문에 동요가 심했다.

이 무렵 이남 대학에서 큰 변란이 일어났다. 미 군정은 민중들의 민주주의 요구를 총칼을 앞세워 탄압하였고, 대학도 예외는 아니었다. 1946년 7월 13일 미 군정은 부족한 인적자원 활용과 교육의 질적 향상을 위한다는 구실을 앞세워 국립대학개혁안(일명 '국대안')을 발표했다. 이에 따르면 '국립서울대학'이라는 이름 아래 옛 경성제국대학과 2개 관립전문대학을 병합하며, 이 대학 이사진을 행정관료로 구성하고, 총장은 미 군정장관이 임명하도록 되어 있었다. 당시 미 군정은 초대 총장으로 육군 대위 헨 리 엔스테드를 앉혔다. 학생들은 격렬한 국대안 반대 투쟁에 나섰다.

이런 상황을 지켜보며 지식인들은 심각한 고민에 빠져들었다. 이북 체제를 반대하는 자들은 "공산주의자들은 지식인들을 일시 이용하다가 후에 청산해버릴 것이다"라는 유언비어를 퍼뜨렸다. 반면에 편협한 자들은 '착취계급의 노복'이라느니, '친일파'라느니 몰아붙이면서 지식인과 학자들을 배척했다.

이처럼 해방 이후 우리나라 지식인 문제는 매우 복잡했다. 이를 어떻게 대하고 풀어가는가 하는 것은 나라의 앞날을 좌우하는 중대한 문제였다. 이때 김일성 위원장은 그 누구도 예상치 못했던 지식인 정책을 제시했다. 그는 기존 지식인(일제 때 공부했던 지식인)들을 대담하게 믿는 데서부터 출발해야 한다고 봤다. 이에 관한 몇 가지 일화가 있다.

해방 직후의 일이었다. 김일성 위원장은 일제강점기 때 선광기사로 일했던 정준택을 산업국장에 앉혔다. 일제강점기 때 지식인 가정에서 태어나 대학공부를 했고 자본가 계급을 위해 복무해온 기술자를 대담하게 새 조국 건설의 중요 간부로 등용한 것이었다. 그는 감격해서 열심히 일했다. 어느 날 좌경적인 자들이 그의 과거를 문제 삼아 친일파로 몰아붙여 해직시켜 버렸다. 그 사실을 알게 된 김일성 위원장은 그 자들을 엄중하게 비판하고 정준택을 복직시켰다. 그리고 다시 열심히 일해보자고 격려해주었다.

일본인 여성과 결혼해서 평양에서 개인병원을 하던 이병훈이라는 의사가 있었다. 그는 김일성 위원장의 개선 연설을 듣고 건국사업에 이바지할 결심을 하고 남으로 도피하지 않고 있었다. 좌경세력들은 그를 친일파로 몰아 병원도 몰수하고, 가족들과 함께 가택연금까지 해놓았다. 이 사실을 알게 된 김일성 위원장은 그를 직접 만나 "그 누가 당신에게 무슨 죄를 씌우려 해도 우리는 당신을 믿는다. 우리는 선생의 과거 생활을 의심하거나 문제시하지 않으며 민족적 양심과 애국심을 귀중히 여긴다"라고 하면서, 그를 보안간부훈련대대부(현 조선인민군 총참모부) 직속병원 원장에 취임시켰다.

이 같은 사례들은 김일성 위원장의 지식인 정책의 일단을 보여준다. 지식인들은 대부분 일제의 민족적 억압과 차별대우를 받았기 때문에 반제혁명의식과 애국심을 가지고 있으며, 사회발전법칙에 대한 진리를 알고 있으므로 인민을 위해 복무할 수 있다고 그는 믿었다. 그래서 남북에 흩어져 있던 과학자, 기술자, 문학 예술인들을 한 사람 한 사람 찾아내 새 조국 건설에서 지식과 재능을 마음껏 발휘하도록 이끌어 나갔다. 이런 정책에 따라 이남과 해외에 흩어져 있었던 수많은 과학자, 교원, 예술인들이 건국사업에 적극 참여하기 시작했다.

김일성 위원장은 기존 지식인들을 대담하게 포용하면서도 그들 속에 남아있던 낡은 사상과 관습을 도외시하지 않고, 교양하고 개조하는 사업에도 관심을 돌렸다. 북조선 과학기술연맹, 북조선 예술총연맹을 비롯한 여러 조직을 결성해 그들이 조직 생활을 통해 단련되고 사회주의와 새로운 사상을 깊이 이해할 수 있도록 했으며, 생산현장에 참관시켜 구체적인 실천과 노동 속에서 세계를 더 깊이 인식할 수 있도록 했다. 대담하게 그들을 믿고 건국사업에 동참시켜 나가는 지식인 정책을 제시하고 실천해 나가는 한편, 노동자, 농민 출신 새 민족간부를 키우는 사업에도 심혈을 기울였다.

다음으로 그는 어려운 조건이었지만 종합대학 건설을 추진했다. 나라가 해방된 지 석 달도 되지 않았던 1945년 11월 김일성 위원장은 교육부문 일꾼들과 만나 우선 종합대학부터 세우는 방안을 제시했다. 당시 형편으로는 많은 대학을 한꺼번에 세울 수 없었기 때문이다. 이후 '북조선 임시인민위원회'가 설립되자, 북조선 임시인민위원회 결정으로 종합대학 창립준비위원회를 결성토록 하고, 종합대학 설립을 구체적으로 추진해 나갔다.

당시 대부분의 사람은 물질적 토대가 약하고 대학운영 경험도 없으며 교수도 없는 조건에서 당장 종합대학을 설립하는 것은 불가능한 일로 생각했다. 그런데 김일성 위원장은 이런 생각을 비판하고 종합대학을 반드시 우리의 힘으로 세우고 운영해야 하며, 또 그럴 힘도 있다고 설득했다. 가장 어려운 문제였던 대학교수 부족 문제를 해결하기 위해 흩어져 있는 학자들에게 위촉장을 보내 그들을 초빙했다. 초청장을 받은 학자들은 평양으로 달려왔다. 특히 이남에 살고 있었던 60여 명의 학자 교수들도 이 대열에 동참했다.

1947년 7월 관계자들로부터 학생선발 기준을 중학교 졸업 정도로 잡았다는 보고를 받은 김일성 위원장은 노동자, 농민의 자녀들과 혁명가의 자녀들이 누구보다 먼저 공부해야 하므로 지식수준이 낮더라도 그들을 많이 받아들이는 한편, 기초지식이 약하더라도 대학공부를 하고 싶어하는 학생들을 위해 대학 예비과를 설치하도록 했다. '북조선 인민위원회'에서는 이 학교에 김일성 위원장의 이름을 붙여 김일성종합대학으로 명명했다. 이런 노력 끝에 김일성종합대학은 1948년 10월 문을 열었다.

|4|
보통강 개수공사

    해방 당시 보통강은 잦은 범람으로 막대한 피해를 낳고 있었다. 장마철에 조금만 비가 내려도 홍수가 나 보통강 주변 마을 특히 토성랑(도시 빈민들이 살고 있었던 보통강변 움막촌)과 서평양 및 대타령 일대는 물바다가 되곤 했다. 1942년 홍수 때는 성 안에 살던 5만여 명의 주민들이 큰 피해를 봤으며, 주변 2,000여 정보의 농경지와 1,000여 호의 농

보통강 개수공사 현장

가가 물에 잠겨 참을 수 없는 고통을 주었다. 사람들은 보통강을 재난의 강, 원한의 강, 눈물의 강, 한숨의 강이라 했다.

김일성 위원장은 어릴 때 보았던 보통강 주변 주민들의 비참한 생활을 잊지 않았다. 해방 후 건당·건국 사업의 바쁜 일정에도 보통강을 직접 돌아보며, 원한의 강을 행복의 강으로 바꿀 대자연개조 사업을 구상해 나갔다. 당시는 보통강 개수공사를 추진시켜 나갈 수 있는 인적 물적 토대가 너무도 취약했으며, 건당·건군·건국 사업에서 풀어야 할 과제들이 산적해 보통강 개수공사를 추진할 상황이 아니었다. 그러나 김일성 위원장은 해방 이듬해 여름 장마철이 다가오기 전에 어떻게든 이 문제를 풀어야겠다고 결심하고, 문제 해결의 방도를 고심했다. 그는 해방을 맞아 한껏 고무된 대중들의 혁명적 열정에서 그 답을 찾고 군중운동으로 벌이는 대자연 개조사업의 첫 사업으로 보통강 개수공사를 제안했다.

보통강 개수공사의 첫 삽을 뜨는 김일성 위원장

해마다 보통강의 홍수로 고생하던 평양시민들은 보통강 개수공사를 열렬히 환영했다. 원래 보통강은 강물이 형제산구역 제산리 앞 평지로 흘러오다가 봉화산 기슭에서 물줄기를 바꿔 도시안 즉 지금의 보통강 유원지를 거쳐 대동강으로 흘러 들어가는 대동강의 지류였다. 김일성 위원장은 현장에 직접 나가 설계도면을 일꾼들과 함께 검토하고, 공사계획을 수립했다. 공사의 핵심은 구불구불한 물줄기들을 직선으로 만들어 홍수 걱정이 없는 강으로 만드는 것이었다. 강폭을 50m, 강바닥을 7m로 파내고 3개의 제방을 새로 쌓아야 했다. 또 3개의 수문을 건설하고 6,000㎡에 달하는 석축 공사를 했다. 연인원 100만 명이나 되는 어마어마한 공사를 단 2개월 만에 끝내겠다는 계획이었다.

1946년 5월 21일 역사적인 보통강 개수공사 착공식이 열렸다. 김일성 위원장은 첫 삽을 뜨면서 "우리는 허리띠를 졸라매고서라도 자체의 힘으로 보통강 개수공사와 같은 공사를 하나하나 완공해 나가야 합니다. 우리는 이 공사를 그 누가 해주기를 바랄 것이 아니라 자신의 손으로 해야 하며, 공사에서 나서는 모든 곤란을 자체의 힘으로 극복해 나가야 합니다"라고 연설했다. 그가 무슨 힘을 믿고 도저히 불가능할 것 같은 방대한 공사계획을 세우고 밀어붙였는가를 알 수 있다. 그것은 곧 민중에 대한 무한한 믿음이며 민중의 자력갱생 혁명정신에 대한 굳은 믿음이었다.

김일성 위원장의 호소에 평양시민들은 삽과 괭이를 들고 공사장에 몰려들었다. 공사량은 너무도 방대했으며, 빈주먹밖에 없었지만, 애국적 열정과 투지를 갖고 새 조국의 역사를 자기의 힘으로 창조해 나가야 한다는 결의로 대자연개조에 돌진했다. 공사 기간 내내 열성자대회와 정당 사회단체 대표자 연합회의를 개최해 평양시민들의 애국적 열정을 불러일으켰다. 공사장은 용광로처럼 들끓었다. 1946년 6월 15일 새로운 물줄기가 뚫렸다.

공사는 2단계로 넘어갔다. 장마철 전에 공사를 끝내야 했지만, 시간은 많지 않았다. 평양시민들은 돌격전으로 이 난관을 뚫고 전진해 나갔다. 7월 5일 예상보다 일찍 장마가 찾아왔다. 공사는 최대의 난관에 봉착했다. 평양시당은 긴급동원령을 발동했으며 이에 호응한 시민들은 불굴의 투지로 마지막 난관을 돌파해 나갔다. 드디어 7월 15일 공사 예정 기간을 보름이나 앞당겨 공사가 완료되었다. 2개월로 계획했던 공사가 단 55일 만에 끝난 것이다. 당시 『정로』(당 기관지. 『노동신문』의 전신)는 마지막 공사 현장의 모습을 다음과 같이 전했다.

보통벌에 비는 끊임없이 내린다. 오늘(15일)이 세기적 공사 보통강 애국 제방공사의 최후 돌격일이다. 현장은 10일 동안 내리는 장맛비로 발을 얽어매는 진흙탕이다. 이런 불리한 조건하에서 최후제방돌격공사는 엄숙히 진행되었다. (……) 흙은 무겁고 진탕은 미끄럽다. 여기저기서 지게를 어깨에 멘 채로 자빠진다. 그러나 누구도 웃지 않는다. 저쪽에서는 여당원들이 대열을 지어 흙을 나른다. 옷은 감탕에 물들었고 저고리에서는 물이 흐르고 있으나 영치기 소리도 씩씩하게 일하고 있다. 소낙비는 여전히 쏟아지고 강물은 불어난다. 그러나 당원들은 까딱도 하지 않는다. 승리의 자신이 가득하다. 우리는 이 대자연에 도전하여 이를 정복하고 강물을 돌렸다. 그리고 앞으로 우리는 우리의 앞을 막는 곤란한 모든 장애물을 격쇄할 것이며 반드시 승리를 획득할 것이다. 한 당원은 더 올리지 못할 만큼 흙을 지고 더 올려 달라고 외치며 담아주는 동무에게 "오늘이 마지막인데… 가득 담아주게" 하고 말한다. 마지막 한 덩어리 흙은 이렇게 쌓았다.

해방 전 일제 침략자들은 이 공사를 해보려고 15년간을 계획하고 10년간 조선 사람들을 300만 명이나 강제동원했으나 전혀 진척이 없었다. 그런데 평양시민들은 단 55일 만에 완공하는 기적을 창조했다. 보통강 개수공사가 완공됨으로써 수도 평양을 홍수로부터 보호하고 시민들의 생명과 재산을 지켜낼 수 있게 되었다. 기술, 자재, 식량 등 모든 게 절대적으로 부족한 상황에서도 계획량 절반의 노동력을 투입하고도 공사기일을 훨씬 단축했다. 보통상 개수공사의 성공은 평양시민들에게 자기의 힘을 믿고 자체의 힘으로 건국사업을 추진해 나갈 자신감을 불어넣어 주었다.

보통강 개수공사가 완공됨으로써 봉화산 기슭에서 보통벌을 구불구불 에돌아 대동강으로 흐르던 보통강물은 봉화산 기슭으로부터 팔골다리를 지나 곧바로 대동강과 잇닿은 새 물길을 따라 빠져 흐르게 되었다.

보통강 개조사업은 이후에도 계속되었다. 보통강의 옛 강 자리에는 약 10㎞의 보통강 운하가 건설되고 운하를 중심으로 300여 정보에 달하는 보통강 유원지가 꾸려져 평양시민의 문화공간으로 이용되고 있다. 그리고 해방 전에는 진펄과 잡초뿐이던 원한의 보통강변에는 천리마거리, 낙원거리를 비롯해 웅장하고 화려한 아름다운 현대적 거리가 즐비하게 들어섰다.

| 5 |

건국사상총동원운동

이북의 민주개혁에서 특색있는 것은 건국사상총동원운동이다. 김일성 위원장은 항일무장투쟁을 벌일 당시부터 '혁명운동에서 사상의식이 결정적 역할을 한다'라는 철학에 의거하여, 언제나 사상사업을 앞세웠다. 난관이 제기될 때마다 사상사업을 앞세우고 대중의 혁명적 정신력을 발동해 돌파해 나갔다.

그는 해방 직후부터 사상 분야에서 일제의 잔재를 없애고 민족자주의식과 건국사상으로 무장시키는 사상사업을 앞세웠다. 이런 노력에도 불구하고 아직 사람들의 머릿속에는 제국주의적, 봉건적 사상잔재들이 많이 남아있었다. 이런 낡은 찌꺼기들을 완전히 뿌리 뽑지 않으면 민주개혁의 성과들을 공고하게 지키고, 건국사업을 새로운 단계로 발전시켜 나갈 수 없었다. 1946년 11월 25일, '북조선 임시인민위원회' 제3차 확대위원회 회의가 개최되었다. 이 회의에서 김일성 위원장은 '건국사상총동원운동'을 제안했다.

"우리는 새로운 민주 조선의 일꾼다운 정신과 풍모, 도덕과 전투력을 기르기 위한 사상혁명을 하여야 하겠습니다. 우리는 지난날 일본 제국주의가 남겨놓고 간 모든 타락적이고 퇴폐적인 유습과 생활 태도를 없애고 생기발랄하고 약동하는 새로운 민주 조선의 민족적 기풍을 창조하는 거대한 사상개조사업을 해야 하겠습니다. (……) 전국적으로 광범한 인민대중 속에서 건국사상총동원운동을 힘있게 밀고 나가며 낡은 사상의식을 개변하기 위한 투쟁을 벌여야 하겠습니다."

그의 연설이 보도되자, 이북 전역에서 건국사상총동원운동의 열풍이 불기 시작했다. 건국사상총동원운동은 사상개조 운동이자 건국과제 실천운동이었다. 사상 분야에서 식민지 잔재를 깨끗이 털어내고, 민족자주사상으로 무장하기 위한 대중적 사상개조 운동이었다. 또 단

건국사상 총동원운동에 관한 신문보도

순한 사상개조에 그치지 않고 대중들의 혁명적 열정을 불러일으켜 건국과제를 이행하기 위한 실천적인 건국운동이었다. 즉 사상개조사업과 다양한 분야의 건국과업 이행을 밀접히 결합해 대중 자신의 힘으로 수행해나가도록 하는 대중운동이었다.

김일성 위원장은 건국사상총동원운동은 사상투쟁과 사상교양의 방법으로 진행해야 한다고 하면서, 그 대상과 내용을 제시했다. 사상투쟁의 주된 대상은 사람들의 머릿속에 남아있는 일제 및 봉건사상 잔재와 악습[7]이며, 사상 교양의 기본내용은 자력갱생의 혁명정신[8], 고상한 애국주의 사상[9], 민중적 도덕 품성[10]이었다. 이 방침은 민중의 사상의식을 성과적으로 개조하고 그들의 창조적 지혜와 무궁무진한 힘을 최대한 발동해 자주독립국가 건설에서 일대 열풍을 불러일으켰다.

당, 국가, 경제기관 및 사회단체와 공장, 농촌 등 모든 부분 모든 단위에서 '건국사상'에 대한 학습이 대대적으로 진행되었다. 당 단체들은 간부학습회, 세포학습회, 당 학교 등을 통해 당원들을 건국사상으로 무장시키는 학습을 전개했다. 각 대중단체에서도 '건국사상' 학습 열풍이 몰아쳤다. 문학 예술인들의 역할이 크게 요구되었고 문학, 연극, 음악, 영화, 미술, 사진, 무용 등 가능한 한 모든 분야의 예술형식이

---

7) 노예 굴종 사상, 사대주의 사상, 민족 허무주의 사상, 관료주의, 이기주의, 타락과 퇴폐에 찌든 향락주의 생활습성.
8) 민중이 자체의 힘으로 난관을 이겨내고 주인다운 입장에서 새 나라를 건설해나가는 혁명정신.
9) 개인의 이익보다 사회 전체의 이익을 소중히 여기고 국가와 사회재산을 아끼고 사랑하는 정신.
10) 모두가 서로 도와주고 단결하며, 다 같이 발전하는 집단주의에 기초한 도덕 품성.

동원되어 대중 교양 사업에 나섰다. 건국사상총동원운동은 '건국사상'에 대한 학습에 그친 것이 아니라 사람들의 머릿속에 남아있는 일제 및 봉건사상 잔재와 악습에 대한 대대적인 사상투쟁이었다. 개인 이기주의, 관료주의, 무책임한 현상들이 사라졌고, 민족자주의식과 자주적 건국의식, 애국적 열정, 민족적 긍지와 자부심이 높아지는 한편 간부들의 사업 방법과 사업 태도가 개선되었다.

건국사상총동원운동은 각 분야에서 제기되는 절실한 건국과업 수행과 밀접히 결합해 진행되었다. 노동자, 사무원들은 '그날 할 일은 그날에 마치자!'라는 구호를 내걸고 건국과업 수행과 밀접히 결부해 진행함으로써 증산의 불길을 올렸다. 애국적 증산 투쟁은 특히 철도운수 부문에서 두드러졌다. 철도운수 부문은 일제와 친일매국세력들의 파괴로 그 어느 부문보다 혹심한 피해를 보았다. 연료난과 자재난, 기술 부족으로 열차가 어느 하루도 제대로 움직이지 못했으며 경제복구와 민중 생활에 커다란 지장을 주고 있었다.

김일성 위원장은 1946년 7월 전체 철도종업원들에게 공개편지를 보내 난관을 돌파할 방안을 제시하고, 이 방안을 관철할 수 있도록 전체 철도종업원들이 나서줄 것을 호소했다. 그의 공개편지에 고무된 철도운수부문 노동자들은 질서와 규율을 세우고 빈둥거리며 노는 자들을 쫓아내는 한편 애로와 난관을 돌파하고 자체의 힘으로 철도를 정상적으로 운영하기 위한 투쟁을 벌였다.

정주기관구 노동자들이 가장 먼저 철도운행 정상화에 나섰다. 정주기관구장 김회일은 기관차 위에 올라서서 이렇게 호소했다.

"우리가 선참으로 이 기관차에 건국사상총동원운동의 깃발을 꽂고 달리자! 우리의 최대 임무는 기차를 움직이는 것이다. 기차가 정지

되는 날에는 우리의 생명도 정지된다. 우리의 끓는 피로 기차를 움직이자!"

이튿날 김회일은 정주기관구의 수십 명의 노동자와 함께 안주탄광으로 달려갔다. 동북(만주)이나 연해주의 고열탄이 아니라 국내의 석탄으로 기관차를 움직이기 위해서였다. 당시 국내의 석탄은 열량이 낮아서 사용할 수 없었으며, 중국 동북지방의 고열탄이나 연해주에서 수입하는 고열탄을 사용했다. 중국 동북 지역을 장개석 정부가 장악함으로써 고열탄을 들여올 수 없게 되자 대체품으로 소련 연해주 고열탄을 수입했는데, 소련에서 갑자기 고열탄 수출을 중단하겠다고 통보함으로써 기관차 운행에 막대한 지장이 나타나고 있었다. 이때 김회일이 앞장서서 안주에서 나는 석탄으로 기관차를 운행하자는 대중운동을 시작한 것이다. 또 그들은 수리기지도 따로 없는 상황에서 수십 대의 기관차를 자체로 수리하고 수송능력을 높여 나갔다. 부족한 석탄문제를 해결하기 위해 채탄 돌격대까지 조직하고 자체의 힘으로 기관차를 운행했다.

김일성 위원장은 1947년 1월 20일 정주기관구 노동자들에게 편지를 보내어 "동지들의 영웅적 투쟁은 바로 조선 노동계급의 혁명적 전통을 이어받은 것이며, 오늘 건국사업에서 주동적 역할을 하고 있는 우리 노동계급이 자기의 사명을 다하고 있다는 것을 여실히 표현하는 것입니다. 오늘 우리 조국은 바로 정주 철도종업원들이 발휘한 것과 같은 그러한 고상한 애국심과 희생성과 투쟁력을 요구하고 있습니다"라고 감사했다. 당 중앙위 상무위원회를 소집해 이 운동을 '김회일운동'으로 부르도록 하고 철도운수 부문은 물론 인민 경제의 모든 부분에 걸쳐 대중적 증산운동으로 발전시켜 나갔다.

건국 사상을 구현하기 위한 애국운동은 농민들 속에서도 힘차게 벌어졌다. 농민들의 애국운동은 어려운 식량문제를 풀기 위한 '애국미 헌납운동'의 형태로 펼쳐졌다. 이 운동의 선구자 재령벌 김제원 농민의 이야기는 앞의 토지개혁에서 이미 언급한 바 있다. 김제원 농민은 애국미 야적더미 위에 올라가 다음과 같이 호소했다.

> "어저께 기자 선생이 어떻게 되어 많은 애국미를 바치게 되었는 가고 물어봅디다. 나는 나라 없이 조선 사람이 살 수 없다는 걸 생각했을 뿐이외다. 장군님께서 수수밥을 드시는 걸 보구 내 집의 남은 쌀을 다 나라에 바쳐야 되겠다구 생각했수다. 우리 농군들이 이런 성의도 없이 어떻게 나라를 건설하겠소. 아직까지도 우리 농민들 중에는 제집의 여유곡을 아깝다고 자리끼고 있는 사람들이 있는데 그게 짧은 생각이외다. 우리 농민들이 애국미를 헌납하면 장차로 더 행복하게 잘 살게 된다는 걸 모르고 하는 우둔한 짓이외다."

김제원 농민의 연설을 듣고 황해도 봉산군의 3개 리에서만도 하루 동안에 1,445가마니의 애국미가 들어왔다. 김일성 위원장은 김제원 농민과 재령군 농민들에게 감사편지를 보내어 그들의 애국적 열정을 높게 평가하고 모두가 애국미 헌납운동에 참여하자고 호소했다. 농민들은 '민주주의 완전 독립국가를 건설하기 위해 국가에 식량을 많이 바치자!'라는 구호를 들고 애국미 헌납운동에 적극적으로 참여했다. 이 운동은 식량 절약 운동과 알곡 증산 운동으로 발전했다. '애국미 헌납운동'은 농민 자신이 발기하고 진행한 자발적인 애국운동이며 전국사상총동원운동의 구체적 발현으로서 새 민주 조선 건설에서 커다란 의의를 가지는 것이었다.

건국총동원운동은 교육, 문화, 보건 부문과 가정에까지 급속히 확대되었다. 그리하여 이르는 곳마다 낡은 사상잔재와 생활 기풍이 근절되고 새 조선의 민족적 기풍이 확립되어 갔다. 이북의 현대 역사에서 건국사상총동원운동은 사상혁명의 시초라 할 수 있다.

북조선노동당 창립

| 1 |
근로민중의 대중적 당으로
강화 발전

1945년 10월 10일 북조선공산당이 창당을 선포했을 당시 당원 숫자는 불과 4,530명에 불과했다. 그런데 정권 수립, 민주개혁, 통일전선 사업을 추진하는 과정에서 대중적 지지기반이 급속히 확대되었으며, 세련되고 원숙한 당으로 강화 발전되었다. 그 결과 창당 10개월 만에 당원 수가 27만여 명으로 확대되고, 1만 2,000여 개의 당 세포가 활동하게 되었다.

1946년에 들어서면서 당 건설 사업에서 새로운 정세, 새로운 요구가 제기되었다. 1946년에는 강령이 비슷하고 계급적 지지기반이 같은 당들이 여러 개의 당으로 분립해 있었다. 북에서는 공산당과 신민당이 분립해 있었고, 남에서는 공산당과 신민당, 인민당이 분립해 있었다. 이런 분립 현상은 근로대중의 통일단결에 지장을 초래했다.

이북의 경우 1946년 2월 16일, 신민당이 창당되었다. 신민당은 조선독립동맹 계열을 주축으로 하는 소자산계급 정당이었다. 조선독립동맹 휘하에는 조선의용군이라는 무장부대가 있었는데, 김원봉의 의열단에 뿌리를 두고 있었다. 의열단에서 시작된 조선의용대 중 일부가 화북(연안) 지역으로 옮기면서 조선의용군으로 발전한 것이다. 조선

독립동맹의 주석은 김두봉이었고, 무정 역시 조선독립동맹의 주요 간부였다. 이들 중 일부가 1945년 12월 국내로 들어온다. 국내로 들어온 사람 중에서 무정은 공산당에 가입하여 활동했고, 김두봉을 비롯한 다수는 공산당에 가입하지 않고 남북을 아우르는 신민당을 창당했다. 이들이 독자적 창당을 선택한 것은 자신들의 지지기반이 공산당과는 달리 중도적 민족주의자들과 지식인층이었기 때문이었다. 하지만 핵심 간부 중에는 공산주의자들이 많이 있었고, 주요 강령도 공산당과 크게 차이가 나지 않았다.

이북 신민당은 김두봉(주석), 최창익(부주석), 한빈(부주석), 이유민(조직부장), 김민산(선전부장) 등이었고, 이남 신민당은 백남운(위원장), 정노식(부위원장), 심운(조직부장), 고찬보(선전부장) 등이었다.

신민당은 창당 이후 소자산계급을 중심으로 하면서도 노동자, 빈농 속으로 지지기반을 넓혀갔다. 이것은 노동자, 농민 등 근로대중의 통일단결에 부정적 요소로 작용했다. 공산당 앞에는 이런 부정적 요소를 억제하고 근로대중의 통일단결을 실현하기 위해 신민당을 합당해 근로민중의 대중적 정당을 건설할 필요가 있었다.

강령이 비슷한 정당과의 합당 외에도 공산당을 대중적 정당으로 발전시켜 나가야 하는 것 역시 당면 과제였다. 모스크바 삼상회의 이후 찬탁-반탁의 대결전이 치열했고 미국의 단독정부 수립 의도가 더욱 노골화되며 민족 분열과 분단의 위기가 높아져 갔다. 이런 정세에서 자주적 통일독립국가 건설 과업을 달성하기 위해서는 민족의 주체역량을 획기적으로 강화해야만 했다.

가장 우선적인 것은 당 역량을 강화 발전시켜 나가는 것이며, 두 번째는 통일전선 역량을 강화 발전시켜 나가는 것이었다. 당 창건 이후 불과 10개월 만에 27만여 명의 당원을 가진 대중적 성당으로 강화 발전되었지만, 새롭게 조성된 난관을 돌파해 나가려면 노동자, 농민뿐 아니라 지식인 등 진보적 소자산 계급까지 아우르면서 당을 획기적으로 강화해 나가야 했다.

특히 인민정권이 수립되고 민주개혁이 추진되는 과정에 노동계급의 영도적 지위가 확고해지고 농민, 근로 지식인들의 동맹이 강화되었으며, 새 조선 건설에 공통의 이해관계를 갖게 되었다. 이와 같은 현실은 공산당이 노동계급에만 의지하는 협소한 계급정당의 틀에서 벗어나 노동자, 농민, 근로 지식인 등 광범한 근로대중의 이익을 대변하는 대중적 정당으로 거듭나야 할 필요성을 던져주었다.

이처럼 공산당을 대중적 정당으로 발전시켜야 할 필요성에 대해서는 누구나 다 절감하고 있었지만, 그것을 어떤 원칙에서 어떤 방식으로 실현할 것인가 하는 문제에 대해서는 올바른 해답을 찾지 못한 채 중구난방의 상태에 있었다. 신민당과의 합당의 필요성은 어느 정도 공감하였지만, 어떤 원칙으로 추진할 것인가 하는 문제 역시 간단치 않았다. 국제혁명운동사에서 노동계급의 당과 소자산계급의 정당이 합당한 사례가 없었을 뿐 아니라, 생각할 수조차 없는 문제로 치부되고 있었다. 이런 상황에서 김일성 위원장은 기존 관례에 구애됨이 없이 신민당을 그대로 두고 농민과 지식인 속에서 공산당 역량을 확대해 나가는 방식이 아니라 두 당을 합당하는 방법으로 근로대중의 대중적 정당으로 발전시켜 나가야 한다고 밝혔다.

그는 당을 대중적 당으로 건설한다고 해서 노동계급의 혁명사상을 포기하는 것이 아니라 오히려 철저히 고수하는 것이며, 당의 역사적 사명(사회주의 건설)을 변화시키는 것이 아니라 오히려 철저히 관철해 나가는 것이라고 밝혔다. 당을 대중적 당으로 건설한다고 아무나 받아들여서는 안 되며 노동계급의 전위투사를 핵심으로 하고 노동자, 농민, 지식인의 선진분자들을 받아들이는 조직노선을 철저히 관철해 당의 순결성을 고수할 뿐 아니라 당의 전투력을 강화해야 한다고 천명했다. 이렇게 해서 공산당과 신민당의 합당 노선이 정리되었다.

| 2 |
합당 추진 과정

김일성 위원장은 대중적 정당 건설의 시급성을 인식하고 1946년 6월 26일 남북공산당 책임일꾼협의회에서 근로인민의 대중적 당을 만들자고 제안했다. 그는 이 회의에서 "현 단계에서 근로인민의 대중적 당을 창립하는 사업은 남북조선의 정세가 다르고 투쟁 임무가 서로 다른 조건에서 북조선과 남조선에서 각기 따로따로 하여야 합니다. 북조선에서는 공산당과 신민당이 합동하여 근로인민의 대중적 당을 창립하며 남조선에서는 공산당과 인민당, 신민당이 합동하여 근로인민의 대중적 당을 창립하는 것이 좋으리라고 봅니다"라고 구체적인 안도 내놓았다.

또 합당의 원칙적 입장도 제시했다. 공산당의 입장을 강요하지 말고, 공산당 사람들이 높은 자리를 차지하려 하지 말자는 것이었다. 실제로 양당(북조선공산당과 북조선신민당)이 합당해 북조선노동당을 창당할 때, 위원장을 신민당의 김두봉에게 양보했으며, 주요 간부들도 신민당에 더 많이 배분했다.

하지만 합당 사업이 순탄하게 진행되지만은 않았다. 이북 신민당 내 일부 사람들은 자기 세력을 잃어버릴 수 있다는 걱정 때문에 '합당은 공산주의자들의 모략이다', '공산당은 신민당 간부를 불신임한다'라는 유언비어를 퍼뜨리면서, 신민당원들이 합당에 반대하도록 부추겼다. 이남에서도 공산당 내의 종파세력 때문에 합당이 순탄치 않았다. 1946년 7월 중순, 합당을 촉진하기 위해 신민당과 남조선공산당의 책임일꾼을 만난 김일성 위원장은 대중의 분열을 막고 자주독립역량의 결정적 우세를 보장하려면 합당을 해야 한다는 걸 재차 강조하고, 합당 노선을 받아들이도록 거듭 설득했다.

이런 노력 끝에 1946년 7월 21일 조선신민당 중앙위원회가 개최되어 합당방침을 승인하고, 공산당 측에 합당을 제안하기로 결정했다. 조선신민당(김두봉 주석)이 북조선공산당(김일성 책임비서)에게 보내는 합당제의서가 『정로』(북조선공산당 기관지)에 실리면서 합당 문제가 공식화되었다. 김일성 위원장은 7월 24일 북조선공산당 중앙위원회 상무집행위원회를 소집하고, '북조선공산당과 조선신민당의 합당에 대하여'라는 안건을 토의했다. 그리고 "북조선 노동자, 농민, 지식분자 및 기타 근로대중의 이익을 대표하는 두 당의 합동은 조선의 민주주의적 새로운 역량의 성장과 민주주의 조선독립국가 건설을 위한 투쟁을 전개함에 있어서 근로대중으로 하여금 더 광범히 뭉칠 수 있는 조건을 만들어 줄 것"이라는 회답 서한을 보냈다.

1946년 7월 27일 북조선공산당 중앙위원회 제8차 확대집행위원회가 열리고, 양당 중앙위원회 연석회의에 제기할 보고와 합당 성명서, 당명, 강령과 규약 초안, 지도기관 선거 세칙 등이 토의되었다. 이 자리에서 여러 가지 질문과 문제 제기가 있었다. 먼저 왜 신민당과만 합치느냐, 합칠 바에야 청우당이나 민주당과도 합칠 수 있지 않느냐라는 질문이 있었다. 김일성 위원장은 "청우당이나 민주당과 합치자는 건해는 우당들의 계급적 성격을 똑똑히 알지 못한 데로부터 나온 것"이라면서, "우리가 창립하려는 당은 노동자, 농민, 지식인의 이익을 대변하고 옹호하는 노동계급의 선봉 부대"인데, "민주당은 자산계급의 정당이고, 청우당은 종교인 당이다. 민주당이나 청우당과 합친다면 근로대중의 전위부대라기보다 그 무슨 조합과 같은 것으로 될 것이다. 그러므로 민주당, 청우당과는 합당이 아니라 민주주의 민족통일전선을 통해 단결해야 한다"라고 해명했다.

공산당이 신민당과 합치는 것은 당을 '소자산계급화'하는 것이며 '우경화'하는 것이 아닌가 하는 질문도 있었다. 이에 대해 그는 "이런 견해는 남을 깔보는 소부르주아 영웅주의와 배타주의에서 나온 것"이라고 비판하며, "신민당원들이 소자산계급 출신이라고 해도 노동계급의 혁명사상을 배우고 노동계급의 이익, 당과 혁명의 이익을 위해 투쟁할 결심을 하게 되면 훌륭한 혁명가가 될 것"이라고 답했다. 이어서 "이런 극좌적이며 독선적인 견해는 뒤집어놓은 우경과 같은 것"이라고 강하게 비판하고 우경적 독소에 대해 특별히 경각성을 높일 것을 주문했다.

또 "통합될 당이 근로인민의 이익을 대표한다고 하는데 왜 당명을 노동당이라고 부르는가, 그것은 노동자들의 당이라는 의미가 아닌가?"라는 질문에 대해서는 "그것은 잘못된 견해이다. 농민도 노동을 하며 사무원도 정신노동을 하고 있다. 우리가 두 당을 합당해 창립하게 될 당은 다 같이 노동에 참가하는 노동자, 농민은 물론 지식인의 선진분자들의 조직인 만큼 그 명칭을 노동당이라고 하자는 것이다. 근로당, 노력당이라고도 할 수 있으나 노동당이라고 하는 것이 제일 적당하다"라고 답변했다. 아울러 "합당 후 노동당으로 된다고 하여 우리당의 지도 사상이 다른 사상으로 된다고 생각한다면, 잘못된 견해"라고 지적했다. 이런 과정을 거쳐 양당 합당에 대한 대체적인 의견 통일을 하고, 합당대회에 제출할 기본문건인 합당 성명서, 노동당의 강령과 규약, 지도기관 선거 세칙 등의 초안 작성에 들어갔다.

|3|
북조선노동당의 창립

    1946년 7월 28일과 29일 이틀 동안 양당 중앙위원회 연석회의와 확대 연석회의를 열고, 여기에서 새로 창립될 북조선노동당의 강령과 규약, 지도기관 선거 세칙, 합당 성명서 초안에 대해 토의하고, 양당 합당에 대한 공식 결정서를 채택했다. 김일성 위원장은 1946년 7월 29일

북조선노동당 창당 관련 신문보도

에 열린 양당 중앙위원회 확대 연석회의에서 '오늘의 정치정세와 우리들의 새로운 임무'라는 보고를 통해 두 당의 합당 목적을 밝히고, 그 실현을 위한 과업을 제시했다. 회의에서는 '노동당을 창립할 데에 대한 결정'을 채택하고, '합당 성명서'를 발표했다. 그리고 당의 강령과 규약 초안을 전당적 토의에 부치기로 합의했다.

이 결정에 따라 아래로부터의 양당 통합작업이 8월 초부터 추진되었다. 1946년 8월 7일 양당 중앙위 연석회의가 열리고, 북조선노동당 창립대회준비위원회가 조직되어 당 창립준비사업을 통일적으로 이끌어가도록 결정했다. 이후 두 당의 각급 조직들은 양당 연석회의에서 채택된 합당 결정서와 강령 규약을 토의했다. 또 양당 통합작업을 아래로부터 추진해 나가기로 한 결정에 따라, 면 단위에서부터 두 당의 합동 세포총회, 합동 시·군당 및 도당 대표 회의가 순차적으로 개최되었다. 8월 말까지 노동당 각급 지방조직 결성이 완결되었고, 여기에서 당 창립대회에 파견할 대표들을 선출했다. 아래로부터 양당 통합사업이 완료됨에 따라 북조선노동당의 당원 숫자는 36만~37만 명에 달했다. 이 중에서 북조선노동당 창립대회 참가 대표로 800여 명이 선출되었다. 원래 공산당과 신민당의 당원 비율은 3:1이었지만, 창립대회에 참가할 대표는 양당 동수로 선출했다.

1946년 8월 28일부터 30일까지 북조선노동당 창립대회가 진행되었다. 대회에서는 공산당 대표(김일성)와 신민당 대표(김두봉)의 보고가 있었다. 김일성 위원장은 '근로대중의 통일적 당의 창건을 위하여'라는 제목의 보고를 했다.

그는 먼저 해방 이후 이북에서 이룩된 성과를 열거하고 참된 인민의 정권이 탄생하여 지구상에서 가장 철저한 민주개혁을 이룩했다는 점을 상조했다. 아울러 토시개혁, 민주적 노동법, 중요산입의 국유화, 남녀평등법 등의 민주개혁은 동방의 여러 민족국가의 모범이 되고 민주주의 발원지 역할을 한다고 평가했다. 반면 이남 사회에서는 일제 식민지 시대와 마찬가지로 미 군정 체제에서 민주적 제 권리를 박탈당한 채 신음하고 있다고 규정했다. 그는 모든 친일분자, 민족반역자들이 내 세상을 만난 듯 권세를 부리고 있는 천지가 바로 미 군정 체제 하의 남조선 사회라고 규탄했다.

또한 그는 "진정한 민주주의 방향으로 전진하고 있는 북조선, 반동 세력 밑에서 또 다시 반동적 반민주 반인민 방향으로 뒷걸음을 치고 있는 남조선, 오늘의 조선은 서로 상극되는 두 가지 노선으로 걸어 나가고 있습니다"라고 결론을 내리고 "오늘 조선 인민 앞에 엄중하게 제기되는 문제는 하루바삐 남조선의 반동적 노선을 극복하고 남조선에도 북조선과 같이 철저한 민주주의 개혁을 실시하며, 그럼으로써 통일적인 완전 독립 국가를 세우는 것이다"라고 호소했다.

또 민주개혁에서 민주주의 민족통일전선이 기본 열쇠라고 규정했다. 이북에서의 민주과업은 민중의 힘으로, 전체 민주주의 정당과 사회단체들의 공동협력으로 수행된 것이라고 하면서, 모든 친일 반동세력을 소탕하고 민주주의 완전독립국가를 세우는 데서 급선무는 각 정당과 사회단체, 인민들이 튼튼한 민주주의 민족통일전선을 결성하는 것이라고 결론지었다.

다음으로 새로 창립될 노동당의 성격을 밝혔다. 노동당의 강령 1조는 "조선 근로대중의 이익을 대표하며 옹호하는 노동당은 부강한 민주주의독립국가 건설을 목적한다"라고 되어 있음을 밝히면서, 노동당은 노동자와 농민, 근로 지식인의 이익을 대표하는 정당, 선봉대로 규정했다. 노동당이 노동계급의 이익을 대변하는 계급정당의 좁은 틀을 뛰어넘어 노동자와 농민, 근로 지식인의 공동이익을 대변하는 대중정당으로 되어야 한다는 뜻이었다. 이런 규정은 마르크스 레닌주의의 틀을 뛰어넘은 것으로 창조적이며, 독창적인 것이었다.

또한 그는 노동당의 당면 임무에 대해 "두말할 것도 없이 하루바삐 통일적 민주주의 완전독립국가를 세우는 데 있는 것"이라고 밝혔다. 이를 위해 광범한 인민대중을 동원해 민주주의 개혁의 성과를 더욱 공고히 하며, 이를 전국적(이남 사회까지 민주개혁을 확대해 나가야 한다는 뜻)으로 실현하기 위해 투쟁할 것이라고 밝혔다. 또 '북조선 임시인민위원회'를 더욱 강화 발전시키고, 전 조선적으로 인민의 주권을 인민위원회로 넘겨받기 위해 투쟁할 것이라고 선언했다. 그리고 조선 근로대중의 이익을 대표하고 옹호하는 선봉대인 노동당은 조선의 자주독립과 민주화를 위한 투쟁에서 주도적 역량으로 되어야 하며 민주주의 민족통일전선에서 핵심적 역할을 담당해야 한다고 했다.

이와 함께 합당 후 당을 공고히 발전시키기 위한 과업으로, 당을 강력한 전투적 당으로 강화 발전시킬 것, 당내 사상적 통일과 정치적 각성을 높일 것, 군중과 떨어질 수 없는 연계 속에서 성장하는 당으로 만들 것, 제 민주사회단체의 사업에 대한 지도와 장악을 강화할 것, 간부 문제에 관심을 가질 것 등을 제시했다.

양당 대표들의 보고가 끝난 후 토론이 진행되었다. 토론은 대체로 원만하게 진행되었지만, 각 도에서 올라온 일부 대표들은 합당 과정에 대해 분란을 일으키기도 했다. 한 대표는 노동당에 오가잡탕 분자들이 들어왔다고 했고, 어떤 대표는 당장 청당사업(부적절한 당원들을 골라내 쫓아내는 일)을 해야 한다고 떠들어 대회장이 술렁거리기도 했다. 합당에 불만을 가진 종파주의자들은 당원들 속에서 동요를 일으키기 위해 합당 후 대대적인 '숙청사업'이 진행될 것이라고 주장했다. 아울러 '합당은 일시적인 것으로, 일정 시기가 지나면 반드시 분리될 것이다. 합당은 공산주의자들의 일종의 술책'이라는 소문을 퍼뜨렸다. 김일성 위원장은 노동당에 오가잡탕이 들어왔다느니 '청당사업'을 하여야 한다느니 떠드는 것은 옳지 않다고 비판했다. 시의적절한 비판으로 대회는 다시 원활하게 진행되었다.

대회에서는 노동당의 강령과 규약을 채택하고, 당의 기관지 『노동신문』과 정치이론 잡지 『근로자』를 발간하기로 했다. 이후 노동당 창당이 정식으로 선포되었다.

노동당 창립대회를 마친 다음 날(1946년 8월 31일), 당 1차 중앙위원회 전원회의가 개최되었다. 이 자리에서 김두봉, 김일성, 주영하, 최창익, 허가이 등 정치위원 5명이 선출되었고, 위원장 김두봉, 부위원장 김일성, 주영하, 당 비서 최창익, 허가이가 선출되었다.

노동당의 창립은 큰 의미를 갖는다. 노동당이 창립됨으로써 당의 조직대오가 급속히 확대 강화되었고, 광범한 근로대중 속에 깊이 뿌리박은 대중적 정당으로 강화 발전되게 되었다.

양당의 합당 과정에서 첨예하게 제기된 문제는 지식인을 당의 구성성분으로 포함시키느냐 배제하느냐 하는 것이었다. 기존 노동계급의 당 건설 경험은 당을 특정 계급의 이익을 대표하고 옹호하는 계급적 정치조직으로, 계급투쟁의 무기로만 보았다. 즉 노동계급의 이익을 배타적으로 대변하는 계급적 정당이라는 고정된 사고와 틀에 갇혀 있었고 지식인을 받아들일 생각은 전혀 하지 않았다. 김일성 위원장은 기존 관념에 구애받지 않고, 혁명운동에서 지식인들이 차지하는 지위와 역할, 식민지 지식인이 갖게 되는 반제혁명의식과 애국애족의 사상을 깊이 분석한 다음 편협한 계급정당의 틀을 분쇄하고 노동자, 농민, 근로 지식인 등 근로민중의 근본적 요구와 이익을 대표하고, 그들을 구성 부분으로 하는 대중적 정당론을 제기함으로써 노동계급의 당 건설 이론을 질적으로 도약 발전시켰다.

북조선노동당 창당 직후 기념사진 : 아랫줄 왼쪽부터 김책,이그나티에프 대좌, 김두봉 위원장, 레베데프 민정가령관, 김일성 부위원장, 허가이, 뒷줄 오른쪽부터 주영하, 박일우, 최창익

| 4 |

당 마크에 얽힌 사연

일반적으로 노동자의 혁명적 당은 노동계급을 기반으로 빈농까지를 포함하는 정도였다. 하지만 김일성 위원장은 공산당과 신민당 양당 통합과정에서 노동자, 농민, 근로 지식인을 당의 골간으로 하는 대중적 정당론을 제기했다. 아울러 노동자, 농민, 근로 지식인으로 구성된 대중정당임을 직관적으로 보여주는 당 마크를 제작해야 한다고 역설했다. 1946년 8월 말 북조선노동당 중앙위원회 상무위원회에서 그는 "당 마크는 우리 당의 성격에 맞게 노동자, 농민, 지식인을 상징하는 마치(망치)와 낫, 붓을 중심에 그려 넣고 만들어야 한다"라고 도안 방향을 제시했다.

도안제작자들을 만난 그는 "당 마크는 당의 성격에 맞게 특색있게 형상해야 한다"라고 하면서, 반드시 노동자, 농민과 지식인의 선진분자들을 망라한 근로대중의 통일적 당이라는 것을 상징적으로 보여주어야 한다고 역설했다. 아울러 노동자는 마치로, 농민은 낫으로, 지식인은 붓으로 형상화하자고 제의했다. 일부에서는 당 마크에 마치와 낫과 함께 붓을 그려 넣는 것에 반대했다. 김일성 위원장은 그들에게 "지식인 없이는 혁명도 할 수 없고, 나라도 건설할 수 없다. 항일무

장투쟁을 한 사람들은 총은 잘 쏘지만 지식은 부족하다. 지식과 기술
이 있는 지식인과 손을 잡아야 혁명도 하고 건설도 할 수 있지 않겠는
가?"라고 설득했다.

　당 마크에 넣을 마치와 낫은 다른 나라의 것이 아니라 우리나라 것
으로 그리도록 했으며 지식인의 상징도 펜이 아니라 우리나라 것이라
는 의미에서 붓을 그려 넣도록 했다. 아울러 근로대중이 튼튼히 통일
되어 있음을 상징하기 위해서 마치, 낫, 붓을 자루 중간에서 서로 교차
해 세워놓은 형태로 했다. 또한 그는 마치를 왼쪽, 낫은 오른쪽에 놓고
붓을 가운데에, 약간 위로 올라가게 해야 보기에도 좋고, 앞으로 노동
자, 농민들도 높은 지식과 문화를 소유해 문명한 자주독립국가 건설에
이바지한다는 뜻도 갖게 될 것이라고 밝혔다. 마치, 낫, 붓의 순서는
노동자가 앞에 서고, 다음에 농민이, 맨 뒤에 지식인이 서 있다는 것을
알 수 있도록 형상화한 것이다.

|5|
진통 속에서 태어난
남조선노동당

김일성 위원장은 이남에서도 3당 합당이 필요하다고 보고, 1946년 6월 26일 남북공산당 책임일꾼협의회에서 이 문제를 제안했다. 이북에서는 신속하게 합당 작업이 진행되었지만, 이남에서는 지지부진했다. 당시 이남 세 당(공산당, 인민당, 신민당)의 당원들과 대중들은 합당방침을 적극 지지했는데 왜 지지부진했을까? 이것은 미국의 분열 공작과 깊이 연관되어 있었다. 미 군정의 민족 분열책에 놀아난 당내 분열주의 세력들은 치열한 파벌싸움에 몰두했다. 특히 당권을 쥐고 있었던 박헌영은 공산당, 인민당, 신민당의 합당 문제를 아예 제기하지도 않고 당을 자파 일색으로 만드는 데 혈안이 되어 있었다. 또 엠엘파는 합당을 자파세력 확대 계기로 만들려고 합당 문제를 토의하기 위한 회의를 개최하자고 주장했다. 파벌싸움은 공산당 내에 그치지 않고, 인민, 신민당까지 번져 있었다.

남조선신민당 위원장 허헌과 인민당 위원장 여운형은 1946년 8월과 9월에 각각 평양을 방문해 김일성 위원장과 만났다. 이 자리에서 김일성 위원장은 노동당의 목적과 성격, 임무를 해설하고, 이남에서의 합당 대책을 제시했다. 그 후 허헌 위원장과 여운형위원장은 합당에 적극적으로 나섰다. 김일성 위원장은 1946년 9월 '북조선로동당의 창립과 남조선로동당의 창건문제에 대하여'라는 글에서 이남에서 합당을 반대하는 파벌세력을 엄중하게 비판하고, 시급히 합당을 진행할 것을 촉구했다.

> "미국 반동파와 그 앞잡이 이승만 도당은 남조선에서의 합당 사업을 파탄시키려고 (……) 특히 가슴 아픈 것은 당 안에 기어든 파괴분자 (……) 분열 책동을 하면서 오늘까지 3당 합동사업을 방해하고 있는 것입니다. (……) 강진을 비롯한 일부 분자들은 반당적인 성명서까지 냈습니다. 이 자들은 미 군정과 이승만 도당의 부추김 밑에 합당 사업을 방해하고 있습니다. 물론 이런 현상은 공산당에만 있는 것이 아니며 다른 정당에서도 (……) 미 군정의 부추김 밑에 암암리에 책동하고 있습니다. 그러나 머지 않아 남조선에서도 반드시 합당이 승리적으로 실현될 것입니다."

대회 소집을 고집하던 '대회파'가 갑자기 사회노동당을 만들어 공산당 대열을 분열시키자, 북조선노동당 상무위원회를 열어 이자들의 행동을 이적행위로 규정하고 사회노동당을 즉시 해체하고 합당 사업에 합류하도록 강하게 요구했다. 우여곡절 끝에 1946년 11월 남조선노동당이 결성되었다. 하지만 말뿐인 합당이었다. 박헌영은 반대파들을 따돌리고 공산당, 신민당, 인민당 내부의 자기 지지자들만으로 남조선노동당의 창립을 선포했다. 이에 대립해 '대회파'는 신민당과 인민당을 분열시켜 근로인민당을 창당했다. 그러다 보니 근로대중의 통일적인 정치적 참모부이자 대중적 정당이 되지 못한 채 공산당을 노동당으로 간판만 바꿔 단 꼴로 끝나고 말았다.

제
6
장

북조선 인민위원회의 수립과 계획경제 실시

| 1 |
역사적 첫 민주선거 실시

첫 민주적 선거 방침 제시

북조선노동당 창립으로 3대 건국과제 중의 하나인 건당 과제가 일
차적으로 완수되었다. 이제 군대와 정권 건설의 중요성이 전면으로 제
기되었다. 특히 합법적이고 안정적인 정권을 세우는 일이 가장 긴급하
고 절박했다. 그러면 임시인민위원회가 있는 조건에서 안정적인 정권
건설 과제가 왜 이처럼 중요했을까? 두 가지 이유였다.

첫째는 민주개혁의 공고화이다. 토지개혁을 비롯한 민주개혁에 불
만을 품은 일부 사람들은 임시인민위원회에서 실시한 개혁 조치는 정
식으로 정권이 수립되면 다시 물거품으로 될 것이라는 유언비어를 퍼
뜨렸다. 토지개혁으로 수천 년 만에 처음으로 자기 땅을 갖게 된 농민
들이 이런 선전에 속지는 않았지만, 임시정권 하에서 이루어진 토지
분배가 정식 정권이 수립되면 혹시나 무효로 되지는 않을까 하는 일
말의 불안감들이 있었다. 이런 불안감을 털어내려면 각종 민주개혁의
법적 토대를 더욱 공고히 할 필요성이 있었다. 민주개혁 제도들을 법
적 정치적으로 공고하게 만들려면, 합법적 절차를 거친 인민정권기관

을 세우고, 임시정권에서 추진되었던 각종 민주개혁 법령들을 확증해 줄 필요가 있었다.

둘째는 더 높은 수준으로의 변혁이 필요했기 때문이다. 1946년에 토지개혁을 비롯해 반제반봉건 민주주의 혁명단계에서의 변혁과제들이 완수되었다. 이로써 이북 사회는 민주주의 변혁단계로부터 사회주의 변혁단계로 접어들게 되었다. 이처럼 더 높은 변혁단계가 눈앞에 다다르자, 정권의 형태 문제가 제기되기 시작했다.

당시까지는 민주주의 변혁단계의 정권 형태와 사회주의 변혁단계의 정권 형태는 다른 것으로 보았다. 민주주의 변혁단계의 정권이 부르주아 정권이라면, 사회주의 변혁단계의 정권은 프롤레타리아(노동계급) 정권이며, 프롤레타리아 정권은 혁명을 통해 부르주아 정권을 폭력으로 뒤엎고 세워지는 것이었다. 그렇다면 사회주의 변혁단계로 들어선 이북에서도 민주변혁단계에서 수립했던 인민정권을 허물고 프롤레타리아 정권을 새로 세워야 하는 것이 아닌가 하는 문제가 제기되었다.

김일성 위원장은 반제반봉건 민주주의 혁명단계에서 수립한 인민정권을 부르주아 정권이라고 볼 수 없으며, 넓은 의미에서 프롤레타리아트(사회주의) 정권의 한 형태로 보았다. 그러므로 민주주의 변혁과제가 완수되었다고 해서 인민정권을 해체하고 다른 정권을 수립할 게 아니라 오히려 인민정권을 더욱 공고하게 하고, 인민정권의 기능과 역할을 더욱 강화해 사회주의 변혁과제를 수행해 나가야 한다는 독창적인 사회주의 정권 건설방식을 제시했다. 그는 1946년 9월 북조선노동당 중앙위원회 제2차 회의를 비롯한 여러 회의에서 우리나라 실정에 맞는 사회주의 정권 건설에 관한 독창적 방침을 제시했다.

"민주주의혁명이 완수되는 데 따라 북반부에서는 점차 사회주의혁명으로 넘어갈 수 있는 조건이 이루어졌습니다. 이로부터 우리 당은 우리 혁명의 무기인 인민정권을 사회주의혁명의 임무를 수행하는데 맞게 더욱 발전시킬 과업을 내놓았습니다."

이런 정권 건설 방식은 일찍이 사회주의 역사에 없었던 새롭고 독창적인 내용이었다. 인민정권은 사회정치적 기반이나 민주변혁의 내용에서 기존의 부르주아 정권(자본가 계급의 정권)이라기보다 사회주의 정권과 공통성을 가진 정권이었다. 따라서 노동계급이 영도하는 노농동맹에 기초하고 민주주의 민족통일전선에 의거한 인민정권의 형태를 그대로 두고 사회주의 변혁과제를 수행해야 한다. 그렇게 해야 사회주의 변혁단계에서도 각계각층 애국적 민주역량을 최대한 아우를 수 있으며, 민주변혁단계에서 고양된 대중의 혁명적 열정을 계속 높여 나갈 수 있다. 그리고 민주주의 변혁의 성과를 공고히 하면서 사회주의 혁명을 승리로 이끌어 나갈 수 있다.

김일성 위원장은 이처럼 사회주의 혁명과업을 수행할 사회주의 정권의 형태를 인민정권으로 규정했다. 이에 따라 인민정권을 사회주의 과업 수행에 맞게 민주적 선거를 통해 법적으로 공고하게 발전시키는 방식으로 사회주의 정권을 수립하는 길을 걸었다. 대체로 혁명 발전의 요구에 맞게 임시적 성격을 띤 정권을 법적으로 공고화하는 것은 정권 건설의 일반적 합법칙성이다. 이것은 직접선거와 간접선거 또는 각 정당, 사회단체 대표들이 참가하는 정치협상회의나 헌법제정회의 등 여러 가지 방식을 통해 실현된다. 김일성 위원장은 임시정권에 합법성을 부여하는 데서 가장 중요한 요소는 인민대중의 의사를 직접 반영하는 데 있다고 보고 전체 인민들이 직접 참가하는 민주적 선거 방식을 제안했다.

도, 시, 군 인민위원회 선거

이북에서의 첫 민주 선거는 두 단계로 나뉘어 진행되었다. 먼저 도, 시, 군 인민위원회 위원을 선출하는 선거가 치러지고, 다음 단계로 면과 리(동) 인민위원회 선거가 치러졌다. 1946년 9월 5일 북조선 임시인민위원회 제2차 확대위원회 회의에서 '북조선 면, 군, 시 및 도 인민위원회 선거에 관한 규정'이 채택되었다. 이에 따라 1946년 11월 3일, 이북의 모든 지역에서 도, 시, 군 인민위원회 위원선거가 시행되게 되었다. '규정'에서는 또 만 20세 이상의 모든 공민은 재산, 지식, 거주지, 신앙 여하를 불문하고 선거권과 피선거권을 가지며, 여성도 남성과 똑같이 선거권과 피선거권을 갖도록 했으며, 일반 · 평등 · 직접의 원칙에 따라 비밀투표를 하도록 했다.

입후보자를 추천할 수 있는 권리는 모든 민주주의적 정당, 사회단체 및 제 집단에 부여했다. 회의에서는 중앙선거지도위원회를 구성했다. 이어서 9월 말까지 도, 시, 군 및 구, 분구 선거위원회가 정연하게 꾸려졌다. 각급 선거위원회는 전국적으로 1만 5,934개였고, 노동자, 농민을 비롯한 각계각층 대표 8만 820명이 위원으로 위촉되었다.

김일성 위원장은 1946년 9월 25일 북조선노동당 중앙위원회 제2차 회의에서 한 '인민위원회 위원선거에 대하여'라는 보고에서 역사적인 첫 민주 선거의 승리를 보장하기 위한 제반 방안을 제시했다. 그는 당원들이 선거에 대해 정확하게 인식하고 전체 근로민중에게 선거의 의의와 그 진보성을 해설 선전하는 사업을 적극적으로 벌여나가자고 호소했다. 또한 선거를 통해 대중들이 인민정권에 대한 인식을 더욱 깊이 있게 가질 수 있도록 잘 알려주고 진정한 인민의 일꾼을 뽑도록 해야 한다고 강조했다. 아울러 통일전선의 단결 단합을 높이고, 대중들을 당 주위에 튼튼히 묶어 세워, 전체 민중들의 통일단결을 한 단계 높일 수 있도록 하자고 제안했다.

1946년 10월 9일 평안남도 강동군 삼등면 선거구에서 김일성 위원장을 대의원으로 추대했다. 이를 시작으로 이북 전역에서 후보 추천 작업이 진행되었다. 선거규정에 따르면 민주주의 정당, 사회단체들이 후보를 추천할 수 있다. 하지만 김일성 위원장은 자유선거의 폐단을 깨닫고 첫 선거에서는 공동입후보제를 도입하도록 이끌었다. 공동입후보제란 모든 민주주의적 정당, 사회단체들이 공동 후보 추천위원회를 구성해 누구를 추천할 것인가를 토의 결정하고, 그 후보를 출마토록 하는 제도이다.

일반적으로 자본주의 국가의 선거에서는 정당, 단체들이 각자 후보를 추천해 입후보하고, 치열한 경쟁을 통해 한 사람의 당선자를 뽑는다. 이것이 소위 자유선거이다. 자본주의에서는 이것을 '공정한 경쟁을 통해 주민의 이해와 요구를 잘 대변하고 지지받는 사람을 뽑아내는 가장 합리적인 최선의 선거제도'로 미화한다. 그 결과 자유선거가 가장 공정하고 민주적인 선거제도인 것처럼 널리 알려지게 되었다. 심지어 러시아에서 소비에트 혁명이 승리한 후 치러진 첫 선거에서도 각 정당 단체들이 공동보조를 취하지 못하고 각자 경쟁하는 바람에 볼셰비키당은 집권당임에도 불구하고 제2당으로 전락하고 말았다.

하지만 자유선거는 최상의 선거제도도 아니며, 공정한 선거제도도 아니다. 선거 과정에 수많은 돈이 들어가는데, 만일 돈이 없으면 선거에 출마할 수도 없고, 당선될 수도 없다. 자연히 노동자와 농민, 민중들은 자신의 대표를 선거에 출마시킬 수도 또 당선시킬 수 없다. 오로지 돈과 권력을 가진 집단의 대변인들 잔치판으로 되고 만다. 그곳에는 정의도 공정성도 존재할 여지가 없다. 더 큰 문제는 민중들의 통일단결을 위한 선거제도가 반대로 정치적 분열과 갈등, 혼란을 낳는 요인으로 되고 만다는 것이었다.

자유경쟁 선거제도의 이런 문제점을 극복할 길은 없는가? 이북에서는 이때 자유경쟁의 대안으로 공동입후보제에 기초한 선거제도를 내놓았다. 그들은 공동입후보제야말로 자유경쟁 선거의 근본적 폐단을 없앨 뿐만 아니라 불필요한 대립과 분열을 피하고 통일과 단결을 이룩할 수 있는 훌륭한 선거제도라고 평가했다.

미 군정은 북의 첫 선거를 무산시키기 위해 온 힘을 기울였다. 그들은 '선거는 아무것도 아니다', '선거가 비민주적이다', '선거 시기가 빠르다', '공동후보는 필요없다. 자유경쟁이라야 진짜 선거다', '선거 결과는 ○○당이 독판칠 것이다', '○○당은 이번에 세력을 잡지 못하면 파멸이다' 등의 주장을 내세우면서 공동입후보제를 파탄시키고 정당 사회단체 사이를 분열시키려고 애썼다. 민주 선거를 준비하는 과정은 바로 이런 선거방해 행동을 분쇄하는 치열한 계급투쟁 속에서 진행되었다.

민주적인 선거를 원만하게 치르려면 민중들을 각성시키고 일깨우는 선전사업을 획기적으로 강화해야 했다. 1946년 9월 21일 북조선임시인민위원회는 전국 선거구마다 선전실을 설치하고 각급 인민위원회와 정당 사회단체를 적극적으로 참가시켜 선전사업을 획기적으로 강화하도록 했다. 이에 따라 전국 각지에서 선전실을 꾸리기 위한 군중 활동이 활발히 벌어지고, 각 정당 사회단체에서 선전원을 추천 파견함으로써 광범한 대중 선전 활동이 활발히 펼쳐졌다. 평양에서는 7,466개의 선전선동조와 1,346명의 여성으로 조직된 여성선전대가 346개의 선거선전실을 중심으로 호별방문, 강연회 등 다양한 선전 활동을 벌였다. 온 나라는 선거 분위기로 끓어올랐다.

1946년 11월 1일 평양에서는 첫 민주 선거 경축대회가 개최되었다. 여기에서 김일성 위원장은 '역사적인 민주 선거를 앞두고'라는 연설을 했다. 연설에서 그는 임시인민위원회의 빛나는 업적과 인민적 성격을 밝히고, 새로 구성될 인민위원회의 과업과 민주 선거가 갖는 역사적 의의를 밝혔다. 그리고 파괴세력들의 온갖 비방 중상의 허구성을 낱낱이 폭로하고 선거의 민주성과 민중성을 다시 밝혔다.

1946년 11월 3일 첫 민주 선거가 치러졌다. 전체 민중들은 이른 새벽부터 명절 옷차림에 깃발과 꽃다발을 들고 춤추고 노래 부르며 첫 선거를 경축했다. 총 유권자의 99.6%가 투표에 참가했으며, 찬성 투표의 비율은 도 인민위원회 선거에서 97%, 시 인민위원회 선거에서 95.4%, 군 인민위원회 선거에서 96.9%였다. 선거로 각계각층 인민들의 진정한 대표들이 위원으로 선출되었다. 선출된 도, 시, 군 위원들의 계급계층별 구성은 다음과 같다.

	노동자	농민	사무원	문화인	상인	기업가	종교인	전 지주
위원 수	510명	1,256명	1,056명	311명	145명	73명	94명	14명
비율(%)	14.7	36.4	30.5	9.0	4.2	2.1	2.7	0.4

도, 시, 군 인민위원회 위원들의 계급계층별 구성표

11월 3일 선거결과는 도, 시, 군 인민위원회가 노동자, 농민을 비롯한 각계각층 인민의 진정한 대표들로 조직된 인민의 정권기관이라는

것을 실증해 주었다. 위의 표를 보면, 인민위원회가 각 정당, 사회단체
를 망라한 민주주의 민족통일전선에 기초하고 있으며, 광범한 인민대
중의 이익을 대표하는 진정한 인민정권임을 뚜렷이 알 수 있다.

평양특별시 인민위원회와 6개 도 인민위원회(평안남도, 평안북도, 함경
남도, 함경북도, 황해도, 강원도)와 12개 시 인민위원회, 90개 군 인민위원회
가 조직되었다. 도, 시, 군 인민위원회는 지역의 주권적 기능과 행정적
기능을 동시에 수행하는 지방 정권기관이었다. 도 인민위원회는 중앙
정권기관에, 시, 군 인민위원회는 도 인민위원회에 복종한다. 이북에
서는 '1946년 11월 3일, 첫 민주 선거는 우리 민족이 자체의 힘으로 자
주독립국가를 세울 수 있다는 것을 온 세상에 과시한 역사적 사건'이
라고 평가하고 있다.

면, 리(동) 인민위원회 선거

첫 민주 선거 후 면, 리(동) 인민위원회 선거사업이 추진되었다. 북조
선 임시인민위원회는 리(동) 인민위원회 위원선거를 1947년 2월 24일,
25일에, 면 인민위원회 위원선거를 3월 5일에 시행하도록 결정했다.
김일성 위원장은 1947년 1월 11일 민전(북조선 민주주의 민족통일전선) 중
앙위원회 제9차 회의에서 면, 리(동) 인민위원회 위원선거를 계기로 민
전을 더욱 강화할 것을 강조하고, 후보자는 유권자 총회에서 직접 추
천하며, 농민의 이익을 가장 철저히 대표할 수 있는 사람을 내세워야
한다고 하면서, 특히 여성들을 많이 내세울 것을 강조했다.

각급 당 단체와 정권기관, 사회단체에서는 선거에서 승리하기 위한
조직정치사업을 힘있게 벌여나갔다. 먼저 중앙선거위원회를 비롯해

2만 3,987개의 각급 선거위원회기 조직되었다. 선거위원회 위원 총수는 12만 2,051명이었는데, 그중 농민위원이 차지하는 비중이 80.6%였다. 이는 선거가 주로 농촌 지역에서 치러졌기 때문에 모범적인 농민들이 핵심으로 조직된 탓이다. 또 선거규정에 따라 선거구와 분구를 조직하고, 유권자 명단을 작성하는 등 선거에 필요한 조직사업을 치밀하게 준비해 나갔다.

선거 조직사업을 강화하는 한편 선거 선전 활동을 전 군중적인 운동으로 벌여나갔다. 1947년 1월 11일 각 정당, 사회단체의 선전 책임자, 출판 보도부문 책임자들을 망라한 중앙 선거선전위원회를 새로 꾸렸다. 그리고 그 산하에 도, 군 선거선전위원회, 면에는 선전대, 리에는 선전원, 부락에는 다섯 집씩 맡아 선전하는 5호 반장을 두었다. 선전원들은 다양한 형식과 방법으로 선전사업을 정력적으로 벌여나갔다. 선전사업이 전 군중적 운동으로 활발히 벌어짐으로써 유권자들의 정치적 열의가 매우 높아졌다.

2월 24일~25일에 치러진 리(동) 인민위원회 선거에는 유권자의 99.85%, 3월 5일에 치러진 면 인민위원회 위원선거에는 총 유권자의 99.98%가 참가하여 노동자, 농민을 비롯한 각계각층 인민의 진정한 대표들이 당선되었다. 선거 후 하부 말단 단위의 지방 정권기관인 리(동) 인민위원회와 면 인민위원회가 조직되었다. 선거를 통해 탄생한 각급 인민위원회는 법적으로 공고화된 정권기관이었다.

| 2 |
북조선 인민위원회 수립

도, 시, 군, 인민위원회 대회

1946년 11월 3일 도, 시, 군 인민위원회 위원선거로 민주주의 민족통일전선에서 공동으로 추천한 입후보자 총 3,459명이 당선되었으며, 노동자, 농민을 비롯한 근로대중 출신이 압도적 다수를 차지했다. 이런 선거결과를 토대로 중앙정권기관 강화사업이 추진되었다. 우선 최고주권기관(북조선 인민회의)과 최고집행기관(북조선 인민위원회)을 분리 설치하기로 하고, 북조선 임시인민위원회를 법적으로 공고한 중앙정권기관으로 발전시켜 나갔다. 국가기관 체계에서 인민대표기관인 주권기관과 그 행정적 집행기관을 분리하고 행정적 집행기관에 대한 주권기관의 일상적인 감독과 통제를 실현하도록 하자는 것이다. 행정기관들이 인민을 위해 복무하도록 만들기 위해서였다.

그런데 1946년 11월 3일 선거에서는 중앙주권기관을 구성할 대의원 선거는 빠졌다. 왜 그랬을까? 정세를 주목해보자. 당시는 비록 지지부진하게 진행되고 있었지만 미소공동위가 활동하고 있을 때였다. 미소공동위의 핵심과제는 '조선민주주의임시정부'를 세우는 것이었다.

이것을 둘러싸고 미국과 소련, 남과 북, 제 정당 단체들 사이에서 치열한 대립과 갈등이 벌어지고 있었다. 이럴 때 이북에서 중앙주권기관을 구성하기 위한 대의원 선거를 한다면 곧 미소공동위 결정사항 부정으로 오해될 소지가 있었기 때문에 중앙주권기관 대의원 선거를 하지 않은 것이다. 하지만 미소공동위는 휴회상태에 빠져 있었고, 언제 재개될지 모르는 상황이었다. 미소공동위만 믿고 중앙주권기관과 집행기관 구성을 마냥 늦출 수만은 없었다. 어떻게 하면 미소공동위의 결정사항을 부정하지 않으면서도 중앙주권기관과 집행기관을 세울 수 있을 것인가? 김일성 위원장은 통일 임시정부가 수립되면, 곧바로 그 기능과 역할을 통일정부에 이관하기로 하고 북조선 최고주권기관과 집행기관을 창설하면 될 것이라고 결론을 내리고 최고주권기관으로서 북조선 인민회의를 창설하기 위한 도, 시, 군 인민위원회 대회를 소집했던 것이다.

1947년 2월 17일 평양에서 최고주권기관 창설을 위한 도, 시, 군 인민위원회 대회가 소집되었다. 대회는 '북조선 도, 시, 군 인민위원회 대회 대표선거에 대한 규정'에 기초해, 도, 시, 군 인민위원회 위원 3명당 1명의 비율로 선출된 대표와 민주주의 정당, 사회단체 추천 대표(각 5명씩)로 해서 총 1,159명으로 구성되었다. 선출된 대표들의 출신 성분별 구성은 다음과 같다.

	노동자	농민	사무원	교원	의사	기술자	문화인	상인	수공업자	기업가	종교인	기타	계
인원	329	318	330	45	23	39	3	8	6	11	34	13	1,159
비율(%)	28.4	27.5	28.4	4.0	1.9	3.4	0.3	0.7	0.5	0.9	2.9	1.1	100

도, 시, 군 인민위원회 대회 대표 출신 성분별 구성

대회는 2월 20일까지 나흘간 진행되었다. 김일성 위원장은 인민위원회 선거 총화, 북조선적인 합법적 중앙집행기관으로서의 북조선 인민위원회 구성 등에 대해 보고했다.

대회에서는 '북조선 임시인민위원회'가 제정 공표한 모든 법령을 승인했다. 1946년도에 제정 공표된 토지개혁, 산업국유화 등 각종 민주개혁조치에 관한 법령들을 법적으로 승인함으로써 모든 법령이 민주주의적 형식을 완벽하게 갖추게 되었고, 민주개혁 조치들이 임시적인 것이 아니라 전체 인민들의 승인을 받은 항구적인 법적 요건을 갖추게 되었다. 이로써 '북조선 임시인민위원회'에 의해 공표된 제반 법령과 조치들이 임시적인 것에 불과하다고 헛소문을 퍼뜨렸던 친일지주 등 민주개혁조치 반대 세력에게 커다란 타격을 주었다.

대회에서는 또 1947년 인민경제발전계획을 채택했다. 김일성 위원장은 우리 민족의 역사에서 처음으로 1947년 2월 19일 '1947년 인민경제발전계획에 대하여'라는 보고를 했다. 김일성 위원장의 경제발전계획은 참석한 대표들의 열렬한 지지 속에서 채택되었다.

대회에서는 또 북조선 인민위원회 구성 문제가 집중적으로 토론되었다. 통일 임시정부가 수립되는 날 북조선 인민회의와 인민위원회는 그 기능과 권한을 통일임시정부에 넘기고 발전적으로 해소하기로 했다. 이에 따라 북조선 인민회의 창설에 관한 결정서가 채택되고, 인민회의에 관한 규정, 대의원 선거 수속에 관한 규정도 채택되었다.

대회 마지막 날인 2월 20일에는 '북조선 인민회의 대의원 선거절차에 관한 규정'에 따라 최고주권기관으로서 북조선 인민회의를 새롭게 구성하기 위한 인민회의 대의원을 선출했다. 인민회의 대의원 선거는 민주주의적 원칙에 기초해 도, 시, 군 인민위원회 대표 5명당 1명의 비율로 비밀투표 방법으로 실시되었다. 선거 결과 북조신 인민회의 대의원으로는 노동당을 비롯한 각 정당의 대표들과 노동자, 농민 등 각 계각층 인민의 대표들이 선출되었다. 인민회의 대의원들의 정당별 및 출신성분별 구성은 다음과 같다.

	노동당	민주당	청우당	무소속	계
대의원 수(명)	86	30	30	91	237
비율(%)	36	13	13	38	100

인민회의 대의원 정당별 구성

	노동자	농민	사무원	인텔리	기업가	상인	수공업자	종교인	계
대의원 수	52	62	56	36	7	10	4	10	237
비율(%)	22	26	24	15	3	4	2	4	100

인민회의 대의원 출신성분별 구성

북조선 인민회의 대의원들이 선출됨으로써 최고주권기관으로서 북조선 인민회의가 구성되었다. 북조선 인민회의는 인민정권의 새로운 형태로서 이북 지역에서 입법권을 행사하는 최고주권기관이었다. 북조선 인민회의는 비상설 인민대표 주권기관으로서 정기적인 회의를 하고, 휴회 중에 사업을 맡아보는 상설기관으로 인민회의 상임위원회를 두도록 했다.

북조선 인민위원회 구성

1947년 2월 21일 북조선 인민회의 제1차 회의가 열렸다. 김일성 위원장은 '북조선 임시인민위원회 사업총화에 대하여'라는 보고를 통하여, 북조선 임시인민위원회가 실시한 모든 정책과 성과를 거론하고 혁명 발전의 새로운 요구에 따라 인민의 총의로 조직된 북조선 인민회의 앞에 자기의 정권을 이양한다고 선언했다.

"북조선 임시인민위원회는 자기의 기본과업을 옳게 수행했다고 말할 수 있습니다. 전체 인민의 총의로 조직된 북조선 인민회의는 오늘부터 최고주권기관으로 됩니다. 그렇기 때문에 북조선임시인민위원회는 자기의 정권을 북조선 인민회의에 이양합니다."

첫날 회의에서 북조선 인민회의 상임위원회가 구성되었다. 상임위원회는 의장 김두봉(노동당), 부의장 최용건(민주당), 부의장 김달현(청

1947년 2월 북조선민주주의 민족통일전선 건물 앞에서 북조선 인민위원회 주요 간부들이 기념촬영을 했다. 앞줄 왼쪽으로부터 최용건, 강양욱, 김책, 김일성, 김달현, 허성숙, 이강국, 두 번째 줄 왼쪽부터 첫 번째 박일우, 네 번째 장시우, 다섯 번째 정준택, 세 번째 줄 왼쪽부터 김정주, 최창익, 다섯 번째 한설야

우당), 서기장 강양욱(민주당), 상임위원 김책(노동당), 강진건(농맹), 박정애(농맹), 최경덕(직총), 이기영(민예총), 김제원(농민), 김상철(노동당) 등 총 10명의 상임위원으로 구성되었다.

또 '북조선 인민위원회에 관한 규정'이 채택되어 '제반 결정 및 지시의 권한'과 '북조선 인민회의 휴회 중 북조선의 각 국가기관, 산하단체, 공민에게 적용한 제반 법률을 제정할 권한'을 갖게 되었으며, 출석인원 과반수의 찬성을 얻어 안건을 결정할 수 있게 되었다 이어서 김일성 위원장을 북조선 인민위원회 위원장으로 추대하고, 북조선 인민위원회 구성에 관한 제반 사항을 위임하기로 했다.

회의 둘째 날인 1947년 2월 22일부터 위임에 따라 김일성 위원장이 회의를 조직했다. 북조선 인민위원회는 최고집행기관으로서 전원회의와 상무위원회, 부문별 부서를 두도록 했다. 북조선 인민위원회는 북조선 인민회의 결정에 따라 결정과 지시를 내며, 휴회 기간에는 법률을 제정하고 공표하는 권한을 갖게 되었다. 위임에 따라 김일성 위원장이 선임한 간부는 부위원장 김책과 홍기주, 사무장 한병옥, 기획국장 정준택, 산업국장 이문환, 내무국장 박일우, 외무국장 이강국, 재정국장 이봉수, 교통국장 허남희, 농림국장 이순근, 체신국장 주황섭, 상업국장 장시우, 보건국장 이동영, 교육국장 한설야, 양정부장 송봉욱, 선전부장 허성숙, 간부부장 장종식, 총무부장 김정수였다.

북조선 인민위원회는 북조선 임시인민위원회와 변혁 임무 수행의 측면이 다르다. '북조선 임시인민위원회'는 민주주의 변혁과제를 수행하는 민주변혁단계의 정권이나, 북조선 인민위원회는 민주변혁과제의 이행이 완수되고 변혁운동이 사회주의 단계로 접어들면서 제기되는 사회주의적 과제를 수행하는 사회주의 변혁단계 정권이다. 이에 대해 김일성 위원장은 다음과 같이 설명했다.

"역사적인 첫 민주 선거를 실시하고 북조선 인민위원회를 창립하였습니다. 이것은 우리나라에 탄생된 첫 프롤레타리아 독재정권이었습니다. 북조선 인민위원회는 사회주의 혁명과 사회주의 건설의 강력한 무기로서 점차 사회주의에로 넘어가는 과도기의 임무를 수행하며 인민경제를 계획적으로 발전시키기 위해 투쟁했습니다."

1947년 2월 22일 북조선 인민위원회가 정식으로 출범했다. 이북의 역사학자들은 '김일성 위원장의 지휘 밑에 중앙에서 지방에 이르기까지 정연한 체계를 갖춘 인민위원회가 수립됨으로써 혁명과 건설을 성과적으로 수행해 나갈 수 있는 강력한 무기가 마련되었다'라고 그 의미를 부여했다.

| 3 |
1947년 인민경제발전계획

  1947년 2월 19일 도, 시, 군 인민위원회 대회에서 1947년 인민경제
발전계획이 채택되었다. 해방된 지 겨우 한 해가 지났을 뿐인데, 인민
경제발전계획을 세운다는 것은 결코 간단한 일이 아니었다. 이 과정에
는 많은 일화와 논쟁들이 있었다.

  인민경제발전계획이 논의되기 시작한 것은 1946년 가을, 해방된 지
만 일 년이 지난 즈음이었다. 장구한 인류 역사의 길이와 시간에 비하
면 일 년은 순간에 불과하다. 하지만 그 일 년 사이에 이북에서는 인류
역사가 경험해 보지 못한 거대한 역사적 변혁이 일어났다.

  일제는 곱게 물러가지 않았다. 모든 공장을 폐허 상태로 파괴해버
렸다. 조선 인민혁명군이 조국에 개선했을 때는 철도도 멎고, 공장도
멎었을 뿐 아니라 식량도 구할 수 없었다. 공장을 다시 살리려 해도 변
변한 기술자 한 명 없었다. 일제는 조선인 노동자들에게 기술이 흘러
가는 것을 철저히 막았다. 공장에서 일했던 노동자 중에 기계를 다룰
수 있는 사람은 손꼽을 정도로 귀했다. 소련의 도움도 기대할 수 없었
다. 오히려 그들은 수풍발전소 기계들을 적산이라는 이름으로 뜯어갈
정도로 방해만 되었다. 이 기계들은 훗날 김일성 위원장의 강력한 문

제제기로 돌려받았다.

북은 이런 조건에서 나라를 세우기 시작했다. 당을 창립하고 인민정권을 세웠다. 토지개혁을 해서 이북 인구의 70~80%의 비중을 차지하는 농민들에게 땅을 나누어 주었고, 노동법령을 제정해 지난날 천대받던 노동자, 사무원들을 자본가들의 착취와 억압에서 해방했다. 남녀평등권법령은 일제와 봉건제도의 이중적인 억압을 받던 여성들을 해방해 사회활동에 참가할 수 있게 했다.

산업국유화로 주요 공장, 기업과 철도, 운수, 체신 일체가 민중의 것이 되었다. 소학교, 중학교, 전문학교를 많이 세우고 종합대학을 창설하여 노동자, 농민의 자식들이 마음껏 공부할 수 있게 했으며, 병이 나도 약 한 첩 써보지 못하고 죽어야만 했던 노동자, 사무원들이 약값 근심을 모르고 치료를 받을 수 있게 되었다. 보통강 개수공사로 수백 년 세월 장마철이면 집을 잃고 목숨을 잃던 평양시민들이 이제는 물난리 걱정을 하지 않게 되었다. 농업과 전력공업에 힘을 쏟아 말 그대로 대풍작을 이룩하고 이북 지역에 있었던 모든 발전소와 변전소를 살려냈다. 철도운수를 되살리고, 금속공장들을 살려냈다. 항일무장투쟁시절 맨손으로 연길폭탄을 만들던 정신으로 자체의 힘으로 무너진 경제를 하나하나 복구해 이런 역사적 기적을 창조했다.

독창적 경제건설 노선의 제시

1946년 가을에 접어들면서 이북 경제는 사회주의 이행의 과도기에 접어들었다. 민주개혁이 완성된 조건을 활용하여 나라의 경제를 부흥발전시켜야 할 새로운 과제가 제기되었다. 이런 과제를 수행하려면 인민경제의 세획화가 절실하게 요구되었다.

하지만 당시 계획경제를 운영하는 것은 아주 생소했다. 기업관리에 대한 경험도 없었으며 원료, 자재, 자금도 거의 없었다. 남북으로 분열된 조건에서 나라의 모든 자원과 생산잠재력을 통일적으로 이용할 수도 없었다. 게다가 미 군정청을 중심으로 반북 대결 세력들은 이북경제발전을 파탄시키려고 온갖 공작들을 획책하고 있었다.

이런 조건에서 경제를 계획적으로 발전시킨다는 것은 불가능하다고 생각하기 쉽지만, 김일성 위원장은 첫 인민경제계획을 세우는 길을 선택했다. 그는 경제건설의 첫 단계를 부흥기로 규정하고, 경제건설의 기본방향을 구체적으로 제시했다. 1946년 10월 18일, 과학자 기술자대회, 1946년 12월 3일, 각 도 인민위원회 산업부장 및 국영기업 지배인 회의, 1947년 2월 19일, 북조선 도, 시, 군 인민위원회 대회에서 자립적 민족경제 건설 노선을 경제건설의 기본원칙으로 제시했다.

> "민주주의독립국가를 건설하기 위하여서는 반드시 자기 민족의 자립적 경제의 기초를 확립하여야 하며 자립경제의 기초를 확립하자면 인민 경제를 급속히 발전시켜야 합니다. 자립적 경제의 기초가 없이는 우리는 독립도 할 수 없고 건국도 할 수 없고 또한 살아갈 수도 없는 것입니다."

자립적 민족경제건설 노선은 항일무장투쟁 시기부터 구상해 왔던 것이었다. 김일성 위원장은 항일무장투쟁 시기에 소련 모스크바를 방문했을 때 주다노프(소련공산당 중앙위원회 정치국 위원 겸 비서)와 만났다.

그는 대화 도중 해방 후 조선의 건국에 어떤 형태의 지원을 바라느냐고 물었다. 이때 김일성 위원장은 다음과 같이 답변했다고 한다.

> "저는 '소련이 독일과 4년 동안이나 전쟁을 했고 앞으로 또 일본과도 큰 전쟁을 치러야 하겠는데 무슨 힘으로 우리를 도와주겠는가. 도와준다면 물론 고맙겠지만 우리는 될수록 자체의 힘으로 나라를 세우려고 한다. 힘들더라도 그렇게 하는 것이 장래를 위해서 좋다고 도와주겠는가, 우리나라에는 역대적으로 사대주의가 망국의 근원으로 존재해왔다. 새 조국을 건설할 때는 사대주의로 인한 피폐가 절대로 없게 하자는 것이 우리의 결심이다. 우리가 기대하는 것은 우리나라에 대한 소련의 정치적 지지이다. 소련이 앞으로 국제무대에서 우리를 적극적으로 지지해주고 조선 문제가 조선 인민의 이익과 의사에 맞게 해결되도록 힘써주기 바란다'라고 하였습니다."
>
> – 회고록 『세기와 더불어』 제8권 중에서

당시 자립적 민족경제 건설 노선은 그 어떤 경제이론서에도 나오지 않았고, 개념조차 없었던 때였으므로 지구상에서 처음으로 제기된 노선이었다. 북의 이론에 따르면, 자립적 민족경제는 자기 힘에 의거하여 제 발로 걸어 나가는 경제, 자기 인민을 위하여 복무하는 경제이다. 이것은 자기 인민의 자주적 요구와 이익을 실현해 주는 것을 목적으로 하는 인민적 경제이며, 다방면적이며 종합적 경제이며, 현대적 기술로 장비된 경제이다. 자립적 민족경제는 자체의 튼튼한 원료, 연료, 동력 기지에 의거하여 발전하는 것을 기본으로 한다.

이런 자립적 민족경제 건설은 나라의 자주독립과 민중들의 생활 향상을 위한 절실한 요구였다. 정치적 독립을 달성하여도 경제적 자립을 이룩하지 못하면 나라의 완전 자주독립과 민중들의 행복한 생활을 보장할 수 없었다.

과도기 첫 경제발전의 기본방향은 파괴된 경제를 복구하는 데 그치지 않고 일제 통치로 인하여 왜곡되고 뒤틀린 경제적 폐해를 바로잡으며 국영 부문이 지배적 지위를 차지하도록 하는 방향에서 민족경제를 부흥시키는 것이었다. 김일성 위원장은 다음과 같이 언명했다.

> "우리 당 경제정책의 기초는 중요한 공업 부문들과 철도운수, 체신, 대외무역 및 금융기관에 대한 국가의 직접적 계획관리를 보장하며, 인민경제 발전에서 국영 부문의 지도적 역할을 부단히 강화하는 기초 위에서 국영 부문과 협동조합 부문과 개인 경리 부문을 옳게 결합하는 데 있습니다."

이상과 같은 원칙과 방향에서 1947년도 인민경제계획 작성을 추진해 나갔다. 먼저 인민경제계획 수립에 대한 내부적 토의과정을 보자. 사대주의에서 벗어나지 못한 일부 간부들은 인민경제계획 수립 자체를 반대했다. 그들은 인민경제발전계획은 사적 소유가 완전히 철폐된 사회주의사회에서만 실시할 수 있다고 고집했다. 이북에는 사회주의 경제형태, 소상품 경제형태, 자본주의 경제형태 등 세 가지 경제형태가 공존하고 있는데 이런 처지에서 전반적 인민경제발전계획을 작성하는 것은 무리라는 주장이었다.

찬성론자들은 중요산업이 국유화되기 전에는 계획경제를 실시할 수 없었지만, 산업국유화 법령 이후 90% 이상의 산업이 인민의 수중에 장악된 상황에서는 얼마든지 계획경제를 실시할 수 있다고 주장했다. 경제를 계획화해야 나라의 경제를 올바르게 운영해 나갈 수 있고 민중 생활 문제도 해결할 수 있다고 주장했다. 김일성 위원장은 민중 속에 들어가 해답을 찾아야 한다고 말한 후 계획화 문제를 공장 노동자들 속에 들어가 토론할 것을 지시했다. 이런 과정을 거쳐 '1947년 인민경제발전계획'이 작성되었다.

1947년 인민경제발전계획

우여곡절 끝에 이북에서는 계획경제의 길로 접어들었다. 1947년 인민경제발전계획은 1947년 2월 19일 북조선 도, 시, 군 인민위원회 대회에서 공식적으로 발표되었다. 김일성 위원장은 대회에서 '1947년 인민경제발전계획에 대하여'라는 연설을 통해 이를 발표했다. 그 내용의 일부를 인용하면 다음과 같다.

> "오랫동안에 걸친 일제 통치의 결과인 우리 인민경제의 식민지적 기형성과 편파성을 없애며, 우리 인민의 물질문화 수준을 높이기 위해서는 민족경제의 자립적 토대를 닦는 것이 필요합니다. 이 기본적인 과업을 수행하기 위해 1947년에는 다음과 같은 과업을 해결하여야 합니다.
>
> **첫째**, 많은 기업소를 복구하여 조업하게 함으로써 공업생산을 1946년도에 비해 약 2배로 높여야 하겠습니다.

둘째, 생산조직을 개선하며 독립채산제를 받아들이고 경제 절약을 엄격히 실시하며 도급제를 널리 적용하여 노동 생산능률을 높이고 생산을 빨리 늘리며 근로자들의 생활을 개선하여야 하겠습니다.

셋째, 석탄공업을 복구 발전시켜 채탄량을 늘림으로써 연료에 대한 공업과 운수의 수요를 충족시켜야 하겠습니다.

넷째, 운수 특히 철도운수 부문의 사업을 근본적으로 개선하여야 하겠습니다. 우리는 철도를 정확하고 신속하게 운행하여 인민경제의 모든 부문에 필요한 물자의 수송을 원만히 보장하여야 하겠습니다.

다섯째, 농촌경리와 일용품 공업을 발전시켜 식량과 생활필수품에 대한 주민들의 수요를 해결하여야 하겠습니다.

여섯째, 국가 상업 및 소비조합 상업망을 늘리고 소비조합 상업망을 산골마을까지 배치하여 도시와 농촌 사이의 상품교류를 원활히 보장하여 주민들에게 일용필수품을 제대로 공급하도록 하여야 하겠습니다. 국영공업과 협동단체 공업에서 일용품 생산을 발전시키는 것과 함께 개인자본을 필수품 생산과 상품유통 분야에 끌어들이며 개인들의 창발성을 여러 방면으로 장려하도록 하여야 하겠습니다."

1947년 인민경제발전계획은 공업생산을 1946년 대비 192%, 국영공업 부문의 종업원 수를 20% 늘리고 노동 생산능률을 48% 향상하자는 것이었다. 석탄채굴량은 1946년에 비해 2배 이상 늘리도록 했다. 화학비료 생산은 1946년에 비해 거의 2배 이상으로 높이며 금속공업은 1946년도에 비해 선철 2배, 강철 1.3배, 합금철 5배 늘리도록 했다. 또 알곡 수확고는 1946년보다 30만 톤(118.6%) 늘리도록 했다. 특이한 것은 의약품 무료공급제 채택이었다.

김일성 위원장은 인민경제발전계획을 채택한 것은 민주주의 독립국가 건설에서 가장 중요한 성과의 하나라고 강조하면서, 자립적 민족경제의 기초가 없이는 독립할 수도 없고 건국도 할 수 없고 또 살아갈 수 없다고 했다. 자립적 민족경제의 토대를 튼튼히 닦기 위해 처음으로 인민경제를 계획적으로 발전시키는 창조적인 투쟁에 모든 힘을 다 바치자고 호소했다. 여기서 주목할 것은 1947년 인민경제발전계획은 그 어떤 원조나 차관에 의존하지 않고 자체의 수입과 지출에 의거하는 자주적 국가종합예산이었다는 점이다.

첫 인민경제계획의 완수 여부가 초미의 관심사로 떠올랐다. 과연 식민지 지배로 경제가 왜곡되고 뒤틀려 있을 뿐 아니라, 일제가 패망하면서 대다수 공장을 파괴했기 때문에 폐허 상태나 다름없는 나라에서 외부의 지원도 없이 자체의 힘으로 매우 높게 책정한 인민경제계획을 과연 달성할 수 있겠는가? 당시 이북의 정치지도자들은 첫 인민경제계획 완수 여부는 단순한 경제 실무적 문제가 아니라 매우 심각한 정치적 문제로 인식했다. 그것은 나라가 자주적으로 발전할 수 있는가, 자기 손으로 자주독립 국가를 건설할 수 있는가를 내외에 보여주는 시금석이라고 생각했다.

첫 인민경제계획을 수행한다는 것은 수많은 난관을 헤쳐가야 할 쉽지 않은 문제였다. 많은 공장이 파괴되었고, 공장에는 원료와 자재가 부족했으며, 인민경제발전에 돌릴 국고 자금도 얼마 없었다. 그러나 더 큰 문제는 내부의 반발이었다. 첫 인민경제계획이 발표되자 일부 간부들은 "준비도 될 됐는데 경세의 계획화를 너무 빨리 서둘렀다", "계획 숫자가 너무 높아 실행하기 불가능하다"라고 뒤에서 쑥덕공론을 하면서 계획의 관철에 크게 힘을 쏟지 않았다. 이북에 적대적인 세력들은 '허황한 계획', '절대 실현 불가능한 계획'이라고 비방 중상하고, 한 발 더 나아가 계획수행을 파탄시키려고 온갖 책동을 벌였다.

실제로 첫 달 인민경제계획은 목표 달성에 실패했다. 전국적으로 1월 생산계획을 40% 정도밖에 달성하지 못했다. 그러자 비관론자들이 들고일어났다. 목표계획을 너무 높게 잡았다느니, 원래 계획경제를 실시할 조건이 갖추어져 있지 않다느니 하면서 떠벌였다. 그리고 목표계획을 낮게 수정하자고 제기했다. 그러나 김일성 위원장은 이런 견해에 동의하지 않고 인민경제계획을 그대로 밀고 나가자고 했다. 그리고 인민경제계획 관철에 어떤 문제가 있는지 파악하기 위해 전국 각지의 공장 기업들을 찾아다녔다. 그 과정에서 목표달성에 실패한 요인을 찾아냈다.

그것은 다름 아닌 관료주의였다. 인민정권의 행정관료들은 낡은 잔재를 털어내지 못하고 일제강점기처럼 관료주의적으로 일하고 있었다. 사무실에 앉아서 계획 숫자를 아래 단위로 내려보내고 할 일을 다 했다고 생각했다. 공장 간부들 역시 생산의 직접적 담당자인 근로자들과의 사업을 등한시함으로써 근로자들의 대중적 창발성과 열정이 잘 발휘되지 못하고 있었다. 이것이 계획 미달의 핵심요인이었다.

김일성 위원장은 난관을 뚫고 나갈 비결은 근로 인민대중의 힘을 옳게 조직하는 데 있다고 보고 대중과의 사업을 획기적으로 개선하기 위한 대책을 세웠다. 1947년 3월 북조선노동당 중앙위원회 제6차 회의, 1947년 5월 북조선 인민위원회 제36차 회의 등을 통하여 관료주의를 타파하고, 인민경제계획을 성과적으로 추진해 가기 위하여 제시한 대책을 살펴보자.

첫째, 당이 경제건설에 무관심한 경향을 강하게 비판하고, 1947년 인민경제계획을 수행하기 위해 전 당을 총동원할 것을 제기했다. 당이 앞장서서 증산돌격운동을 강력히 전개하며, 당원들의 선봉적 역할을 높이고, 사회단체들을 잘 발동해 군중을 인민경제계획 수행 투쟁으로 불러일으키자고 호소했다. 이후 각급 당 위원회는 경제건설을 정치적으로 보장하는 데 힘을 집중하였으며 특히 공장 당 위원회가 생산과제 달성을 중심에 두고 당 활동을 벌였다.

둘째, 인민정권에서의 직업동맹의 임무와 역할을 바로 세우는 투쟁을 벌였다. 당시 노동당 내 일부 간부는 이북의 국영기업에서도 자본과 노동의 계급적 이익의 대립 관계가 존재하며, 지배인과 노동자 사이에 투쟁이 필연적이라는 이론을 퍼뜨렸다. 그는 노동자와 인민정권 사이에 마찰과 분쟁은 필연적이라면서 직맹의 사명과 임무는 노동자들의 요구를 대변하는 것이라고 주장했다.

김일성 위원장은 1947년 3월 19일 북조선노동당 중앙위원회 상무위원회 28차 회의에서 인민정권 하에서의 직업동맹의 기능과 역할을 왜곡하는 자들의 해독 행위를 비판 극복하기 위한 결정을 채택했다. 그리고 결정서를 일선에 내려보내 당원들과 직업동맹 일꾼들 속에서 인민정권 하에서의 직업동맹의 임무와 역할[11]에 대해 올바로 인식하도록 해설 사업을 벌였다. 그리하여 직업동맹이 1947년 인민경제계

---

11) 직업동맹은 당과 대중을 연결시키는 인전대이며 생산자 대중을 교양하고 경제건설
   사업에 조직 동원하는 대중정치조직이다.

획 목표달성을 위한 활동에서 주동적이고 적극적인 역할을 담당하도록 이끌었다.

셋째, 발전하는 현실에 맞게 행정 일꾼들의 정치 실무 수준을 높이는 한편 관료주의와 결별하고 민중적 사업작풍과 혁명적 사업방법을 갖출 수 있도록 했다. 기술인재 문제를 풀기 위해 초급기술 일꾼과 기능공을 키우기 위한 정규 기술교육 체계를 세우고, 관리일꾼들을 양성하고 재교육하기 위한 지배인 학교를 설치했다. 그리하여 공장, 기업마다 '일하면서 배우고 배우면서 일하자!'라는 구호 밑에 군중적인 기술 전습 운동이 벌어지게 되었다. 또 생산과정에서의 기술적인 문제를 풀기 위한 대중운동을 벌여나갔다. 중요 공장과 기업에서는 기술연구 경쟁운동이 벌어지고 창의 고안, 기능자 양성사업을 경쟁적으로 진행했다.

넷째, 근로자들 속에서 증산돌격운동을 불러일으켰다. 김일성 위원장은 1947년 신년사에서 1947년 인민경제계획을 달성하기 위한 증산경쟁운동의 불씨를 지펴 올렸다. 그는 흥남지구 공장이 차지하는 중요성을 고려해, 이곳에서부터 애국적 증산경쟁운동을 벌여나가도록 조치했다. 흥남지구에는 비료공장, 화학공장, 카바이드공장, 화약공장, 제련소 등 5개 공장이 있었다. 일제는 패망하면서 5개 공장을 동시에 전면 폭파하려다가 실패했다. 그러자 각 공장들을 개별적으로 폭파하고 기술문건과 특수제품들을 불사르거나 바다에 처넣어 한 톤의 비료도, 화학제품도 생산할 수 없게 만들고 도망갔다. 이 지역 공장들이 앞서 나가야 비료를 많이 생산해 어려운 식량문제를 효과적으로 풀 수 있었으며, 산업을 전반적으로 발전시켜 나갈 수 있었다.

그곳 공장들의 구체적 실태를 파악한 그는 1947년 1월 11일 '북조선 임시인민위원회'를 소집하고, '흥남지구 인민공장에 지령한 생산계획 완수를 위한 결정서'를 채택하여 흥남지구 공장 활성화 대책을 세웠다. 이후 1947년 2월 20일 흥남지구 공장들은 종업원대회를 열고 연간계획을 달성할 것을 결의하는 한편 전국 노동자들에게 증산 경쟁을 호소했다. 이 호소를 발단으로 공업의 모든 부문에서 증산 투쟁의 불길이 일어났고, 그것은 국가적 기념일을 계기로 더욱 확대되었다.

	참가공장 수(개)	참가인원 수(명)
3.1절 기념 증산경쟁	471	113,695
5.1절 기념 증산경쟁	414	114,734
노동법령 실시 기념 증산경쟁	272	106,077
8.15해방기념 증산경쟁	1,054	163,076
계	2,211	497,582

증산 경쟁운동 진행 정형표)(『노동신문』, 1947. 12 .3.)

김일성 위원장은 증산경쟁운동을 벌이면서 직접 노동자 대중 속으로 들어갔다. 1947년 3월 황해제철소를 찾아 노동자들과 만나 제철소 복구 방향을 제시하고, 3호 용광로와 해탄로 복구를 과업으로 주었다. 노동자들은 북구공사를 하루빨리 끝내기 위한 돌격운동을 벌였다. 황해제철소에서 불타오른 투쟁의 불길은 온 나라에 급속히 퍼져 경제 전반에서 연초의 부진상태를 떨치고 생산이 활성화되기 시작했다. 평양시 사동탄광과 연탄공장 노동자들은 3월 한 달 동안 생산 돌격운동을 전개하자고 전국 노동자들에게 호소했다. 이에 호응해 전국의 노동자들은 세찬 생산돌격전을 펼쳐 전례 없는 생산 앙양이 일어났다.

1947년 7월 21일 황해제철소 제2해탄로가 복구되어 조업식이 진행되었다. 김일성 위원장은 이 조업식에 직접 참석해 노동자들을 격

황해제철소를 현지지도하는 김일성 위원장

려 고무하고 3호 용광로도 하루빨리 복구하자고 호소했다. 황해제철소 노동자들은 7월 23일 종업원대회를 갖고 용광로 복구를 비롯한 연간계획을 달성할 것을 결의했다. 이 결의에 따라 황해제철소에서는 증산 투쟁의 불길이 세차게 솟아올랐다.

황해제철소 노동자들은 일제가 물러가면서 조선 사람들의 힘으로는 복구할 수 없다던 용광로를 자체의 힘으로 짧은 기간에 기어코 복구해 내는 데 성공했다. 1947년 12월 3일 복구된 3호 용광로에서 출선식이 거행되었다. 김일성 위원장은 이 출선식에 참석해서 자체의 힘으로 용광로를 복구한 것을 높이 평가했다. 황해제철소 노동자들은 1947년 12월 18일까지 강괴, 후판, 선철 등 연간생산계획을 초과 완수했다.

황해제철소에 이어 성진제강소, 강선제강소 등 금속공장들에서도 파괴된 생산설비들을 복구하고 철강재 생산을 늘리기 위한 증산 투쟁에 돌입했다. 성진제강소 노동자들은 원철 직장의 전기로를 사용하고 있었는데, 그 전기로는 일제강점기 때 아무런 노동 보호 장치 없이 3,300V의 고압 전류로 강철을 생산했던 위험한 설비였다.

1947년 9월 23일 김일성 위원장이 성진제강소를 찾았다. 독한 가스와 먼지가 꽉 차 있고 고압 전류가 흐르는 위험한 원철로에서 일하는 노동자들을 보고 가슴 아파하며 '강철이 아무리 귀중하다 해도 노동자들의 생명과는 절대로 바꿀 수 없다'고 하면서 원철로를 폭파하도록 지시했다. 김책 부위원장이 김일성 위원장의 지시를 받고, 직접 성진제강소에 내려가 전기로 폭파를 지휘했다.

이에 감격한 성진제강소 노동자들은 온갖 지혜와 창조적 적극성을 발휘해 끝내 새로운 제강법을 완성해 냈다. 성진제강소 노동자, 기술자들은 전기로, 압연기를 비롯한 많은 생산설비를 복구 개조하고, 연간 생산계획을 달성했다.

김일성 위원장은 1947년 농업생산계획을 달성하기 위한 전당적, 전국가적 대책을 세우고, 그 실현을 위하여 농민대중 속으로 들어갔다. 농민들은 이에 호응해 북조선 농민열성자대회(1947. 3. 13)를 비롯해 각 도, 시, 군에서 농민열성자대회를 열고 농업부문 과업 관철을 위한 결의를 다졌다.

농민들은 봄 파종을 하면서 관개 면적을 확대하기 위한 사업에도

모내기하는 김일성 위원장

힘을 모았다. 관개공사는 전국 모든 농촌에서 벌어져 1,16만 9,709명
이 참가하는 대중운동으로 진행되었다. 그해 7월 15일까지 전국적으
로 1만 8,747정보의 농경지가 새로 확보되었고, 한 해 사이에 55개의
관개공사가 완공되었다. 함경북도에서만 3,800정보의 논이 확장되고
평안남도와 강원도에서는 1만 정보 이상의 논이 개간되었다. 이것은
그 전해에 비해 112.4%로 늘어난 수치이다. 김일성 위원장이 1947년
6월 7일 미림벌에 나가 직접 모내기를 하며 농민들을 격려한 이야기
는 지금도 유명하다.

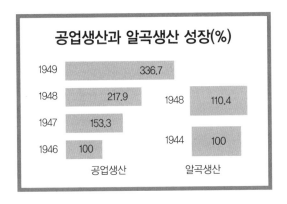

이런 노력 끝에 1947년도 인민경제발전계획은 모든 부문에서 초
과 수행되었다. 1947년 공업총생산액은 102.5%로 초과 달성되었다.
1946년에 비해 볼 때 공업생산은 70%이상 늘어났으며, 노동 생산능률
은 51% 높아졌다. 공업부문별로 보면, 전기기계공업은 137%, 석탄공
업은 105.2%, 광석채굴업은 104.5%, 화학공업은 107.3%, 건재공업은
109.6%, 경공업은 104.4%로 초과 완수되었다.

1946년에 비해 1947년 기계공업은 405.1%, 금속공업은 234.6%로
성장하는 등 국영공업이 전반적으로 발전함으로써 국영공업이 차지

전기 공업	석탄 공업	광업	금속 공업	기계 공업	화학 공업	건재 공업	경공업
149.4%	217.0%	191.5%	234.6%	405.1%	142.6%	305.9%	173.6%

1946년도를 100으로 했을 때 1947년도 국영공업 성장표(『조선중앙연감』, 1950)

하는 비중이 80.2%에 달했다. 또 전력생산은 1946년도에 비해 143%, 전기기구 생산은 717% 늘어났으며, 철도운수부문의 화물수송계획은 138%로 초과 완수되었는데, 전년에 비해 2.5배 늘어난 수치이다. 경공업부문에서도 천과 일용품 생산이 급속히 성장했다. 전년에 비해 면직물은 229%, 견직물은 295%, 양말은 185%, 뜨개속옷은 234%, 수건은 202%, 고무신은 176%, 양단은 238%로 성장했다.

농업생산에서도 비약적 성장을 이룩했다. 1947년 논과 밭 파종면적은 계획보다 100.4%로 넘쳐 확보되었으며, 알곡수확고는 1946년보다 19만 톤이나 더 늘어났다. 농민들의 헌신적 투쟁으로 2만 정보의 땅에 물을 대는 56개 소의 관개공사가 완공되었고, 곡창지대가 홍수 피해를 입었음에도 불구하고 전해보다 17만 톤의 알곡을 증산하는 대풍작을 이루었다.

이런 성과는 인민경제발전계획 수립에 대한 회의와 불신을 없애는 한편, 전체 민중들이 인민경제계획의 정당성을 깨닫고 자기의 힘으로 부강한 자주독립국가를 건설할 수 있다는 자신감을 갖도록 해주었다. 1947년 인민경제계획 수행을 통해 이북 사람들은 자체의 힘으로 온갖 애로와 난관을 이겨내는 법을 배웠으며, 자체의 힘으로 파괴된 공장들을 대대적으로 복구해 내고, 인민경제계획을 세우고 관리 운영하는 귀중한 경험을 쌓았다.

이북에서는 첫 인민경제발전계획 수행에서 이룩된 성과를 토대로 1947년 12월 초 북조선 인민위원회 제53차 회의에서 화폐개혁 방침을 확정하고, 역사적인 화폐개혁법령을 발표했다. 이로써 그때까지 유통되던 '조선은행권'과 '붉은 군표'는 폐지되고 북조선중앙은행권만이 유일한 화폐로 유통되게 되었으며, 화폐유통을 국가가 자주적으로 조절 통제할 수 있게 되었다. 이어서 1948년도 인민경제발전계획이 작성되어 발표되었다. 1948년 인민경제발전계획도 성과적으로 이행되었다.

	전기공업	석탄공업	광업	금속공업	기계공업	화학공업	건재공업	경공업
1947년	149.4%	217.0%	191.5%	234.6%	405.1%	142.6%	305.9%	173.6%
1948년	177.6%	285.4%	244.6%	369.0%	663.3%	216.5%	455.2%	214.2%

1946년을 100으로 했을 때 1947년과 1948년 국영공업생산액 성장표(『조선중앙연감』, 1950)

1948년도 공업총생산계획은 연말까지 102%로 초과 완수되었으며, 공업생산은 1947년에 비해 50.6%나 늘어났다. 흥남 비료공장의 경우 연간계획을 1948년 11월 28일에 완수하는 성과를 올렸다. 연말까지 연간계획을 110.5% 완수해 비료생산을 해방 전 수준보다 훨씬 높였다. 전력부문의 경우 1946년에 비해 1948년 전력생산은 156%, 전기기구생산은 무려 20배 이상 성장시켰다. 또 흑색공업부문의 경우 1946년에 비해 노동생산능률은 422.9%, 생산실적은 572.6%의 높은 속도로 늘어났다. 공업에서 흑색금속공업이 차지하는 비중은 그 전해에 10.7%에서 이 해에는 15.2%로 늘어났다.

또 1948년 알곡 수확고는 1947년도에 비해 평균 122%로 높아졌다. 농업부문에서 알곡 정보당 수확고가 늘어남에 따라 알곡 총수확고는 벼는 108.3%, 잡곡은 134%, 콩류는 112.1%로 계획이 초과 완수되었다. 1947년에 비해 벼는 123.3%, 잡곡은 151.5%, 콩류는 112.1%로 각각 늘어난 수치이다. 이리하여 1944년도 수준을 훨씬 뛰어넘었으며, 식량을 자급자족할 수 있게 되었다.

제
7
장

조선인민군 창건

| 1 |
정규군 창설의 기초 축성

이북 지역의 정규군 창설은 1945년 해방 직후부터 핵심과제의 하나로 제시되었다. 1945년 8월 20일. 김일성 사령관은 북야영 훈련기지에서 '해방된 조국에서의 당, 국가 및 무력건설에 대하여'라는 연설을 통해 건군 과제를 3대 과업의 하나로 제시했다. 조선 인민혁명군이 귀국한 이후 가장 먼저 해결한 과제는 건당 과제였다. 1945년 10월 10일 '북조선공산당중앙조직위원회'를 건설함으로써 당 창립을 내외에 선포했다. 이후 당을 더욱 강화해 나가는 동시에 정권 수립과 정규군 창설 과업을 추진해 나갔다.

평양학원

'건국' 과업에서는 정권 수립의 군중적 토대를 구축하는 사업을 착착 진행하고 있었지만 '건군' 과업을 어떻게 추진할 것인가 하는 문제는 좀 더 어려웠다. 선군 노선은 김일성 사령관의 '총대로 개척된 항일대전의 승리를 총대로 계승 발전시켜 나가려는 신념과 의지의 발현'이었다. 당 창건 과업을 수행한 후 '건국' 과업(인민정권 수립)과 함께 '건군'

과업(정규군 창설)이 당면과제로 등장했다. 자주독립국가의 완성과 경제건설을 위해 건국사업이 절실했듯이 아무리 어려워도 '건군' 과업을 미루고 있을 수 없는 상황이었다.

38선 이남 지역에서는 미군에 의해 국군 창설이 매우 빠르게 진행되고 있었다. 1945년 11월 국군의 모체가 될 국방경비대와 해방병단이 창설되었고, 군정청 안에 국방사령부를 설치하고 정규군대를 편성하기 위한 사업을 발 빠르게 추진했다. 미 군정청이 군대 창설을 서두른 까닭은 미국을 추종하는 반공 군대를 만들어 소련의 영향력 확장을 차단하는 돌격대로 활용하는 한편 자주적 통일독립국가 건설 운동을 탄압하기 위함이었다. 이 때문에 군대 창설은 과거 일본군에 참여했던 백선엽, 정일권 등 친일파들을 주축으로 진행되었다.

이북에서도 정규군 건설을 지체시킬 수 없었다. 하지만 당시 이북 사회 내부의 분위기는 우호적이지 않았다. 소련군이 있는데 정규군을 편성할 필요가 있느냐고 반대하는 사람들도 있었고, 또 일부는 통일되기 전에 북과 남이 제각각 군대를 창설하면 같은 민족끼리 서로 싸우게 될 수 있다고 반대했다.

하루는 김일성 사령관이 주도하는 간부회의에서 이 문제를 토론했는데, 허가이를 비롯한 일부 사람들은 일본과 같은 파쇼독재 국가들이 멸망했기 때문에 세계 정세는 평화 분위기로 갈 것인데, 굳이 군대를 서둘러 건설할 필요가 없다고 말했다. 그때 김일성 사령관은 그에게 "미국을 민주주의 평화애호국가라고 보는가" 하고 반문하면서, 미국이 카스라-태프트 밀약에서부터 우리 민족에게 저지른 짓을 바탕으로 볼 때 지금도 호시탐탐 조선반도를 노리고 있는 제국주의 국가라고 반박했다.

소련군도 정규무력 창설을 반대하는 분위기가 지배적이었다. 그들은 "우리 군대가 안전을 담보해주는데 무엇 때문에 군대를 따로 가지려고 하는가. 자체 군대 조직은 우리보고 나가라고 하는 것과 같지 않은가?" 하며 정규무력 건설을 음으로 양으로 방해했다. 당시 소련은 미소 협력에 의한 전후 질서 구축이라는 환상에 빠져 미국의 비위에 맞지 않는 이북의 군대 창설사업을 매우 못마땅하게 생각하고 있었다. 다음과 같은 김일성 사령관의 토로는 비록 소설에 그려진 것이지만 당시 건군 사업의 복잡한 상황을 잘 그려주고 있다.

"군사학원을 빨리 내와야 하겠는데" 하고 그이께서는 깊은 생각에 잠겨 말씀하시었다.

"걸린 문제가 한두 가지가 아닙니다. 건설자재, 식량, 피복은 물론 건물과 훈련장, 교재 준비, 학생모집사업 모든 게 다 걸려 있습니다. 우리의 군 건설 사업이 사실상 빈터에서, 무인지경에서 시작됐다고 할까…. 최현 동무도… 건물도 변변치 않고 식량과 피복 등 걸리는 것이 많아 곤란을 겪고 있는 것 같습니다. 게다가 징병과 징용으로 숱한 청년들이 끌려가 목숨을 잃었지, 아직도 돌아오지 못한 사람이 절대다수인데 돌아온 사람이라야 불구된 처참한 꼴이니…. 김성국 동무의 말을 들어도 그렇고…. 군대라면 벌써 또 전쟁터에 나간단 말인가, 해방이 됐는데 뭣 때문에 군대를 뽑는가 하면서 말도 못하게 하는 사람들도 있다고 합니다."

김책은 잠자코 숨을 죽이고 있었다. (……) 그는 장군님의 고심 어린 심중의 괴로움을 너무도 잘 알고 있었다. (……)

"보통 사람들은 그렇다 치고 우리의 적지 않은 간부들조차 군 건설 사업을 시기상조요 뭐요 하면서 반대하고 있는 것이 문제입니다. 그들은 소련 군대가 진주해 있는 조건에서 군 건설을 서두를 필요가 있는가, 아무런 경제적 밑천도 없이 어떻게 군 건설을 한다고 그러는가, 그 많은 사람들에게 무얼 입히고 먹이겠는가, 공장 하나 돌아가는 게 없는데 총은 어디서 나며 대포와 탱크, 비행기와 함선은 어디서 나는가. 괜히 군 건설이요 뭐요 하면서 소련 사람들의 비위나 상하게 하지 않겠는가. 헛된 짓이다, 시기상조다 하고 떠들어대고 있습니다. 더욱이 위험한 것은 많은 사람들이 미국을 해방자로 보고 있는 그것입니다. 이것이 제일 문제입니다. 지금 남조선을 강점한 미군이 괴뢰군 창설을 미친 듯이 다그치고 있는 것도 그들은 보려고 하지 않습니다."(……)

"(……)지금 중국 동북에서는 내전이 터졌습니다. 중국공산당과 장개석 국민당 군대 간에 동북 쟁탈을 위한 유혈 전쟁이 벌어지고 있는 것입니다. 소련 군대는 '중소우호동맹조약'에 의해 철수하고 있지만, 미국 군대는 장개석 군대를 노골적으로 지원하고 있는데 (……) 우리의 앞에도 미국의 대포와 탱크들이 있고 등 뒤에도 미국의 대포와 탱크, 비행기들이 있게 된다는 것을 의미하는 것입니다. (……) 그런데도 일부 사람들은 해방 만

세만 부르며 미국을 해방자, 원조자라고 취올리고 있으니 얼마나 위험한 일입니까. 심지어 일부 소련 사람들까지 우리를 방해하고 있습니다. 소련 외무성의 일부 사람들은 우리가 군 건설에 착수하는 것을 달가워하지 않고 있으며 이모저모로 압력을 가해보려고 하는데 (……) 우리가 손에 무장을 잡고 일제와 결전을 선포했을 때 그 누구의 승인을 받고 한 줄 아는가. 또 소련이 동서 양쪽에서 공격받을 위험에 처했을 때 '소련을 무장으로 옹호하자!'라는 구호를 들고 피 흘려 싸운 것이 그 누구에게 잘 보이려 한 것인 줄 아는가. 당신들이 미국의 비위를 상하게 할까봐 눈치를 보면서 (……) 우리는 절대 (……) 남의 눈치를 볼 것도 없고 무서워하지도 않는다. 누가 뭐라든 우리는 자기의 신념에 따라 제 할 일을 할것이다! (……) 김책 동무, 실정은 이렇습니다. 예견했던 것보다 더 많은 애로와 난관을 헤쳐가야 합니다. 그래서 우리는 조국에 개선하자마자 (……) 강계, 희천, 천마 등 평북 일대와 혜산지방에 최현 동무, 김일 동무, 류경수 동무 등을 파견하여 생산유격대도 조직하고 훈련도 하게 했습니다. 이제는 시간을 놓치지 말고 즉각 군사 간부 양성기지를 꾸리고 군 건설사업을 적극 내밀어주어야 합니다. 혁명이자 총이고 군대이자 겨레의 운명입니다."

— 이북 소설 『열병광장』에서 인용

일부의 방해도 문제려니와, 더욱 어려웠던 점은 정규군 창설의 인적 물적 토대가 너무 취약한 것이었다. 그러나 조건이 좋아지기만을 앉아서 기다리고 있을 수 없었다. 김일성 사령관은 정규군 창설을 반대하는 안팎의 주장들을 배격하면서 선군의 의지와 단호한 태도로 이 사업을 추진해 나갔다.

　　'건군'사업을 어떤 원칙과 방법으로 추진하는가는 매우 중요한 문제다. 김일성 사령관은 '자체의 힘으로' 정규군을 건설해야 한다는 원칙을 견지했다. 이미 1945년 8월 20일 북야영에서 그는 '해방된 조국에서의 당, 국가 및 무력건설에 대하여'라는 연설을 통해 "우리는 그 어떤 어려운 난관이 조성된다고 하더라도 반드시 자신의 힘으로 정규화된 혁명군대를 건설하여야 합니다"라고 기본 방침을 제시한 바 있다.

　　'자체의 힘'으로 군을 건설한다는 것은 '무에서 유를 창조하는 것'만큼 어렵고 힘든 일이었다.

평양학원에서 대화를 나누는 김일성 사령관(1947. 2. 26.)

그는 항일무상투생에서 단련 육성된 항일혁명투사들을 골간으로 하고 노동자, 농민을 비롯한 근로인민의 아들딸로 군대를 건설한다는 기본 원칙을 세웠다. 그리고 항일무장투쟁 시기 조선 인민혁명군 대원들 속에서 발현된 조국과 민중에 대한 열렬한 사랑과 적에 대한 불타는 증오심, 그 어떤 간난신고도 이겨내 자기 힘으로 일어서는 혁명정신, 관병일치, 군민일치의 전통적 기풍, 혁명적 동지애와 인민적 사업작풍, 자각적인 군사규율과 혁명적 생활질서 등 항일무장투쟁 정신으로 무장시켜 정규군을 건설해야 한다는 방향을 제시했다. 또 그는 군 건설에서 가장 우선적이고 핵심적인 과제를 사람, 즉 군사, 정치 간부를 양성하는 것으로 보았다.

> "우리가 이제 민주주의 새 조선을 건설하며 민족군대, 현대적 정규군대를 창건하기 위하여서는 무엇보다 간부가 많이 있어야 합니다. 새 조선을 떠메고 나갈 간부를 빨리 키워내는 것은 오늘 우리 앞에 선차적으로 나서는 혁명과업입니다. 그러므로 우리는 학원을 창설하고 여기에서 현대적 정규무력의 골간이 될 군사, 정치 간부들을 많이 키워내야 하겠습니다."

이런 구상에 따라 '평양학원' 건설이 추진됐다. 김일성 사령관은 1945년 11월 17일 평남 용강군 다미면 지울리(당시)에 직접 나가 첫 군사정치일꾼 양성기지 터를 잡고, 학원 건설의 과업과 교육 방향에 대해 밝혔다.

학원의 교육은 △혁명적이며 인민적인 교육으로 되어야 하며 △학생들에 대한 정치사상 교양을 강화해 그들에게 혁명적 군중 공작방법과 인민적 사업작풍을 체득시키고 △ 우리나라 실정에 맞게 선진 군사과학과 군사기술을 가르쳐야 한다.

또한 이를 모체로 여러 가지 군종과 병종 군사학교를 세울 수 있도록 준비해야 한다고 강조하고, 학교 이름을 '평양학원'으로 명명하며 김책을 학원장으로 임명했다(이후 항일혁명투사 안길이 평양학원장을 맡았다).

1946년 1월 6일 교직원과 학생들을 상대로 평양학원의 첫 강의가 이루어졌다. 1946년 2월 23일, 평양학원 개원식에 참석한 김일성 사령관은 축하연설에서 "새 조선을 건설하려면 자기의 군대를 가져야 합니다, 자기의 군대를 가지지 않고서는 완전한 자주독립국가로 될 수 없습니다"라고 강조했다. 평양학원은 창설된 지 얼마 되지 않은 기간에 정규적 면모를 갖춘 군사정치일꾼 양성의 모체기지가 되었다. 1946년 4월 말에는 1기 졸업식이 열렸다.

평양학원은 군사지휘관뿐 아니라 정치간부도 키워내는 종합적인 간부양성기지였다. 600여 명의 학생이 공부하고 있었는데, 그들 중 적지 않은 숫자가 졸업 후 당, 정권기관, 근로단체 일꾼으로 배치될 계획

중앙보안간부학교

이었다. 따라서 군사지휘관이 될 인원은 그리 많지 않았다. 더욱이 군사지식과 군사기술을 전문적으로 배우는 학생이 따로 없어 각 병종 전문병의 군사지휘관을 계획적으로 키워낼 수 없었다.

이런 실태를 파악한 김일성 사령관은 평양학원의 군사 간부 양성기능을 분리해 중앙보안간부학교를 새로 설립했다. 그는 1946년 4월 평남 강서군 성암면 대안리를 방문해 학교터를 잡아주고, 중앙보안간부학교 설립 취지를 밝혔다.

1946년 7월 8일 중앙보안간부학교가 문을 열어 여러 병종, 전문병의 유능한 군사지휘관을 전문적으로 키워낼 수 있는 기지가 마련되었다. 학교는 전술, 포병, 사격, 통신 4개 학부로 편성되었다. 개교 후 4개월간은 교관들에 대한 교육이 있었고, 1946년 10월 22일 보안간부 1기생 300명이 입학해 교육을 받기 시작했다. 교육기간은 1년이었는데, 일부 사람들은 외국의 사례를 들고나와 적어도 3~4년 정도의 교육기간이 필요하다고 주장했다. 이에 대해 김일성 사령관은 현 상황에서 그렇게 길게 잡을 수 없으니 1년으로 하자고 못박았다.

개교 이후 교육 방향과 방법을 둘러싸고 많은 시행착오와 혼란이 발생했다. 교관 가운데 일부는 중국이나 소련에서 교육을 받았다. 그들은 자기들이 교육받았던 방식을 고집하며, 군사용어도 교육받았던 대로 사용했다. 이런 실태를 알게 된 김일성 사령관은 1946년 8월 중순 항일혁명투사인 최용진을 책임일꾼으로 파견해 군사일꾼 양성사업에서 나타난 편향을 극복하고 우리만의 방법을 찾도록 이끌어 나갔다. 그는 군사교육에서 중요한 것은 항일무장투쟁 시기의 군사교육경험을 살려 우리나라 실정에 맞는 군사 지식을 획득하도록 하는 것이라고 강조했다. 군사규정과 교재를 우리나라 실정에 맞게 새로 만들고, 각종 과목의 군사용어들도 우리나라 사람들이 쉽게 이해할 수 있도록 간단명료하게 만들어 학생들을 우리식으로 교육 교양해야 한다고 역설했다.

하지만 교장을 비롯하여 사대주의에 물든 학교 간부들은 우리식 교육방법을 수용하려 하지 않았다. 그들은 '소련식'이요, '연안식'이요 하면서 범벅식 군사교육을 했으며, 군사용어도 외국의 것을 기계적으로 썼다. 또 우리나라 실정에 맞지 않은 것들을 학생들에게 가르쳤다. 예컨대 포병학의 경우 우리나라와 같이 산악이 많은 지형에서 요구되는 곡사포가 아니라 평지가 많은 나라에서 이용되는 평사포를 가르쳤다.

김일성 사령관은 1947년 5월 2일 중앙보안간부학교를 방문해 책임 간부들에게 우리식으로 교육하도록 간곡하게 당부했다. 그래도 개선되지 않자 김일성 사령관은 1947년 7월 초 다시 중앙보안간부학교를 찾아가 국민당식 군사교육을 주장하는 교장의 교육방식을 엄중하게 비판하고, 교육방식을 우리식으로 바꾸도록 강하게 요구했다. 이런 노력 끝에 중앙보안간부학교의 군사규정과 훈련 교범 및 교육강령이 우리나라 실정에 맞게 만들어졌고, 학생들에 대한 군사정치교육과 전투 훈련도 주체적인 군사교육체계에 따라 이루어졌다. 군사용어도 '차렷', '우로 돌앗', '좌로 돌앗' 하는 조선식 구령들이 제정 완성되었다. 중앙보안간부학교는 1947년 10월 하순에 1기 졸업생을 배출했고, 강건종합군관학교로 발전했다.

또 이와 동시에 공군과 해군 지휘관 양성기지를 창설하기 위한 사업도 적극적으로 추진해 나갔다. 김일성 사령관의 구상에 따라 1946년 3월 중순 평양학원 내에 항공반을 설치했다. 그리고 해군 간부 양성을 위해 수상보안간부학교를 세웠다.

정규무력의 핵심부대 창설

38선 이남의 미 군정청은 1945년 11월 국방경비대를 창설했고, 1945년 12월에 세워졌던 군사영어학교를 1946년 5월 국방경비대사관학교로 개편해 장교들을 배출했다. 또 막대한 자금을 들여 군용도로와 군항 등 군사시설을 건설했고, 국군을 동원해 군사훈련을 연일 벌였다. 미국은 한반도의 반쪽을 차지한 유리한 국면을 활용해 한반도와 동아시아를 장악하려는 야욕을 숨기지 않았다. 이리하여 38선 이남 땅은 미국의 군사기지로 변화되어 갔다.

반면에 소련은 원자탄을 보유한 미국과 정면으로 맞서는 것을 피했다. 그러다 보니 미국의 눈치를 살피고, 김일성 사령관이 정력적으로 추진해 나가고 있는 군 건설사업을 못마땅히 여기고 방관적 태도를 넘어서 방해하기까지 했다. 이런 불리한 조건에도 아랑곳하지 않고 군 건설사업을 뚝심 있게 밀고 나갔다.

1946년 7월, 중앙보안간부학교를 창립하자마자 보안간부훈련소 설치사업을 추진했다. 중앙보안간부학교가 군 지휘관을 양성하는 사관학교라면 보안간부훈련소는 정규무력의 핵심부대였다. 당시 내외 정세를 고려한 명칭이었다. 김일성 사령관은 1946년 8월 중순 김책을 비롯한 항일혁명투사들을 불러 정규무력의 핵심부대 창설의 필요성, 부대의 조직 원칙과 규모를 밝히고, 부대 위치까지 지정해주었다. 그리고 새로 조직하는 부대 명칭을 보안간부훈련소로 하고 그 지휘부를 보안간부훈련대대부로 하자고 제안했다. 항일혁명투사들은 이 제안을 전폭적으로 지지했다.

보안간부훈련소는 1946년 8월 15일 평양 서기산 문덕전 자리에 건립되었다. 항일혁명투사 최용건이 총책임자로 임명됐다. 이때 설치된 보안간부훈련대대부는 오늘날 조선 인민군 총참모부에 해당한다. 대대부의 간부는 대대장(사령관) 최용건, 부사령관 겸 문화부 대대장 김일, 포병부 대대장 무정, 총참모장 안길, 후방부 대대장 최홍국, 작전부장 류신, 간부부장 리림, 통신부장 박영순 등이었다.

1946년 9월 초, 조선 인민혁명군(항일빨치산부대)의 기본역량과 평양학원에서 육성된 군사정치 일꾼들을 핵심으로 하고 해방 직후 곳곳에 조직되었던 보안대, 국경경비대, 철도경비대 등을 토대로 개천과 나남, 평양에 보안간부훈련소 제1소, 제2소, 제3소가 설치되었다. 보안간부훈련소 아래에는 분소들이 설치됐고 대대, 중대, 소대, 분대들이 편성됐다. 분소는 신의주, 정주, 강계, 함흥, 회령, 성진 등에 설치됐다. 보안간부훈련소 지휘관들은 주로 항일혁명투사들이 담당했으며, 1946년 9월에는 대대부 내에 문화부를 설치해 훈련소에 대한 당적 지도를 보장했다. 당시 개천의 훈련 1소를 개천사단 또는 제1사단, 나남의 훈련 2소를 나남사단 또는 제2사단, 평양의 훈련 3소를 철도경비사령부라고 불렀다. 보안간부훈련소 설치로 정규군 부대를 급속히 확대할 수 있는 핵심부대가 만들어졌으며, 장차 연합부대를 조직하고 운영할 수 있는 귀중한 경험을 쌓을 수 있게 되었다.

훈련소 건설은 불과 3~4개월 만에 끝났다. 김일성 사령관은 부대 활동의 기초가 될 군사규정과 교범을 새로 만들도록 했다. 또 군사훈련과 함께 조선 인민혁명군의 백절불굴의 혁명정신을 따라 배우도록 해야 한다고 강조했다.

이와 함께 정규무력 건설에 필요한 군종, 병종의 핵심부대 건설도 추진했다.

해방 직후 해군을 조직한다는 것은 경제적으로나 군사기술적으로 쉽지 않았다. 전문기술일꾼들이 거의 없었고, 함정도 없었다. 더구나 소련군은 독자적 해군 건설에 대해 달갑지 않게 생각하고 반대했다. 이를 타개하기 위해 김일성 사령관은 먼저 해군 간부를 육성한 다음 해상경비 임무를 담당하는 수상보안대를 조직하고, 점차 해군 함선과 장비를 생산해 현대적 해군 함대를 만들자는 독창적인 방안을 제시했다. 1946년 6월 5일, 해안경비 임무를 수행하는 보안대를 수상보안대로 개칭하도록 하고, 서해와 동해에 각각 수상보안대를 설치하도록 조처했다. 수상보안대 대장으로는 항일혁명투사를 파견했다. 수상보안대는 정규 해군 무력의 모체가 되었다. 이어서 해군 지휘관 육성사업에 들어갔다. 1948년 1월 해군의 골간을 키워낼 해군 간부 양성기지인 수상보안간부학교가 세워졌고, 그해 11월에는 해군군관학교로 개편되었다.

또 항공대를 건설하기 위해 평양과 신의주, 함흥, 청진, 회령 등 여러 곳에 항공기술자들과 노동자, 농민 출신 청년들로 항공협회 지부를 만들게 했다. 1945년 11월에는 이들을 통합해 조선항공협회를 결성하고 김일성 사령관이 직접 회장을 맡았다. 이후 1947년 8월 20일 평양학원 항공반 졸업생들과 항공기술자들로 평양학원 비행대가 조직되었다.

강선 노동계급 방문에 앞서 평천을 간 이유

해방 이후 김일성 사령관이 만경대 고향집을 찾아가기에 앞서 강선의 노동계급을 찾아갔던 일화는 우리 사회에도 널리 알려져 있다. 하지만 강선 노동계급을 찾아가기에 앞서 평천길을 걸었던 일화는 잘 알려져 있지 않다.

김일성 사령관은 평양 입성 열흘 만인 1945년 10월 2일 평천길을 찾았다. 강선 노동계급을 찾아가기 일주일 전이었다. 여기에서 그의 자력갱생의 선군사상을 읽을 수 있다. 그는 당 건설 못지않게 중요한 과업이 군 건설이며, 군 건설도 철두철미 연길폭탄의 정신을 계승해 자력갱생의 길을 걸어가야 한다고 생각했다. 군 건설사업의 양대 요소는

8.15해방 직후 자력으로 첫 무기를 만들어낸 평천 병기공장 외부와 내부 모습. 내부 사진 아랫부분 오른쪽에 있는 둥그스름한 기계는 당시 수작업으로 무기를 만들던 조그만 가공 선반이다. 내부 사진 위쪽 왼쪽에 있는 기관단총이 이곳에서 만든 첫 무기였다.

사람과 무기이다. 그
중 무기를 어떻게 마
련하느냐 하는 것은
간단치 않은 문제였
다. 항일혁명투쟁 시
기에도 이 문제로 수

많은 논쟁이 있었으며, 무기를 획득하기 위한 투쟁 과정에 수많은 민
중이 피를 흘렸다. '자체의 힘으로 무기를 만들자!'라는 게 그의 군 건
설 구상의 핵이었다. 이것이 그가 평양에 들어온 지 열흘 만에 평천길
을 걸은 이유였다. 이날의 평천길은 군사 중시의 원칙에서 새 조선을
건설하려는 선군의 길이었다.

당시 평천(현 평양시 평천구역에 소재)에는 일제강점기 병기제조소가 있
었다. 병기제조소라고 해봤자 포탄이나 깎고 병기 수리나 하던 정도
였는데, 이마저 해방 이후 일제가 도망가면서 파괴해버려 그 형체조
차 알 수 없게 되었다. 폐허나 다름없던 평천 병기제조소를 찾은 김일
성 사령관은 같이 갔던 군사일꾼들에게 "무력건설에서 중요한 것은 모
든 군인을 현대적 무기와 군사 장비로 튼튼히 무장시키는 것입니다.
이를 위해 자체의 병기공업을 창설하고 발전시켜야 합니다"라고 말했
다. 그는 당시 형편에서 자체의 힘으로 병기공장을 건설하는 게 쉽지
않은 일이지만, 애로와 난관을 뚫고 돌파해 나가야 한다고 강조했다.
이를 위해 평천 병기제조소 자리에 병기공장을 세워 저격용 무기(총)
를 먼저 생산하고, 그것을 토대로 점차 중무기와 각종 군사장비를 생
산하도록 발전시켜 나가자고 했다.

하지만 함께 갔던 군사일꾼들은 '자체의 힘으로 저격용 무기를 생

산하는 병기공장을 세우는 게 가능할까?' 하면서 못 미더워했다. 김일성 사령관은 항일무장투쟁 시기 연길폭탄을 예로 들면서 노동계급의 건국 열의와 창조력을 믿고, 이를 잘 조직 동원하면 불가능이란 없다고 했다. 문제는 '이런 민중의 힘을 믿느냐 믿지 못하느냐'라고 강조했다. 파괴된 공장과 제철소를 복구해 생산을 시작하면 병기공업을 창설하는 데 필요한 설비와 자재 문제가 해결될 것이며 무기를 만드는 데 필요한 기술과 지식은 노동자들이 열심히 배우면 해결될 것이라고 했다. 또한 우리가 결심하고 달라붙으면 총도 만들 수 있고, 자동차도 만들 수 있으며, 대포나 탱크도 만들 수 있다고 하면서 함께 간 군사일꾼들에게 힘과 용기를 주었다.

자체의 힘으로 군수공업을 창설하려면 기술자들이 있어야 한다. 그런데 해방 직후 이북 지역에는 기술자들이 거의 없었다. 김일성 사령관은 먼저 기술자 육성사업을 추진했다. 1946년 12월 초 병기부문 기술자들을 키워내기 위한 포병기술훈련소를 설치했다. 병기 수리와 생산, 공급을 수행할 수 있는 기술자 양성 교육기관으로, 6개월 기간의 교육생을 모집했다. 전국 각지에서 노동자, 농민 출신의 우수한 청년들이 지원해 1947년 2월 초부터 학습과 강의가 시작됐다.

김일성 사령관은 군수공업 기술자 양성사업과 동시에 첫 병기공장 건설을 추진했다. 1947년 3월, 평천리 병기제조소 자리에 첫 병기공장을 건설하도록 지시하고, 산업국에서 그에 관련된 인력과 자재, 설비를 적극적으로 지원토록 했다. 그리고 포병기술훈련소 교육생들을 병기공장 건설에 배치하고, 설계인력도 보강해주었다. 첫 병기공장 건설에 동원된 포병기술훈련소 훈련생들은 구체적 실천 과정에서 경험을 쌓고 실력을 높여 나갔다. 모자라는 자재는 자체로 찾아

썼다. 한 달 남짓 지난 4월 중순에는 벌써 기본 생산 건물과 일부 부속 건물을 복구해냈다. 1947년 6월 초 공장복구건설이 끝나고 포병기술훈련소 1기 졸업생을 주축으로 병기공장 운영 체제가 구축되었다. 1947년 6월 22일 보안간부훈련대대는 첫 병기공장 창건을 선포했다. 이로써 정규군을 무장시킬 수 있는 현대적 무기를 자체로 생산할 수 있게 되었다.

| 2 |
조선인민군 창건

조선인민군 창건 열병식(1948년 2월 8일)

미국은 1947년 들어 단독정부 수립으로 선회했다. 이전까지는 소련과 대화로 문제를 풀어나가겠다는 가면을 쓰고 있었지만, 1947년 3월 트루먼 독트린을 계기로 대소봉쇄정책을 전면화하고 한반도에서도 적대적 대결정책을 노골화했다. 이남의 군사력을 거리낌 없이 증강하는 한편, 38도선 일대에서 수많은 무력 분쟁을 일으켰다. 1947년 한 해 동안 38도선 일대에서 270여 회의 무력 분쟁이 발생했는데, 대부분 미국에 의한 도발이었다. 미국의 무력 도발은 1948년에 접어들면서 더욱 확대되었다. 38도선 일대 은파산, 국사봉을 비롯한 여러 곳에서 미국의 무력 도발을 물리치기 위한 전투들이 연일 계속되었다. 정규무력 건설을 더는 지체시킬 수 없었다.

김일성 위원장은 군 건설사업을 건국사업의 3대 과제 중 하나로 내세우고 해방 직후부터 내외의 반대와 훼방을 무릅쓰고 일관되게 추진해 왔다. 그 결과 1948년에는 정규군을 건설할 수 있는 인적 물적 토대가 어느 정도 갖추어졌다. 각 군사학교에서는 정규군의 골간이 될 군

간부들이 육성되었고, 정규군의 핵심 부대와 군종, 병종 부대들을 꾸릴 수 있는 태세가 갖추어져 갔다.

김일성 위원장은 군복도 조선의 특성에 맞는 새로운 모양으로 만들도록 했다. 또 인민군대는 인민을 위해 복무한다는 것을 상징하는 표식이 있어야 한다면서 군관복의 팔소매에 사람 人(인)자로 붉은 띠를 하도록 하고 모자에도 인민의 군대를 상징하는 문양을 넣도록 했다.

아울러 정규군에 맞는 군사편제를 새롭게 짜고 정치훈련과 후방공급사업에서 정규화 체계를 세워갔다. 군에서는 정규군의 면모에 어울리는 군사활동을 정규화, 규범화해 본 경험이 없어서 우왕좌왕하고 있었고, 시대주의와 교조주의에 물든 간부들은 소련식을 그대로 끌어들이려 했다. 김일성 위원장은 우리나라의 지형 조건과 경제발전 수준, 우리의 체질적 특성에 맞는 무기와 전투기술기재로 부대의 기동성을 높이고, 전투원을 적게 배치하면서도 화력을 강화하는 방향에서 정규군 편제를 짜도록 했다. 또 군사학교 학생들에 대한 정치 교양을 강화함으로써 당의 노선과 정책으로 튼튼히 무장시키며, 우리나라 실정에 맞는 현대적 군사지식을 교육하도록 했다. 한편, 군가를 만들어서 보급하도록 하고『조선인민군』이란 신문을 제작하도록 지시했다.

1948년 초에 이르러 정규군 창건을 내외에 선포할 수 있는 수준에 올라섰다. 김일성 위원장은 정규군에 대한 통일적 지도를 보장하기 위해 1948년 2월 초 북조선 인민위원회 제58차 회의에서 북조선 인민위원회 안에 정규군에 대한 군사 정치적 지도를 전문적으로 맡아 수행하는 민족보위국을 설치하고, 국장으로 항일혁명투사 김책을 임명했다.

1948년 2월 8일 정규혁명무력인 조선인민군 창건을 내외에 선포하

조선인민군 창건 열병식 사진

는 열병식을 개최했다. 김일성 위원장은 열병 대오를 사열한 후 '조선 인민군 창건에 즈음하여'라는 연설을 했다. 연설의 요지는 다음과 같다.

> "오늘 우리는 진정한 인민의 정권인 북조선 인민위원회의 창립 2주년을 경축하면서 조선 역사에서 처음으로 인민 자신의 정규적 무장력인 조선인민군의 창건을 선포하게 됩니다. 일본제국주의자들의 총칼 앞에서 갖은 박해와 탄압을 당하던 조선 인민은 해방 후 자기 손에 정권을 틀어쥐고 행복한 새 생활을 창조하는 길에 들어섰으며 이제는 조국과 민족을 보위하는 당당한 자기의 정규군대를 가지게 되었습니다.
>
> (……)
>
> 우리 조국이 일본제국주의자들에게 강점되었던 것도 그 당시에 조선 인민이 일본제국주의 침략군대를 격파할 만한 자기의

군대를 가지고 있지 못하였기 때문입니다. 그러므로 우리 조국이 완전한 자주독립국가로 되기 위하여서는 나라와 민족을 보위하며 어떠한 원수들의 침범도 능히 물리칠 수 있는 강력한 인민의 군대를 반드시 가져야 합니다. 더욱이 우리 민족을 분열시키고 우리 조국을 다시 식민지로 만들려는 미 제국주의자들과 그 주구들의 흉악한 책동으로 말미암아 해방 후 2년이 넘는 오늘에 이르기까지 우리나라의 통일과 자주독립이 지연되고 있는 엄중한 형편에서 조선 인민이 자기의 군대를 창건하는 것은 매우 긴급하고 절실한 문제로 나서게 되었습니다.

(······)

북조선에서 민주주의적 개혁을 실시하고 경제문화건설을 성과적으로 진행함으로써 전 조선이 나아갈 길을 용감히 개척하고 있는 우리 인민은 이번 조선 인민군대의 창건을 통하여 북조선 민주기지의 위력을 더욱 강화하게 될 것이며 머지않은 장래에 창건될 조선민주주의인민공화국 무력의 튼튼한 기초를 닦아놓게 될 것입니다.

(······)

다음으로 우리가 인민군대를 창건하는 것은 통일적 민주주의 인민공화국 수립의 토대인 북조선의 민주기지와 민주개혁의 성과를 원수들의 침해로부터 튼튼히 보위하며 북조선 인민들의 행복과 안전을 보장하기 위해서입니다.

(······)

오늘 우리가 창건하는 인민군대는 자본주의 국가의 군대와는 근본적으로 다른 새 형의 군대입니다. 자본주의 국가의 군대는 소수의 자본가, 지주들을 위하여 절대다수인 근로인민을 억압하고 착취하는 제도를 무력으로 옹호 유지하며 다른 민족과 남의 나라 영토를 침략할 목적에서 조직된 군대입니다.

이와는 달리 오늘 우리가 창건하는 군대는 조선의 노동자, 농민을 비롯한 근로인민의 아들딸들로 조직되었으며 조선 민족의 해방과 독립을 위하여, 인민 대중의 행복을 위하여 외래 제국주의 침략세력과 국내 반동세력을 반대하여 싸우는 진정한 인민의 군대입니다.

(……)

우리 인민군대가 가지는 또 하나의 특성은 이 군대가 과거 일제의 가혹한 탄압 밑에서 조국과 인민의 해방을 위하여 항일무장투쟁에 모든 것을 바쳐온 조선의 진정한 애국자들을 골간으로 하여 창건되었다는 데 있습니다.

(……)

그렇기 때문에 우리 인민군대는 민주 조선의 정규군대로서 비록 오늘 창건되기는 하지마는 실지로는 오랜 역사적 뿌리를 가진 군대이며 항일유격투쟁의 혁명전통과 고귀한 투쟁경험과 불굴의 애국정신을 계승한 영광스러운 군대입니다."

연설이 끝나자 장내에서는 만세의 환호성이 울려퍼졌다. 이어 조선인민군 부대의 장엄한 행진이 시작되었다. 대열의 선두에는 항일혁명투사들이 서 있었다.

이북에서는 1977년까지 조선인민군 창설일인 2월 8일을 건군절로 기념했다. 그런데 1978년부터 1932년 4월 25일 반일인민유격대가 창건된 날을 건군절로 변경했다. 2018년 1월 22일 조선노동당 중앙위원회 정치국 회의에서는 다시 2월 8일을 건군절로 바꾸었다. 변경 이유를 두고 설왕설래가 많은데, 이것은 이북이 2017년 핵 무력 완성 이후 '우리 국가 제일주의'를 고창하고 있는 것과 연관이 있다.

조선인민군의 강화 발전

조선인민군 창건 이후 조성된 군사적 위기 상황에 대응해 군사력 강화에 나섰다. 김일성 위원장은 군사 활동에서 보병이 차지하는 지위와 역할에 대한 과학적 분석을 토대로 육군 강화의 기본 열쇠를 보병의 확대에서 찾았다. 1948년 2월 중순 보안간부훈련소 각 소를 사단, 여단으로 개칭하고, 9월에는 내무성 보안여단을 보병사단으로 개편해 조선인민군에 편입시켰다. 또 새로운 보병사단을 창설했다. 그리고 현대적 군사장비가 도입됨에 따라 보병사단 내에 새로운 중기관총 대대와 자동포 대대를 설치했다. 또 공군을 강화하기 위해 평양학원 비행대를 조선인민군 총사령부 비행대로 개편하고, 전투 임무와 교도 임무를 동시에 수행하도록 했다.

한편, 해군 핵심부대인 수상보안대를 확대 강화하고, 1948년 11월 수상보안간부학교를 해군군관학교로 개편했다. 그해 12월 해군기술훈련소를 조직해 해군 지휘관과 기술 인력을 육성하도록 했다. 이와 함께 자체의 힘으로 전투함선을 건조해 나가도록 했다. 당시 사대주의자들은 자체의 힘으로는 함선 건조가 불가능하다며 이를 반대했다. 이때 김일성 위원장은 인민의 힘을 믿고 자체의 힘으로 해군을 건설해 우리나라를 지켜야 한다는 주체적 해군 건설 사상을 제기했다. 아울러 함선 건조를 위한 설계집단을 조직해 주고 설계도면을 함께 검토해 나갔다. 이렇게 경비함 41호와 51호가 탄생했다. 이에 기반해 1948년 8월 첫 해군함대가 조직되었고 조선인민군 해군 창설이 선포되었다.

군사력을 강화하기 위해 기술병종과 전문병 부대도 조직했다. 1948년 8월 김일성 위원장은 항일혁명투사 류경수에게 탱크연대를 조직하도록 지시해 1949년 4월 첫 탱크 연합부대가 창설되었다. 이와 함께 포병의 무력 강화도 적극 추진했다. 곡사포와 평사포를 갖춘 민족보위성 예비포병 부대와 고사포병 연대, 해안포병 구분대를 조직하고, 우리의 실정과 현대전의 요구에 맞게 각종 전투성능을 가진 포와 박격포, 반탱크포를 배합해 무장하도록 조치했다. 아울러 공병, 통신병, 자동차병 부대를 조직하고 강화 발전시켜 나갔다.

김일성 위원장은 1948년 5월 내무국 보안여단 군관회의에서 인민군대의 전투력을 강화하기 위한 4대 과업[12]을 제시했다.

그는 무엇보다도 군인들에 대한 정치사상 사업을 일관되게 앞세워 나갔다. 1948년 9월 북조선노동당 도, 시, 군 위원회 위원장 연석회의에서 우수한 당원들을 인민군대에 입대시켜 군대 안의 당 역량을 강화하도록 조처했다. 그리고 군인들이 우리 혁명 위업의 정당성을 확신하고 끝까지 투쟁하면 반드시 승리한다는 필승의 신념을 가지도록 하는 것이 중요하다고 강조했다. 1949년 5월에는 인민군대의 기본전투 단위인 중대에 문화 부중대장 제도를 두도록 했다. 그리고『선전원수

---

12) 첫째, 모든 군인이 능란한 전술과 민활한 전투 동작을 배울 것. 둘째, 사격을 잘할 줄 알 것. 셋째 체력을 단련할 것, 넷째, 모든 군인이 정치 사상적으로 튼튼히 무장할 것.

책』,『군사지식』 등의 잡지와 책자 등을 새로 발간하여 보급하도록 하였으며 9월에는 조선인민군 제40탱크교도연대를 비롯한 인민군 부대들을 찾아 중대 건국실을 잘 꾸리고 정치 교양 사업을 잘 하도록 했다.

첫 기관단총

군대의 전투력은 무기 수준에 의해서도 평가된다. 김일성 위원장은 현대적 무기와 전투기술기재를 갖추는 것을 군대 강화의 중요한 고리의 하나로 보고, 자체의 국방공업을 급속히 발전시키는 데 심혈을 기울였다. 평천리의 황량하던 폐허에 첫 병기공장을 창설하도록 하고, 현대전의 요구와 국방력 강화의 특성에 맞게 바로 무기를 생산하도록 했다.

1947년 9월 김일성 위원장은 병기기술자들을 불러 모았다. 나이와 고향, 어느 학교를 나왔으며, 언제부터 병기제조소에서 일했는가를 물은 뒤 무기 생산 문제를 토의했다. 그리고 평양학원과 중앙보안간부학교를 세워 군 간부들도 양성하고 있고 부대도 조직하고 있는데 무기가 문제라고 하면서 군대를 무장시키는데 필요한 무기를 어떤 일이 있어도 자체로 생산 보장해야 한다고 강조했다.

기술자들은 놀라움을 금할 수 없었다. 고장난 무기를 수리하고 일부 부속품을 깎아 맞추는 일도 대단한 것으로 생각하면서 무기를 스스로 만드는 것은 엄두도 내지 못하고 있었기 때문이다. 그들의 심중을 꿰뚫어본 그는 "무슨 일이든 제힘으로 할 수 있다는 자신감을 가지고 달라붙는 것이 중요합니다"라고 강조했다. 그리고 항일무장투쟁 시기 아무것도 없는 조건에서 병기창을 꾸리고 보총과 기관총을 수리

기관단총을 시험사격하고 있는 김일성 위원장. 위쪽 사진은 제작에 들어간 지 20일 만에 생산된 첫 제품 시험사격이며 아래 사진은 시제품의 부족한 점을 보강하고 모든 부속품을 자체로 생산해 1948년 12월 12일 시행한 국가시험사격이다. 이후 기관단총(따발총) 계열 생산에 들어갔다.

하였으며 연길폭탄까지 만들어낸 항일유격대원들의 이야기를 들려주었다. "항일유격대원들이 발휘하였던 그런 정신, 그런 투지로 투쟁한다면 무기를 얼마든지 만들 수 있을 것"이라고 믿음을 안겨주었다.

그는 일본군이 가지고 있던 38식이나 99식 보총과 같은 뒤떨어진 무기로는 '세계최강'을 자랑하는 미국과 싸울 수 없다고 말하면서 기관단총이나 권총 같은 것을 만들어보는 것이 좋겠다고 제기했다. 병기공장 일꾼들은 또 한번 놀라지 않을 수 없었다. 기껏해야 38식이나 99식 보총을 보아온 그들은 당시로서 가장 발전된 자동식 저격무기인 기관단총을 만든다는 걸 상상도 할 수 없었기 때문이다. 고도의 정밀성을 요+하는 이런 무기는 기계공업이 발전한 나라들에서만 생산할 수 있는 것으로 생각하고 있었다.

아무런 기술적 담보와 경험도 없이 맨손으로 기관단총을 만들어낸다는 것은 결코 쉬운 일이 아니었다. 일부 사람들은 기술적 난관 앞에 신심을 잃고 동요하였으며 사대주의자들과 기술신비주의자들은 병기공업의 역사가 전혀 없고 기술이 부족한 조선에서는 기관단총을 만들 수 없다면서 외국에서 자재와 부속품을 사 오기 위한 수입신청서까지 만들어 들고 다녔다. 그러나 병기공장 노동계급과 기술자들은 항일유격대원들이 발휘한 자력갱생과 분투의 혁명정신으로 무기를 분해하여 설계도면을 그렸으며 여러 가지 부속품들을 망치로 두드리고 줄칼로 쓸어가면서 자체 생산에 힘을 쏟았다. 그들의 고심 어린 노력 덕분에 20일 만인 10월 상순에 드디어 첫 기관단총 시제품이 나왔다.

김일성 위원장은 크게 기뻐하며 병기공장 일꾼들을 불러 정말 훌륭한 일을 했다고 거듭 칭찬했다. 그 후 직접 기관단총 기관실 뚜껑을 열고 그 안을 유심히 살피다가 복좌용수철도 직접 만들었는지 질문했다. 복좌용수철과 총신, 총 개머리판을 제외하고 다 자체로 만들었다는 대답을 들은 그는 다음과 같이 지시했다.

> "우리는 조국을 보위하기 위한 무기를 자체의 힘으로 만들어야 합니다. 총신과 총가목(총 개머리판), 복좌용수철을 제외한 부속품들은 자체로 만들었다고 하는데 앞으로 기관단총의 모든 부속품을 다 자체의 힘으로 만들어야 하겠습니다."

그는 이날 기관단총 시제품의 작동 상태를 직접 검열해보고 부족한 점과 고칠 방안을 제시했다. 아울러 성능 좋은 기관단총을 다량 생산하는 데 필요한 현대적인 설비와 공구, 원료, 자재를 우선 공급하도록 해주었다.

1948년 12월 12일 드디어 빈터에서 시작한 병기공업의 첫 제품인 기관단총에 대한 국가시험사격이 진행되었다. 야무진 총소리가 울리며 멀리 푸른 하늘로 메아리쳤다. 이북에서의 자체 병기공업 창설을 알리는 첫 총성이었다. 김일성 위원장은 "우리의 노동자, 기술자들이 자체의 힘과 기술로 기관단총을 만들어낸 것은 우리나라 군수산업의 첫 승리이며 우리 인민이 새 조국 건설에서 달성한 또 하나의 자랑찬 성과입니다"라고 높게 평가했다.

1949년 2월 이미 창설된 병기공장은 현대적인 병기종합공장으로 확대 발전되게 되었으며 이해 3월부터 기관단총의 계열생산에 들어가게 되었다.

조선민주주의인민공화국
창건

| 1 |
새로운 정세

민족 분열과 국토 양단의 위기 격화

1947년 한 해를 거치면서 한반도 정세는 급격하게 꽁꽁 얼어붙어 갔다. 1947년 봄에 시작된 정치정세의 이상기후 현상 때문이었다. 1947년 3월 12일, 트루먼은 상하 양원 합동회의에 나가 그리스와 터키에 대한 군사원조를 요청했다. 그는 "무장한 소수와 외부로부터의 압력에 저항하고 있는 자유국가 국민을 지원하는 게 미국의 정책이 되어야 한다"라고 선언했다. 이것은 그때까지 견지해왔던 '미소 협력에 의한 전후질서 재편'이라는 외교 정책의 파기 선언이자 반소·반공 노선을 전면에 내세운 것이었다. 이로써 미국은 제2차 세계대전 당시 독일과 일본 등 파시즘 국가에 대항하기 위해 불가피하게 선택했던 소련과의 협력관계에 확실한 종지부를 찍었다. 냉전 시대의 시작이었다.

트루먼이 몰고 온 냉전의 기운은 한반도에 먹구름을 가져와 우리 하늘은 칠흑 같은 어둠에 휩싸였다. 미국은 사실상 그 이전부터 이남만의 단독정부 수립의 길을 걸어왔다. 1946년 6월 미 국무장관 마셜은 소련의 비협조적인 태도를 비난하면서 이남에서 독자적인 계획을 추진할 뜻을 밝혔는데, 미 언론은 이를 단독정부 수립이라고 보도했다. 미국은 이남 단독정부 수립 음모를 착착 진행해 나갔다. 1946년 12월 12일에는 어용 입법기구인 남조선 과도입법의원을 만들었다. 1947년 6월 3일 미 군정청의 간판마저 남조선 과도정부로 바꾸어 달고, 형식적인 '행정권 이양'을 단행했다. 1947년 6월 27일에는 소위 입법의원을 통해 보통선거법을 통과시키고 단독선거 준비를 서둘렀으며, 8월 6일에는 '과도약헌'을 통과시켜 단독정부를 수립하기 위한 기본법을 만들었다.

이와 함께 이남 단독정부 수립에 방해가 되는 모든 민주역량에 대한 대대적인 탄압에 돌입했다. 미 군정은 1947년 8.15를 계기로 이른바 '8.15 폭동 음모 사건' '방송국 적색 음모 사건'을 날조했다. 8월 12일 새벽부터 남조선노동당과 민주주의민족통일전선, 노동조합전국평의회, 전국농민조합총연맹 등 대중단체들과 애국적 민주인사들에 대한 대대적인 검거에 들어갔다. 검거 작전은 8월 한 달 동안 계속되었다. 1만 3,769명이 검거되고 2,218명이 죽거나 중상을 입었으며 5,102명이 부상을 입고 320호의 가옥이 파괴되었다. 미 군정의 야만적인 탄압으로 이남의 모든 민족자주 민주역량의 합법적 활동이 불가능해졌다.

미 군정은 대대적인 탄압을 통해 합법적 활동을 봉쇄한 후 이남 단독정부 수립을 본격적으로 추진했다. 1947년 5월 21일의 통일적 민주주의 임시정부 수립을 위한 미소 공동위 활동을 고의로 파탄시키고 한반도 문제를 유엔으로 끌고 갔다. 당시 유엔총회의 안건은 패전국 처리에 국한된 것으로, 한반도 문제는 유엔총회의 안건이 될 수 없었다.

유엔 간판을 이용해 이남만의 단독선거를 통한 단독정부 수립을 합법화하려는 미국의 속셈이었다. 1947년 5월 21일부터 시작된 제2차 미소 공동위가 한창 진행되고 있었던 9월 17일에 미 국무장관 마셜은 미소 공동위가 침체상태에 빠진 책임을 소련에 전가하면서 "한반도 문제는 미국과 소련 양국으로서는 해결할 수 없으므로 유엔에서 토의하여야 한다"라고 주장했다. 미국 내 언론조차도 이것을 가리켜 이남만의 단독정부 수립 계획이라고 평가했다.

1947년 9월 23일 미국은 유엔총회 제2차 회의에서 한반도 문제를 정식 의제에 포함하자고 제기했고, 1947년 10월 28일부터 유엔총회 제1(정치)위원회에서 이 문제가 토의되었다. 유엔의 결정은 불법이었다. 유엔헌장에는 주권존중의 원칙이 천명되어 있다. 즉 유엔에서는 어떤 나라의 주권 문제를 마음대로 논의 결정할 수 없었다. 또한 한반도는 패전국도 아니고 침략전쟁에 참가했던 나라도 아니기에 유엔에서 토의 결정할 수 없었다. 한반도 문제는 당사자인 우리 민족의 자주적 판단과 결정에 따라서 결정되어야만 했다. 더욱이 우리 민족 대표가 참여하지도 않은 상태에서 우리 문제를 논의한다는 것은 완전한 불법이었다.

그럼에도 미국은 자기를 추종하는 국가들이 다수를 차지하고 있는 것을 악용해 1947년 11월 14일 유엔 제2차 총회 전원회의에서 이른바 '유엔임시조선위원단'을 만들어 그 감시 밑에 '선거'를 실시하고, '정부'를 세울 것을 결의했다. 우리 민족의 자주권을 완전히 짓밟는 유엔의 결정은 우리 민족 전체의 반대와 규탄을 받았다. 한반도 방방곡곡에서 유엔 결정에 반대하는 각계각층 민중의 시위와 집회가 연일 계속되었다. 이북의 정권과 정당 사회단체들도 유엔의 결정을 단호하게 거부한다고 공개 천명했다. 미국은 1948년 2월 26일 유엔소총회에서 유엔임시조선위원단의 감시 밑에 '우선 가능한 지역에서 선거를 실시'하기로 결정함으로써 이남만의 단독선거 실시 방침을 결정했다.

이북의 자주통일 방침

미국에 의한 국토 양단과 민족 분열 위기가 격화되자 김일성 위원장은 정세를 분석한 후 자주적 평화통일 방침을 제시했다. 그는 1948년 신년사와 1948년 3월 9일 북조선 민전 중앙위원회 제25차 회의에서 '반동적 남조선 단독정부 선거를 반대하고 조선의 통일과 자주독립을 쟁취하기 위하여'라는 연설을 통해 다음과 같은 자주적 통일 방침을 제시했다.

> "오늘 조선 문제는 오직 조선 사람만이 해결할 수 있으며 조선 인민 외에는 그 누구도 이것을 해결할 능력도 권리도 없습니다. (……) 우리는 일반적, 직접적, 평등적 원칙에 기초하여 비밀투표로써 전 조선 최고 입법기관을 선거할 것을 주장합니다. 이와 같이 선출된 진정한 인민의 최고입법기관에서 헌법을 승인하고 나라를 융성 발전시키며 인민을 행복의 길로 이끄는 진정한 민주주의적 인민 정부를 조직해야 합니다. 이 모든 것은 조선에서 모든 외국 군대가 동시에 철거하는 조건에서만 가능합니다."

김일성 위원장의 자주통일 기본 방침은 '나라의 통일은 그 어떤 외세의 간섭도 없이 조선 인민 자신의 손에 의해 자주적으로, 민주주의

적 원칙에서, 평화적 방법으로 실현하는 것'이었다. 여기에서 민주주의 원칙의 핵심은 우리 민족 전체의 자유로운 의사와 요구에 따른다는 것이다.

선거는 철두철미 외세의 간섭 없이 우리 민족의 자유로운 의사와 요구에 따른 민주주의적 남북 총선거여야 한다. 이를 통해 통일적 중앙 정부를 수립하는 방법으로 통일을 실현해야 한다. 우리 민족의 의사와 요구에 배치되고 외세에 의해 강요된 유엔감시 하의 총선거는 민주주의적 원칙에 어긋나므로 철저히 배격해야 한다.

그는 자주통일을 위한 투쟁 방도에 대해 다음과 같이 말했다.

"남북조선의 전체 인민이 굳게 단결하여 영웅적 투쟁을 전개하여야만 미 제국주의자들과 국내 반동을 물리치고 최후의 승리를 쟁취할 수 있습니다."

또한 그는 조선 혁명의 중심인 북반부 혁명기지를 정치, 경제, 군사

1948년 3월 28일 북조선노동당 2차 당대회에서 보고하는 김일성 위원장

적으로 튼튼히 꾸리며, 이에 의거해 조국 통일을 앞당기기 위한 조치들을 주동적으로 취해 나가야 한다고 강조했다. 또 이남의 노동자, 농민을 비롯한 각계각층 애국 민주역량을 굳게 묶어 반미구국투쟁을 벌여야 한다고 강조했다. 더불어 우리의 굳건한 주체적 역량 위에서 국제 혁명역량과 연대성을 강화해 조국 통일을 위한 유리한 국제적 환경을 마련해야 한다고 밝혔다.

| 2 |
조선노동당의 탄생

북조선노동당 2차 당대회

1948년 3월 27~30일 평양에서 북조선노동당 2차 당대회가 개최되었다. 대회에는 70만 8,000여 명의 당원을 대표해 결의권을 가진 990명의 대표와 발언권을 가진 96명의 대표가 참가했다.

앞서 밝힌 대로 당시 한반도는 분단이냐 통일이냐, 전쟁이냐 평화냐의 갈림길에 서 있었다. 당대회에서는 평화와 통일을 수호하기 위해 민족 자주역량을 강화 발전시켜 나가야 할 역사적 책무가 제기되었다. 민주기지노선을 의의에 맞게 실현하려면 이북의 경제발전을 획기적으로 달성해야 했다. 이를 위해서는 그 어느 때보다 혁명의 참모부인 북조선노동당을 사상적으로 튼튼하게 꾸리고, 당의 영도적 기능과 역할을 획기적으로 높여야 할 과제가 절박하게 제기되었다.

그동안 북조선노동당은 양적으로 급속한 성장을 이룩했다. 1946년 8월 28일 북조선노동당 창건 당시 36만~37만여 명이었던 당원의 수가 불과 수개월이 지나지 않아 거의 두 배에 가까운 70만여 명, 당 세포 수는 2만 8,000여 개로 불어났다.

이런 양적 성장의 이면에는 문제점도 노출되었다. 엄혹해지는 정세에 효율적으로 대응하려면 당의 전투적 기능과 역할을 극적으로 높여야 하는데, 당원이 급속도로 늘어나다 보니 아직 정치이론 수준도 낮고 조직적 훈련이 부족한 사람들도 많이 들어왔다. 이런 현상을 방치할 경우 당의 질적 수준이 저하되고, 당이 참모부 기능을 원만히 수행하기 어렵게 된다. 당원들의 질적 수준을 높이기 위한 특별한 노력이 필요했다.

김일성 위원장은 이런 요구에 따라 제2차 당대회 소집을 결심하고 그 준비를 이끌었다. 1947년 12월 23일에 소집된 북조선노동당 제11차 중앙위원회에서는 제2차 당대회 소집을 결정하고, 각급 당 단체들의 결산선거를 진행하도록 결정했다. 결산선거란 그동안의 당 활동을 총괄적으로 정리 평가하고, 새로운 당 지도기관을 뽑는 선거를 말한다. 각급 당 단체들은 1948년 1월 5일부터 일제히 결산선거 준비에 들어갔다.

김일성 위원장은 결산선거를 제대로 진행하기 위해 각 도에 당중앙위원회 정치위원회 위원들을 직접 파견하는 적극적 조처를 내렸다. 그리고 세포로부터 위로 올라가면서 결산선거를 진행하고, 당의 기층조직인 세포의 기능과 역할을 높이는 데 힘을 쏟을 것을 강조했다.

그는 평북 강계군 안창동(오늘날 자강도 시중군 안창리, 1948년 1월 12일), 평남 개천군 조양면 동림리 양참마을(1948년 1월 13일) 당 세포 결산대회에 직접 참석해 결산 기간 당 세포의 활동과 당원들의 당 생활 실태를 구체적으로 파악하고, 당의 기층 조직으로서 당 세포의 기능과 역할, 세포회의 운영과 당원들에 대한 교양사업과 사상투쟁의 방법, 당 핵심 육성방법 등을 지도했다.

이어서 그는 군낭, 노당 결산대회도 직접 참석했다. 1948년 1월 24일 북조선노동당 평안남도 순천군 당 대표회의에 참석한 그는 '우리 당 단체들의 과업에 대하여'라는 연설을 했다. 이 연설에서 그는 합당 이후 성과를 총괄하고 당 단체들의 과업을 밝혔다.

> "특히 군당위원회와 면당위원회에서 세포의 핵심을 기르는 데 깊은 관심을 돌려야 합니다. (……) 그리하여 각 세포의 핵심이 세포사업을 개선하며 전체 당원들의 당 생활을 강화하고 그들의 당성을 높이는 데서 주동적인 역할을 하도록 지도하여야 할 것입니다."

1948년 2월 21일에는 북조선노동당 함경남도당 제2차 대표회의에 참석해 '당 중앙위원회 사업에 대하여'라는 연설을 했다. 여기에서 북조선노동당 제2차 대회를 맞는 당시의 국내외 정세, 혁명과 건설에서 이룩된 성과와 당 사업에서 나타나는 일련의 결함을 총괄 분석 평가하고, 당의 당면과제를 구체적으로 제시했다.

이런 준비과정을 거쳐 1948년 3월 27일 제2차 당대회가 개막되었다. 회의에서는 당 중앙위원회 사업총화와 당 규약 개정 문제가 중요한 안건으로 제기되었다. 김일성 위원장이 당 중앙위원회 사업보고를 했다. 그는 사업보고에서 제2차 세계대전 후 조성된 국내외 정세를 분석 평가하고 당 창립 이후 진행해 온 전반적 사업을 정리했다. 또 자주적 평화통일방침을 제시하고, 북조선 민주기지를 튼튼히 다지며 당을 질적으로 더욱 강화하기 위한 투쟁과업을 밝혔다.

대회의 첫 번째 안건은 현 정세에 대응한 북조선노동당의 자주통일

방침 문제였다. 대회에서는 미 군정이 주도하는 이남만의 '단독선거'
와 이남 '단독정부 수립' 움직임을 단호히 반대 배격한다고 선포했다.
그리고 1948년 신년사와 1948년 3월 9일 북조선 민전 중앙위 25차 회
의에서 김일성 위원장이 제시했던 자주평화통일 방침과 그 실현을 위
한 투쟁과제를 다시 확정했다. 그것은 모든 외국군이 한반도를 떠난
뒤 이북과 이남의 통일적인 민주선거를 통해 최고 입법기관을 구성하
고 진정한 민주주의 통일 중앙정부를 수립하는 것이었다.

김일성 위원장은 이렇게 역설했다.

> "우리 당은 일반적, 평등적, 직접적 선거원칙과 비밀투표 방법
> 에 의하여 최고 입법기관을 전 조선적으로 선거할 것을 주장합
> 니다. 이와 같이 선거된 인민의 최고 입법기관은 민주주의적 헌
> 법을 채택하고 우리 인민을 민족적 융성과 행복의 길로 인도할
> 진정한 민주주의 인민정부를 구성하여야 할 것입니다. 조선 인
> 민 자신이 이런 방법으로 통일정부를 수립하는 것은 오직 외국
> 군대가 철거하는 조건 하에서만 가능합니다."

대회에서는 남북의 애국적 민주역량이 단합해 이남에서의 '단선단
정' 음모를 분쇄하기 위한 반미구국 항쟁을 힘차게 벌이고, 남북 모든
정당, 사회단체 대표들의 연석회의를 소집할 것을 토의했다.

대회의 두 번째 안건은 민주기지를 튼튼히 다지기 위한 경제건설
의 당적 지도를 개선 강화하고, 당의 경제정책을 철저히 관철하기 위
한 과업 문제였다. 이 토의에서 김일성 위원장은 당 조직들이 생산에
깊이 관여하여 공장, 기업에서 엄격한 질서와 규율을 세우고 새로운

인민적 기업관리체계를 확립할 것을 주문했다. 또 국영 부문의 지도적 역할을 끊임없이 높여 나가며, 인민정권을 더욱 강화하고, 당 일꾼들도 인민정권을 운영하는 방법과 지식을 배워야 한다고 지적했다.

대회의 세 번째 안건은 당을 질적으로 강화 발전시키기 위한 방도였다. 이 문제에 대해 김일성 위원장은 세포를 강화하는 것이 당을 강화하는 기본이라는 점을 역설했다.

그는 이렇게 말했다.

> "세포는 당원들을 일상적으로 교양 훈련하여 당 대열의 사상적 일치와 조직적 통일을 보장하며, 당의 노선과 정책들을 실생활에 구현하는 기본조직입니다. 세포를 강화하는 것은 전당을 강화하는 데서 기본으로 됩니다."

그는 세포 핵심 육성에 힘을 기울이고 세포 사업의 수준을 결정적으로 높여 모든 세포를 생기발랄한 산 조직으로 만들어야 한다고 강조했다. 이와 함께 아래 단위 당조직에 대한 지도사업을 실속있게 하고 사업작풍을 개선하며, 사회단체에 대한 지도를 강화하고 간부양성사업과 간부 선발 배치 사업을 올바르게 하는 등 당의 조직지도사업을 강화할 것을 강력히 주문했다.

대회에서는 또한 종파분자들을 날카롭게 비판했다. 종파분자들은 겉으로는 당을 받드는 척하지만 뒤에서는 당을 비방하고, 친척·고향·동창·파벌 관계에 따라 사람들을 자기 편으로 끌어당기면서 당의 분열을 획책했다. 대회 참가자들은 이런 종파분자들의 책동에 분노를 표시하고 그들을 당에서 쫓아낼 것을 제안했다.

대회에서는 남조선노동당 중앙위원회에 보내는 편지가 채택되었다. 편지에서는 이남의 단독선거 음모를 폭로 분쇄하고 나라의 자주적 통일을 이룩하기 위한 투쟁에 힘차게 떨쳐 나설 것을 호소했다.

이북의 역사가들은 북조선노동당 2차 대회를 높게 평가하고 있다. 미국의 민족 분열 책동에 대처해 조국통일 방침을 확정하고 통일문제를 자주적으로 해결하려는 당의 원칙적 입장을 내외에 선포한 대회였다는 평가다. 또 사회주의로 이행하는 첫 과도기 과업을 제대로 수행할 수 있는 길을 제시한 대회로 기록했다. 특히 당의 통일과 단결을 강화하고 질적으로 공고 화하며 혁명과 건설에서 당의 영도를 보장하는 중요한 계기를 열었다고 본다.

조선노동당의 탄생

1949년에 접어들면서 이남의 정세는 더욱 악화되었다. 미국은 단독정부 수립 이후 신식민지 통치체제를 정비하고, 자주민주역량에 대한 탄압을 강화했다. 미국의 사주 아래 이승만 정권은 반공을 국시로 내세우고 북진통일을 외쳤다. 각종 악법을 만들어 애국적인 민주정당과 사회단체, 언론기관의 활동을 금지했다. 국군과 경찰을 앞세워 애국적 민주인사 특히 남로당 당원들을 닥치는 대로 체포, 투옥, 학살했다. 이런 탄압으로 남로당 조직들은 지하로 들어갔고 적지 않은 당 조직이 파괴되었다.

남로당 지도부들은 대중적 당 건설 방침을 왜곡하고 배타적인 당 활동으로 대중들을 당으로부터 이탈시켰다. 또 5배가, 10배가 운동을 무원칙하게 벌여 당내에 불순분자들이 수없이 많이 들어오게 하고 말았다. 혁명역량을 보존 확대해야 하는 조건에서 오히려 무모한 폭동을 조직해 당 조직이 막대한 피해를 입었으며, 모험적인 군인 폭동을 일으켜 국군 내 혁명역량을 파괴했다. 이로 인해 당 조직이 전면적으로 노출되어 탄압의 희생양이 되었고 남조선노동당은 괴멸적 상황에 놓였다.

이제 조국 통일을 하루빨리 실현하기 위한 특단의 대책이 요구되었다. 이런 상황을 타개하는 관건은 당 단체들에 대한 지도체계를 똑바로 세우는 것이었다. 이를 위해 1949년 5월 말 남북조선노동당 연합 중앙지도기관 회의에서는 남북조선노동당 합당준비사업 계획을 토의 결정하고, 합당사업을 적극 추진했다.[13]

이런 준비작업을 거쳐 1949년 6월 30일~7월 1일에 남북조선노동당 중앙위원회 연합전원회의가 열려 북조선노동당과 남조선노동당을 단일한 조선노동당으로 합당하기로 결정했다. 회의에서는 김일성 위원장을 조선노동당 중앙위원회 위원장으로 추대하고, 새롭게 당 중앙위원회를 구성했다. 이로써 동일한 지도사상과 조직원칙을 가지고 있으면서 전술적 필요 때문에 따로 존재하던 당이 하나의 당으로 통합되었다.

김일성 위원장은 훗날 남북조선노동당 합당에 대해 다음과 같이 평가했다.

"남조선에서 당이 전면적으로 파괴되고 지도적 지위에 있던 사

---

13) 남북조선노동당 조직에 대한 통일적 지도를 보장하기 위해 1948년 8월 2일 남북조선노동당 연합 중앙지도기관이 결성되어 있었다.

람들의 대다수가 북반부에 들어오고 또한 남조선에서 당의 합법적 활동이 보장되지 못하는 조건에서 우리 당은 남반부에서의 당사업을 강화하며 남북 노동당에 대한 통일적 지도를 더욱 튼튼히 보장하기 위해 1949년에 공식적으로 남북 노동당을 합당하였습니다."

| 3 |
4월 남북연석회의

남북연석회의 추진 배경과 과정

1947년 하반기부터 미국이 우리 민족을 배제한 채 제멋대로 '단선 단정'(이남만의 단독선거, 단독정부 수립) 정책을 추진하자, 남북의 모든 정당, 사회단체, 민중들은 투쟁으로 맞섰다.

1947년 10월 3일 북조선 민주주의 민족통일전선 중앙위원회 의장단 회의가 열렸다. 회의에서는 미국의 이남 단독정부 정책을 분쇄하고 조국의 완전한 통일독립을 이룩하기 위해 남북협상을 추진키로 했다.

이남의 정당, 사회단체들과 개별적 인사들은 이북의 남북협상 제의를 지지하고 이북의 정당, 사회단체들과 협상하자는 제안을 했다. 1947년 10월 말 남조선 민주주의 민족통일전선에서 남북협상을 요구하는 담화를 발표했으며, 11월에는 10여 개의 중간 및 우익정당 대표들이 모여 '정당협의회'를 결성하고 남북협상을 적극적으로 지지했다.[14]

이런 급박한 정세에서 1948년 1월 9일에 열린 북조선 민주주의 민족통일전선 중앙위원회 의장단 회의에서는 이남의 정당 사회단체 지도자들과 개별적 인사들에게 남북협상을 조속히 실현하자고 촉구하는 서한을 보내기로 했다.

1948년에 들어서면서 이남의 정세는 격화일로였다. 오락가락하던 김구와 한독당(한국독립당)이 외국군 철거와 남북협상 노선을 걷기 시작했으며, 좌우합작 운동을 추진했던 김규식도 남북협상 노선으로 선회했다.

유엔 결의에 따라 1948년 1월 9일 '유엔 임시위원단'이 서울에 도착했다. 그들은 유엔 주도의 남북총선거를 준비하려 하였으나 우리 민족의 거센 반대에 부딪혔다. 특히 38선 이북으로의 입북이 가로막히자 유엔감시 하의 남북총선거 방침을 포기하고 이남만의 단독선거로 선회했다. 유엔 소총회는 1948년 2월 26일 '유엔한국임시위원단이 접근 가능한 지역에서 선거(이남만의 단독선거)'를 투표로 밀어붙였다.

한반도 전역은 거센 저항의 물결이 넘쳐흘렀다. 이남에서는 '단독선거 반대, 단독정부 수립 반대!'의 기치를 든 2.7구국투쟁의 불꽃이 타올랐다. 노동자들은 전국적인 총파업에 돌입했다. 총파업은 2월 20일까

---

14) 김구의 한국독립당은 처음에는 '정당협의회'참가를 결정했으나, 도중에 이승만과의 협상으로 선회하면서 12월 참가를 보류했다. 이로써 정당협의회가 유명무실해졌다. 그 대신 벽초 홍명희를 중심으로 김규식, 안재홍, 김병로, 이극로 등 30여 명의 준비 위원들이 모여 '민족자주연맹'결성을 준비했고, 1947년 12월 20일 김규식을 위원장으로 하는 '민족자주연맹'이 결성되었다. 여기에는 민주독립당, 근로인민당, 사회민주당, 조선농민당 등 14개 정당과 좌우합작위원회, 시국대책협의회, 민주주의독립전선, 미소공동위 대책위원회 4개 연합단체와 25개 사회단체가 참여했다. 민족자주연맹은 남북협상을 적극 지지했다. 김구는 1947년 말 다시 남북협상 노선으로 선회하여 1948년 2월 10일 '삼천만 동포에게 읍고함'이라는 성명을 발표해 '미소양군 철퇴와 남북지도자 회의'를 제기했다.

지 약 200만 명의 노동자가 참가했다. 이 투쟁에서 사망한 사람만 100여 명이었고, 투옥된 사람은 8,500명에 달했다.

김구, 김규식은 1948년 2월 16일 이북의 김일성, 김두봉에게 남북지도자 회담을 열자는 제안을 담은 서한을 발송했다. 그리고 2월 26일 이남 단독선거 방침이 확정되자 단독선거에 불참하기로 했다. 홍명희도 단독선거 불참을 선언했다. 김구, 김규식, 홍명희 등은 수시로 만나면서 향후 대책을 협의했다. 3월 12일 김구, 김규식, 김창숙, 조소앙, 조성환, 조완구, 홍명희 명의의 7인 성명을 발표해 단독선거 불참과 남북협상 추진을 내외에 공표했다.

1948년 3월 25일 북조선 민전(민주주의 민족통일전선) 중앙위원회(26차 회의)는 남북 정당 사회단체 대표자 연석회의를 4월에 평양에서 열 것을 이남 정당 사회단체에 제안하는 공개서한을 발표했다. 북조선노동당 2차 대회에서 북조선 민전의 남북연석회의 소집 제안을 지지한다고 결정함으로써 남북연석회의가 본격적으로 추진되었다.

남북연석회의 개최 준비과정

남북연석회의는 매우 어려운 조건에서 준비되었다. 미국은 남북연석회의에 참가하려는 사람들에게 온갖 위협과 폭행을 가하면서 회의를 파탄시키려고 했다. 박헌영의 남로당 세력은 겉으로는 연석회의 소집을 지지하는 척하면서, 뒤에서는 중간 정당들까지 무원칙하게 배척하고 자기들의 비위에 맞는 사람들만 회의에 참가시키려고 꼼수를 부렸다. 이런 방해공작을 물리치고 남북연석회의를 성사시키려면 특단의 대책이 필요했다.

첩보전을 방불하는 각축전이 펼쳐졌다. 김일성 위원장은 이남의 많은 정당, 사회단체, 개별적 인사들에게 일꾼들을 은밀히 파견해 남북연석회의를 제안하는 공개서한을 전달하고, 북조선노동당의 조국통일방침과 통일전선정책, 남북연석회의 소집 목적을 설명토록 했다.

이때 맹활약한 사람이 성시백이었다. 성시백은 1905년 평산에서 태어나 서울 중동중학교를 다니다 상하이로 망명했다. 이후 중국공산당에 입당해 지하활동을 하며 중경 임시정부 요인들과 관계를 맺었다. 해방 이후에는 서울에서 조국통일을 위한 지하활동을 전개했다. 성시백의 지하활동의 일단이 『붉은 단풍잎』이라는 제목의 이북 영화에 소개되어 있다. 이북 『노동신문』1997년 5월 26일 자에는 "민족의 영수를 받들어 용감하게 싸운 통일혁명열사"라는 제목의 성시백에 관한 기사가 실렸다.

> 그는 괴뢰 국방부부터 사령부, 헌병대, 육군 정보국에 이르기까지 조직선을 늘리고 적군 와해공작을 벌였다. 괴뢰 정부, 경찰, 남조선 미군 부대와 장개석의 영사관까지 정보조직선을 그물처럼 펴놓았다.
>
> (……)
>
> 성시백 동지와 김구 선생은 남다른 인연이 있었다. 그 사연인즉 '상해임시정부'의 간판을 달고 프랑스 조계지 안에 있던 김구 선생을 비롯한 '임정' 사람들이 프랑스 총영사의 지시에 따라 조계지 밖으로 나가게 되었을 때 성시백 동지가 그들을 구원해준 것이었다. (……) 김구 선생은 이때 성시백의 구원을 고맙게 여겼으며 그를 출중한 인물로 보게 되었다. 이런 관계로 성시

백 동지는 김구 선생을 만나 허심탄회하게 이야기를 나누었다.

"(……) 제 생각에는 선생님은 우리 민족을 위하여 한생을 바쳐 오신 분인데 김일성 장군님을 직접 찾아뵙는 것이 어떤가 하는 것입니다. 최근에 이북에서 외세의 간섭을 배격하고 민족 자주 역량으로 조국을 통일하기 위한 대표자들의 연석회의를 개최할 데 대한 제의를 내놓았는데, 이 거사가 성사되기만 한다면 이것이야말로 우리 민족사에 특기할 사변이 아니겠는가 하는 의견입니다."

김구 선생은 그의 이 말을 듣고 한숨을 푹 내쉬더니 "자네 말에는 반박할 여지가 하나도 없네. 그렇지만 공산주의자들이라면 무조건 적으로 규정한 이 김구를 반가워할 리가 없지 않은가?" 라고 말하는 것이었다. 이때라고 생각한 성시백 동지는 "바로 그것이 선생님의 고충이시겠는데 나라가 영영 둘로 갈라지느냐, 아니면 통일이 되느냐 하는 시국에서 지나간 일을 두고 시비할 것이 있습니까? 백문이 불여일견이라고 선생님이 결단을 내리시어 북행하는 것이 어떻습니까? 미국 사람들의 시녀 노릇을 하는 이승만과 손을 잡겠습니까? 아니면 북에 들어가서 김일성 장군과 마주 앉겠습니까?"

"음, 군은 김일성 장군을 신봉하고 있군 그래. 알겠네. 내 알아서 용단을 내리겠네."

이런 적극적인 노력으로 이남의 거의 모든 애국적인 정당 사회단체들이 남북연석회의를 지지하기에 이르렀다. 이남의 민전 산하 정당, 사회단체들은 1948년 3월 29일 대표자 회의를 열고 남북연석회의를 지지하는 공동성명을 발표했다. 또한 중간 정당들과 일부 우익 정당들까지 남북연석회의를 지지했다. 또 고집스러운 민족주의자들도 역시 남북연석회의 소집을 지지했다.

남북연석회의 개최

마침내 온 민족의 커다란 관심과 기대 속에서 역사적인 남북조선 정당, 사회단체 대표자 연석회의가 1948년 4월 평양에서 개최되었다. 보통 우리가 알고 있는 4월 연석회의는 정확히 말하면 성격이 비슷하면서도 약간 다른 세 형태의 남북협상 모임을 통칭한다. 이를 엄격하게 정리하면 1948년 4월 19일~23일에 열린 남북연석회의와 1948년 4월 26일~30일까지 진행된 남북조선 정당 사회단체 지도자협의회 그리고 1948년 5월 2일 쑥섬에서 열린 전조선 정치협상회의의 세 가지로 나뉜다.

첫 번째 남북연석회의는 북조선 민전이 발기한 회의였고, 두 번째 남북 정당 사회단체 지도자협의회는 김구와 김규식이 제기한 것을 북측이 수용한 형태의 회의이다. 세 번째 쑥섬회의는 김일성 위원장이 발기한 모임이다. 회의의 목적과 성격이 모두 같으므로 일반적으로 남북연석회의라고 통칭한다.

남북연석회의는 4월 14일에 개최할 예정이었으나 김구, 김규식의 북행을 기다리느라 연기됐다. 하지만 계속 연기할 수만은 없어 4월 19일에 평양 모란봉극장에서 남북연석회의가 개막되었다. 회의 개막 당시까지 참석하지 못했던 김구는 1948년 4월 19일 38선을 넘어 평양으로 향했으며, 김규식은 4월 21일 38선을 넘었다.

회의에는 남과 북의 56개 정당, 사회단체 대표 695명이 참석했다. 이 단체들에 속한 사람의 총수는 1,000여만 명에 달했다. 연석회의 참가 대표들의 직업별 구성은 다음과 같다.

직업별	노동자	농민	정당, 사회단체 활동가	기업가	상업인	인민정권 기관 종사자	종교인	문학 예술인	학생	도시 빈민	계
참가자 수 (명)	154	111	195	9	39	86	14	28	22	37	695

1948년 4월 22일 남북연석회의 회의장으로 들어가는 김일성 위원장과 김구 주석

남북연석회의가 열렸던 평양 모란봉극장

남북연석회의장에서 연설하는 김구 주석

1948년 4월 21일 남북연석회의에서 연설하는 김일성 위원장

　회의에 참석한 각계각층 대표들은 각기 주의 주장과 정견은 달랐으나 민족 분열의 위기를 타개하고 조국의 자주적 통일을 실현하려는 같은 지향과 염원에 차 있었다. 이 당시 미국의 한 문필가는 "이 회의는 이승만을 제외하고 남한에 있는 유명한 인물이 거의 한 사람도 빠짐없이 포함돼 있었다. (……) 이렇듯 다수의 남한 사람이 출석했다는 것은 비록 사정이 어떻든지 간에 조국 통일에 대한 그들의 본능이 얼마

나 뿌리 깊은 것인가를 보여주는 것"(『맥아더의 수수께끼』 일본어판, 지지봉 신사, 1951년)이라고 썼다.

회의 둘째 날(4월 19일 개막되었으나, 4월 20일 휴회)인 4월 21일에 김일성 위원장은 '북조선 정치정세'라는 보고를 했다. 그는 먼저 이북의 인민정권 건설과 민주개혁 실시과정에 대해 보고했다. 이어서 한반도 분열을 획책하는 미국의 책동을 폭로 규탄하고, 당면과제로서 미국이 주도하는 이남 단독선거를 저지하고 민주주의적 원칙에서 통일적 중앙정부를 수립할 것을 제시했다. 이를 위해 전 민족적인 반미구국 투쟁에 떨쳐 나설 것을 호소했다.

"지금 조국 분열의 위기에 처한 이 엄중한 때에 우리가 단결하여 투쟁하지 않으며 미 제국주의자들의 침략을 물리칠 일대 구국 대책을 세우지 않는다면 우리는 민족과 후손들에게 천추에 씻을 수 없는 죄를 짓는다는 것을 알아야 할 것입니다. 우리는 모든 힘을 다해 통일적 자주독립국가를 건설하며 민주주의적 원칙에서 통일정부를 세우기 위한 거족적 투쟁을 벌여야 하겠습니다. 조국을 진정으로 사랑하는 사람이라면 누구를 막론하고 망국적 단독선거를 단호히 거부하여야 합니다. 이 거족적 투쟁에서 나라와 민족의 운명을 염려하는 모든 사람은 당파와 종교의 소속, 정치적 견해를 가리지 말고 반드시 단결하여야 하겠습니다."

회의 셋째 날인 4월 22일에는 김구, 홍명희, 조소앙, 조완구 등도 연석회의에 참여했다. 김구가 대표로 축사를 했다.

"조국이 없으면, 민족이 없고 민족이 없으면 무슨 당, 무슨 단체는 존재할 수 있습니까? 현 단계에 있어서 우리 전 민족의 유일한 최대 과업은 통일독립의 전취인 것입니다. 그러므로 현하에 있어서 우리들의 공동투쟁 목표는 단선 단정을 분쇄하는 것이 되지 않으면 아니 될 것입니다."

회의에서는 이남 단독선거를 반대 배격하며 통일정부 수립에 대한 결의를 담은 '조선정치정세에 대한 결정서'를 만장일치로 채택하고, 외국 군대의 즉시 철거를 미소 양국에 요구[15]하였다. 아울러 전 조선 동포들에게 투쟁에 떨쳐 나설 것을 호소하는 격문('전 조선 동포에게 격함')을 채택했다. 미국의 단독선거 추진을 저지하기 위한 전 민족적 투쟁을 더욱 힘차게 벌이기 위해 '남조선 단독선거 반대 투쟁 전국위원회'를 조직하고, 사업 방향을 결정했다.

이로써 남북의 모든 애국 민주세력과 전체 민중들은 이남 단독선거 반대 투쟁에 있어서 하나의 목표와 단일한 조직적 틀을 갖는 광범한 전 민족적 통일전선을 결성하게 되었다.

남북연석회의에 이어 1948년 4월 30일에는 일련의 과정을 거쳐 남북조선 정당, 사회단체 지도자협의회가 열렸다. 4월 26일 김일성, 김두봉, 김구, 김규식 4인 지도자 모임이 있었으며(이 모임은 4월 30일 한 차례 더 있었다) 4월 27일에는 남북지도자 15인 모임이 있었다. 이 모임에 참석한 사람은 김구, 김규식, 홍명희, 조소앙, 조완구, 최동오, 이극로,

---

15) '사회주의 소비에트공화국 정부와 북미합중국 정부에 보내는 정당 사회단체 대표자 연석회의 요청서

엄항섭, 박헌영, 허헌, 백남운(이상 남측) 그리고 김일성, 김두봉, 최용건, 주영하(이상 북측) 등이었다(이 모임 역시 4월 30일에도 열렸다). 4인 모임과 15인 모임에서 논의 결정된 사항을 갖고 남북연석회의에 참석한 56개 정당 단체들이 모두 서명한 '남북조선 제 정당, 사회단체 공동성명서'를 발표했다. 공동성명의 핵심은 미국과 소련 양국 군대를 철거시킨 후 남북조선 정당, 사회단체 명의로 전 조선 정치회의를 소집하고 민주주의 임시정부를 수립한 다음 일반, 직접, 평등, 비밀의 선거원칙에 따라 통일적인 최고입법기관을 선거하고, 헌법을 제정해 통일적 민주주의 정부를 수립하자는 것이었다. 이 회의는 단독선거 반대에 방침이 찍혀 있었던 연석회의의 제한성을 극복해 통일적 중앙정부를 수립하기 위한 방도를 합의했다는 점에 그 의미가 있다.

1948년 5월 2일, 김일성 위원장은 남북연석회의에 참석한 이남의 정당 사회단체 대표자들을 대동강의 쑥섬으로 초청했다. 쑥섬으로 향하는 배에 오른 김일성 위원장은 이남 대표인 김구, 김규식, 조소앙, 엄항섭, 조완구, 최동오, 홍명희 등을 한 사람 한 사람 직접 손을 잡아 배에 태워주었다. 이북의 김책도 한 배에 올랐다. 이때 이남에서 올라갔던 한 대표는 이 광경을 보고 "아, 얼마나 극적이냐. 어제까지도 반공 일선에 서 있던 저 어른들이 '공산호'를 타고 저렇게 흡족해하다니!"라고 부르짖었다.

쑥섬의 하루는 단순한 휴식 모임이 아니었다. 이날 쑥섬 모임은 연석회의 방침을 관철하기 위한 실천적 방도와 조국통일 전망 문제를 심도 있게 토의한 전 조선 정치협상회의로 역사에 기록되었다. 당시 이남 대표들은 통일구국을 위해 연합을 주장하는 공산주의자들의 요청이 추호의 사심도 없는 진심인가 하는 의구심이 있었다. 김일성 위원장은 이런 심중을 꿰뚫어보고 있었다. 이 때문에 그들의 평양에서의 활동을 애국적 쾌거로 높이 평가하고, 앞으로의 사업을 흉금을 털어놓고 격식 없이 의논해 보자고 제의했다. 이남 대표들은 의구심을 버리고 품고 있던 생각들을 숨김없이 털어놓았다. 김일성 위원장은 단독선거 반대 투쟁과 전 조선 민주선거를 통한 통일적 중앙정부 구성에 관한 자신의 견해를 허심탄회하게 얘기했다. 이날 쑥섬협의회에서는 이남 단독선거를 저지하고 남북 총선거를 실시하여 통일적인 중앙정부인 조선민주주의인민공화국을 창건하자는 데에 의견의 일치를 보았다.

서울로 돌아온 김구와 김규식은 언론에 다음과 같은 공동성명을 발표했다.

'남북 제 정당 사회단체 연석회의는 조국의 위기를 극복하며, 민족의 생존을 위해서는 우리 민족도 세계의 어느 우수한 민족과 같이 주의와 당파를 초월하여서 단결할 수 있다는 것을 또 한번 행동으로 증명한 것이다. 이 회의는 자주적 민주적 통일조국을 재건하기 위하여서 양 조선의 단선 단정을 반대하며, 미소 양군의 철퇴를 요구하는 데 의견이 일치했다. (……) 더욱이 남북 제 정당 사회단체 공동성명서는 앞으로 양군 철퇴 후, 전국정치회의를 소집하여 통일적 임시정부를 조직하고, 전국 총선거를 경經하여 헌법을 제정하고 정식 통일정부를 수립할 것을 약속함으로써 자주적, 민주적 통일조국을 건설할 방향을 명시하였으며, 외력의 간섭만 없으면 우리도 평화로운 국가생활을 할 수 있다는 것을 확증했다. (……) 우리는 행동으로써만 우리 민

족이 단결할 수 있다는 깃뿐만 아니라 사실로도 우리 민족끼리
는 무슨 문제든지 협조할 수 있다는 것을 체험으로 증명했다.'
　　　－『다시 김구를 부르다』(유기홍 공저, 와이즈베리, 2018) 중에서

쑥섬협의회를 기념해 세운 통일전선탑과 쑥섬협의회 사적물들. 아래 사진은 통일전선탑 뒷면에
적혀 있는 쑥섬협의회 참가 대표 명단. 오른쪽부터 김책, 김구, 김규식, 홍명희, 백남운, 조소앙,
엄항섭, 조완구, 최동오, 김종항, 정진석 등이다. 쑥섬에는 현재 과학기술대 전당이 들어서 있다.

|4|
조선민주주의인민공화국 창건

파탄 난 단독선거

4월 남북연석회의로 인해 미국의 '단선 단정' 기획은 정치적으로 파산했다. 그럼에도 미국은 총칼을 앞세워 이남 단독선거를 몰아붙였다. 그들은 미군을 증파하고, 특별경계령을 하달하여 완전무장 상태에서 비상사태에 대비하도록 했다. 또 국방경비대에 민간인을 구속 수사할 수 있는 권한까지 부여했다. 중무장한 경찰이 요소요소를 지키는 등 이남 사회 전역에는 계엄과 같은 폭압적 분위기가 조성되었다. 숨쉬기조차 어려운 상황에서 곳곳에서 점거와 학살이 계속되었다. 이와 같은 공포 분위기 속에서 3월 30일부터 강압적인 선거 등록이 실시되어 4월 13일에 완료되었다.

민중들은 굴하지 않고 곳곳에서 투쟁의 깃발을 높이 들었다. 제주에서는 4.3민중항쟁이 폭발했으며 여수와 순천에서도 군인들의 저항이 폭발했다. 전국 각지 노동자, 농민 대중들은 4월 남북연석회의에서 채택된 '전 조선 동포에게 격함'의 호소에 따라 거족적인 반미구국 투쟁에 돌입했다. 투쟁의 주된 목표는 미국의 '단선 단정' 책동을 저지 파탄시키는 것이었다.

미국은 민중들의 드센 항쟁에도 불구하고 단독선거를 강행했다. 선거날이 다가왔다. '남조선 단독선거 반대투쟁 전국위원회'는 미국의 '단선 단정' 음모를 분쇄하기 위해 전체 민중이 총궐기할 것을 호소하는 성명서를 발표했다.

"유엔 조선위원단은 4월 28일 회의에서 5월 10일 거행될 남조선 선거를 감시하기로 결정했다. 이 결정은 그것이 조선을 분할하여 남조선을 식민지화하려는 미국의 정책을 수행하는 미국인들의 충실한 앞잡이라는 것을 다시 한번 명백히 보여주었다. (……) 애국 동포들이여! 미국인들과 유엔 조선위원단이 조작해내는 어떠한 기만과 위조에도 속지 말고 그것을 힘차게 폭로하자. 어떠한 강압과 위협에도 굴종하지 말고 단독선거 보이콧에 대한 남북조선 제 정당 사회단체 연석회의의 결의를 실천하여 남조선 단선을 결정적으로 파탄시키자."

―『다시 쓰는 한국현대사 1』(박세길, 돌베개) p152에서 재인용

"시민동포들이여! 경애하는 부모형제들이여! 오늘 당신들의 아들, 딸, 동생들은 무기를 들고 일어났습니다. 매국 단선을 결사적으로 반대하고 조국의 독립과 완전한 민족해방을 위하여! 당신의 고난과 불행을 강요하는 미 제국주의와 주구들의 학살 만행을 제거하기 위하여! 우리들은 무기를 들고 궐기하였습니다. 당신들의 궁극적 승리를 위하여 싸우는 우리들을 보위하고 우리와 함께 조국과 인민이 부르는 길에 궐기하여야 하겠

습니다."

– 『다시 쓰는 한국현대사 1』(박세길, 돌베개) p152에서 재인용

이런 호소에 따라 단독선거 반대투쟁은 선거기관을 공격하고, 매국적 선거 후보자를 처단하고, 지서 등 미 군정 행정기관을 타격하는 등 총칼이 부딪히는 유혈투쟁으로 발전해 갔다. 전국 각지 노동자들은 파업에 들어갔고, 학생들은 동맹휴학에 들어갔으며, 시민과 상인들은 철시투쟁에 돌입했다. 민중들의 투쟁 기세에 고무받은 일부 군정 관리와 경비대원들도 매국 단선에 반대해 궐기했다.

단독선거일이 되자 미군은 비상계엄령을 발표하고, 부산과 인천 앞바다에서는 급파한 미 군함이 위협시위를 벌였다. 하늘에는 미 공군기가 공포 분위기를 조장하며 날았다. 곳곳에서는 무장 경관이 살벌한 눈초리로 민중들을 투표장으로 내몰았다. 선거에 출마한 입후보자들은 이승만 세력과 친일파 세력들밖에 없었다. 5.10 단독선거는 민주적 선거가 아니라 민주주의를 총칼로 짓밟고 주권을 강탈한 강도 행위이며, 학살로 얼룩진 피의 잔치였다.

민중들의 피어린 투쟁으로 단독정부 수립을 위한 단독선거는 사실상 파탄되었다. 민중 투쟁으로 제주도와 일부 지역에서는 선거 자체를 치를 수 없었고, 선거를 치른 곳에서조차 전체 유권자의 80%가 선거에 불참했으며, 선거 결과는 10여 일이 지나도록 발표하지 못했다. 미 군정이 축소 조작한 발표도 '5.10 선거'를 전후한 일주일 동안 민중들이 228개 선거사무소를 습격했으며, 도처에서 경관들과 입후보자들을 처단했다. 과장되었을 게 뻔한 미 군정의 공식집계조차 이남 전체 인구의 3분의 1에도 못 미치는 숫자만 투표에 참여했다.

5월 7일~10일까지 단독선거 반대투쟁으로 학살된 사람이 350명, 검거 투옥된 사람이 5,425명이었다. 남북연석회의에 참여했던 정당 단체들은 '선거를 인정하지 않는다'라는 성명을 발표했고 김구, 김규식, 김창숙, 유림 등 개별적 인사들도 선거를 인정할 수 없다는 성명서를 냈다.

이렇게 되자 미국은 어용 도구로 변질한 '유엔한국임시위원단'을 앞세워 선거가 자유의사 표시에 의해 진행됐다고 공표하고, 미리 짜둔 각본에 따라 신식민지 예속 정권을 조작했다. 그것이 바로 이승만 정권의 실체이며, 대한민국의 진면모다.

> '이렇게 하여 대한민국은 민주의 폐허 위에서, 난자된 주권의 시체더미 위에서, 그리고 미국의 사생아로서 오욕의 운명을 안은 채 태어나게 되었다.'
>
> — 『다시 쓰는 한국현대사 1』(박세길, 돌베개) p157에서 재인용

제2차 남북 제 정당 사회단체 지도자협의회

미국의 단독정부 수립 강행으로 매우 엄중한 정세가 조성되었다. 한반도에 대한 미국의 예속화정책과 민족 분열정책의 직접적 산물이었다. 이로 말미암아 민족 분열의 위험이 더욱 커졌으며, 조국의 자주적 통일을 향한 투쟁의 앞길에는 새로운 난관이 조성되었다. 이제 국토 분단과 민족 분열을 막고 조국의 자주적 통일을 이룩하기 위한 적극적이며 결정적인 대책이 필요해졌다. 난국 앞에서 주저앉아 있거나 소극적인 방어에 매달린다면 미국의 단독정부 수립 음모가 그

대로 관철될 것이고, 우리 민족의 자주통일 열망은 그 싹이 잘리게 될 것이다.

역경을 맞받아 순경으로 바꿀 혁명적 대책이 필요했다. 혁명적 대책이란 민중의 힘으로 단독정부 수립 음모를 분쇄하고, 전체 민족의 의사와 요구를 대표하는 합법적인 통일정부를 세우는 것이었다. 즉 단독정부 수립에 통일정부 수립으로 맞받아쳐 나가는 것만이 활로였다. 이와 같은 결정적 대책이 아니고는 미국에 의해 성립되고, 유엔에서 유일 합법 정부라고 도장을 찍어준 이남의 예속 정권이 그대로 고착되고 강화되는 꼴을 보고만 있을 수밖에 없었다.

미국은 단독선거 강행에 이어 1948년 5월 31일 제헌의회를 소집했다. 북조선노동당은 1948년 6월 2일 정치위원회 확대회의를 열어 이에 대한 대책을 논의했다. 회의에서는 이남 단독정부 수립이 기정사실로 된 마당에 반대시위나 반대성명만으로는 문제가 해결되지 않는다는 데로 의견이 모아졌다. 이제 이남의 단독정부 수립에 대한 강력한 대응으로 통일정부 수립 투쟁을 해야 한다고 결론을 내리고, 제2차 남북지도자협의회를 개최하기로 했다. 이튿날 북조선 민전 확대중앙위원회도 이와 같은 방침을 확정했다.

제2차 남북지도자협의회는 우여곡절 끝에 1948년 6월 29일~7월 5일 평양에서 개최되었다. 4월 연석회의에 참석했던 김구와 김규식은 참석하지 않았으며, 그 외에도 몇 개의 단체들이 참석하지 못했다. 4월 연석회의 때는 전체 56개 단체가 참석했으나 2차 지도자협의회에는 남측 참석 단체가 20여 개로 줄어들었다.

이북의 지도부는 김구와 김규식의 방북을 실현하려 노력했으나 성사되지 못했다. 김구와 김규식은 북의 '통일입법기구 구성을 위한 선거 문제를 토의하고자 하니 두 분 선생님도 여기에 직극 호응해 주시기를 요망한다'는 내용의 서한에 대해 '국토 양단과 민족 분열을 막자고 4월에 평양회담을 가졌고, 앞으로도 계속 통일을 모색하자고 해놓고 이제 와서 남한에서 단독정부가 수립되니 북한에서도 단정을 수립하겠다는 것은 민족 분열행위가 아닌가'라는 요지의 답신을 보냈다.

1948년 6월 29일 '남조선 단독선거와 조국통일 방책'을 안건으로 제2차 남북지도자 협의회가 개최되었다. 이날 회의에서는 북측 대표 김일성, 남측 좌익 대표 박헌영, 우익 대표 홍명희, 중간파 대표 이영이 각각 보고 연설을 했다. 이 자리에서 김일성 위원장은 '남조선 단독선거와 관련하여 우리 조국에 조성된 정치정세와 조국통일을 위한 투쟁 대책'이라는 보고를 했다. 그는 보고에서 강제와 날조로 실시된 5월 10일 단독선거와 매국노의 소굴인 '남조선 국회'의 불법적인 조작 진상을 낱낱이 분석 폭로하고 전 조선 정부를 세우자는 적극적인 방침을 제시했다.

"현 정세에서 미군이 철거하기만 기다리면서 남조선 친일파, 민족반역자들의 매국적 반동정권이 강화되는 것을 내버려두는 것은 민족과 우리의 후대들에게 천추에 씻을 수 없는 죄를 짓는 것입니다. 만일 우리가 결정적 구국대책을 세우지 않는다면 조선 인민은 우리를 영원히 원망할 것입니다.

우리는 지체없이 조선 인민의 의사를 대표하는 전 조선 최고입법기관을 세우고 조선민주주의인민공화국 헌법을 실시하여야 하겠습니다. 그리하여 우리는 단독정부를 세울 것이 아니라 남북조선 정당, 사회단체 대표들로써 전 조선 정부를 세워야 하겠습니다."

김일성 위원장은 남과 북의 정세가 서로 다른 만큼 구체적 실정에 맞게 남북총선거를 실시해야 한다면서, 그 구체적 방안을 제시했다.

남측 우익 대표 홍명희는 이남에는 단선 단정 추진으로 조선의 영구분단을 획책하는 '조국의 반역자이며 배신자'들이 있는 반면, 남북연석회의의 정신과 원칙적으로 일치된 정치적 지향을 지닌 '진정한 우익'세력도 있음을 강조했다. 그리고 '우리들' 즉 이런 우익 세력이 1948년 4월 남북연석회의에 참가한 것은 근본적인 문제에 있어서 "우리들 사이에, 그리고 다른 경향들과의 사이에 근본적인 문제와 중대한 문제들에서 원칙적인 견해차가 없었기 때문이며, 우리들 자신이 애국자이기 때문"이라고 설명했다. 결론적으로 그는 "조선의 통일을 위해" 다음과 같이 제안했다.

"우리에게는 인민들의 이익을 옹호하는 인민대표로 구성된 중앙정부 수립이 필요합니다. 이것을 통하여 우리는 전 세계에 통일을 위한 우리들의 노력을 보여주고, 미제국주의자들과 조선 인민들의 반역자들의 정체를 폭로합시다.
우리의 하나의 입법기관 창설은 우리 조국의 분열이 아닌 조국의 통일을 지향할 것입니다. 입법기관은 미제국주의자들의 폭력에 의해서가 아니라, 우리 인민들의 자유스런 의사표시를 통해 창설될 것입니다."

－『벽초 홍명희 연구』(강영주, 창작과 비평사, 1999) p570에서 재인용

통일이냐 분열이냐, 자주독립이냐 식민지 예속이냐 하는 엄혹한 시점에서 우리 민족이 나아갈 길은 전 조선 정부를 세우는 것이었다. 이것은 이남 단독정부 수립의 불법성을 내외에 폭로하고, 남북 전체 민중의 이익과 의사를 대표하는 유일한 합법 정권을 창건하는 가장 합리적이고 현명한 대책이었다. 또한 국토 양단과 민족 분열을 꾀하는 미국에 결정적 타격을 주고 우리나라의 완전한 자주독립을 앞당길 수 있게 하는 매우 공격적인 방침이었다.

1948년 7월 5일, 제2차 남북지도자협의회는 단독선거의 무효를 선언하고 남북총선거를 통해 통일적인 민주주의 인민공화국을 창건하기로 만장일치로 결정한 '남북 정당 사회단체 지도자협의회 결정서'와 '최고인민회의 선거 절차에 관한 합의서'를 채택하고 폐막했다. 이때 합의된 바에 따르면 남북총선거를 보장하기 위해 이북에서는 일반, 평등, 직접, 비밀투표를 실시하며, 미국이 강점하고 있는 이남에서는 자유로운 선거가 불가능하므로 첫 단계로 서면투표의 방법으로 인민대표자회의 대표를 선출한 다음, 두 번째 단계로 선출 대표들이 모인 인민대표자회의에서 비밀투표의 방법으로 최고인민회의 대의원을 선출하기로 했다. 테러와 폭압이 판치는 이남 땅에서 선거를 실시할 수 있는 합리적인 방법이었다.

남북총선거

제2차 남북지도자협의회 결정에 따라 남북총선거가 일정에 올랐다. 남북총선거에 앞서 남과 북의 전 지역에서는 '조선민주주의인민공화국 헌법 초안'에 대한 토의가 활발히 벌어졌다.

'조선민주주의인민공화국 헌법 초안'은 언제 어떻게 만들어졌는가?

일찍이 통일정부 수립에 있어서 헌법 제정이 매우 중요하다고 본 김일성 위원장은 1947년 11월 헌법제정위원회를 설치하고, 헌법 초안을 작성하도록 했다. 이때 "우리가 제정하려는 헌법은 철저히 전체 조선 인민의 요구와 이익에 부합되는 민주주의적이며 인민적인 헌법으로 되어야 합니다"라고 그 방향을 제시했다. 그리고 작성된 헌법 초안을 전 민중적 토의에 붙이도록 했다.

1948년 2월 북조선 인민회의 12차 전원회의에서 '조선민주주의인민공화국 헌법 초안'이 공표되고, 대중적 토의에 들어갔다.

헌법 초안을 전 군중적 토의에 붙인다는 것은 일반적으로는 상상하기 어렵다. 김일성 위원장은 간부들에게 "헌법 초안을 전 인민적 토의에 붙이는 것은 우리나라와 같이 근로인민대중이 주권의 주인, 사회의 주인이 된 진정한 인민의 나라에서만이 진행할 수 있는 사업이며, 그것은 그대로 우리 주권과 사회제도, 우리 헌법의 인민적이며 민주주의적인 성격을 온 세상에 과시하는 것으로 될 것"이라고 밝혔다. 또 "헌법 초안에 대한 전 인민적 토의사업은 인민들이 나라의 정사에 적극 참여하며 우리 헌법에 인민대중의 염원과 의사를 더욱 훌륭히 반영하기 위한 훌륭한 계기로 될 것"이라고 그 의의를 밝혔다.

헌법 초안 토의는 1948년 2월 11일부터 4월 25일까지 70일에 걸쳐 남과 북, 한반도 전 지역에서 진행되었다. 이 시기 남북의 민중들은 매우 열정적으로 헌법 초안에 대한 토의에 참가했다. 이때 토의에 참여한 사람의 숫자는 무려 746만 명에 달했다. 헌법 초안에 대한 대중적 열의는 6,680통에 달하는 감사문과 5만 8,000여 통의 결정서로 증명된다. 한 감사문에는 "지난날 사람값에 가지도 못했던 노동자, 농민들을

국가의 주인으로 높이 내세우는 헌법을 갖게 된 것만 해도 더없는 영
광인데 그 헌법 초안을 토의하는 데 참가하고 보니 이제는 정말 나라
의 주인이 되었다는 생각이 들고, 주인 구실을 똑바로 해야겠다는 생
각이 더 깊어졌다"라고 토로했다.

이남의 한 사회단체는 헌법 초안을 지지한다는 결정서에서 공화국
헌법 초안을 전국적으로 실시하기 위해 끝까지 굴함 없이 투쟁할 것이
라고 결의를 밝혔다. 1948년 4월 29일 북조선 인민회의 특별회의는 공
화국 헌법 초안을 만장일치로 통과시키고 앞으로 창건될 조선민주주
의인민공화국 헌법으로 채택할 것을 결정했다. 헌법 초안 토의는 조
국통일과 민주화를 위한 투쟁 목표를 명확히 알려줌으로써 남북총선
거 실시에 크게 기여했다.

1948년 7월 9일에 열린 북조선 인민회의 5차 회의는 이북에서 '조선
민주주의인민공화국 헌법'을 시행한다고 선포했다. 그리고 최고인민
회의 대의원 선거를 진행하기로 결정하고, 총선거 실시대책을 정리했
다. 이어서 북조선노동당 중앙위원회 제2차 회의(1948.7.12.~13)에서는
당 단체들의 역할을 높이기 위한 대책을 논의하고 1948년 8월 2일 남
북조선노동당 연합중앙지도기관을 조직했다. 총선거에 기초해 통일
적 중앙정부를 세우기 위한 사업을 더욱 힘있게 추진하기 위한 조치였
다. 1948년 8월 북조선노동당 당중앙위원회 상무위원회에서는 '조선
민주주의인민공화국'이라는 국호 제정을 결정하였으며, 국기, 국장의
도안 작성을 추진해 나가기로 했다.

남과 북에서 '조선민주주의인민공화국' 창건을 위한 남북총선거 투
쟁이 치열하게 벌어졌다. 이북에서는 공개적이고 합법적으로 순탄하
게 선거가 진행되었다. 1948년 7월 10일 중앙선거위원회가 조직되었

고, 그에 기초해 구 선거위원회와 분구 선거위원회가 조직되었다. 선거 선전사업을 강화하기 위해 선거 선전실이 설치되었다. 대의원 후보 선정은 민주주의민족통일전선 산하의 제 정당, 사회단체들의 공동 입후보제 방식으로 진행되었다.

문제는 이남에서 총선거를 어떻게 추진해 나가느냐 하는 것이었다. 이남에서는 먼저 서명을 받는 식으로 대표자(최고인민회의 대의원을 직접 뽑는 것이 아니라 대의원 선출을 위한 인민대표자 회의에 보낼 대표자)를 선출하는 사업부터 시작되었다. 대표자 선거는 미 군정의 테러와 탄압 분위기 속에서 어렵게 진행되었다. 미 군정의 이남 전역에 비상계엄령을 선포하고 미군과 무장경찰, 테러집단을 풀어 남북총선거를 저지하고자 했다.

이런 살벌한 분위기 속에서도 선거는 착착 진행되었다. 먼저 대표자 선거를 보장하기 위한 선거위원회를 조직했다. 선거위원회에서는 규정에 따라 대표자 선거를 위한 서명 사업에 동원될 7만 8,010명의 전권위원을 선발했으며, 민주주의 정당, 사회단체들에서는 공동입후보자 추천을 성공적으로 진행했다. 선거투쟁의 승리를 위해 5만 8,875명의 선전원이 뽑혔으며, 이들은 감시와 탄압을 뚫고 노동자, 농민을 비롯해 각계각층 군중 속에 들어가 선전사업을 활발히 벌였다. 구두선전, 호별방문, 피켓 선전물 제작 등 다양한 형식과 방법으로 남북총선거의 필요성과 의의를 해설하고, 최고인민회의 대의원 선거와 조선민주주의인민공화국 창건의 필요성과 정치적 의의를 열정적으로 선전했다.

최고인민회의 대의원 선거가 시행되었다. 이남 민중들은 7월 10일 ~8월 20일 기간에 경찰과 그 앞잡이들의 감시가 그림자처럼 따르는 위험을 무릅쓰고 선거에 참가해 한 표를 행사했다. 이후 해주에서 열린 남조신 인민대표회의에 참가한 한 노동자 대표는 선거에 참가하는 노동자들의 투쟁 모습을 다음과 같이 말했다.

> "우리 노동자들은 통일조선을 건설하기 위하여 통일적 입법기관과 통일정부 수립이 얼마나 필요한가를 잘 아는 까닭에 이번 선거에 누구보다도 용감히 참가했습니다. 인천부두 노동자들은 이번 통일선거가 실시되자 (……) 각 직장에 들어가 모두 열성을 다해 선거선전을 한 결과 부두의 4,000명 노동자 전원이 투표에 참가했습니다. 중요 공장 노동자들은 (……) 공장선전대를 조직하고 경쟁적으로 선거를 실시했습니다."
>
> ─ 『조선전사 24』
>
> (과학백과사전출판사, 1981, 이북 사회과학연구소 보관) p169

1948년 8월 25일, 남북 전 지역에서 최고인민회의 대의원 선출을 위한 남북총선거가 성공적으로 진행되었다. 이북에서는 유권자 총수의 99.47%가 참가했다. 이남에서는 총유권자 868만 1천 746명의 77.52%에 해당하는 673만 2,407명의 서명으로 1,080명의 인민대표를 선출했다(5.10 총선 당시 이남의 유권자 수는 국회 선관위에서는 788만 4,905명으로 집계했고, 미 군정청에서는 983만 4,000명으로 집계했다).

해주 남조선 인민대표자대회

1948년 8월 21일 해주에서 이남의 정당 단체들이 공동으로 추천한 최고인민회의 이남 지역 대표를 선출하기 위해 남조선 인민대표자대회가 열렸다. 대회에는 사선을 뚫고 참가한 이남 각 지역의 대표 997명이 참석했다(본래 1,080명이 선출됐으나 사선을 뚫고 참가한 대표자는 997명이었다). 1,080명의 출신 정당, 단체를 보면 남로당, 민주독립당, 근로인민당, 인민공화당, 사회민주당, 신진당, 민족자주연맹, 민주한독당, 전평, 농맹, 여맹 등 30명 이상의 단체들이 대표를 냈다. 대체로 남북연석회의에 참가하고 제1차 남북정당단체 지도자협의회에서 통과된 공동성명서에 서명한 정당, 단체들이었다. 친일 매국세력과 김구, 김규식 등 일부 우익단체를 제외한 이남의 민주주의 정당 단체들이 대부분 망라되어 이남 민중의 민주주의적 의사와 요구를 명실상부하게 대표한다고 볼 수 있다.

박헌영의 개회 선언에 이어 홍명희의 개회사가 있었다. 홍명희는 이남에서 자행되고 있는 미국의 식민지 침략정책을 폭로한 후, 단선단정을 강행하려는 미 군정과 경찰의 테러 탄압으로 해주에서 대회를 개최할 수밖에 없었던 불가피성을 밝혔다. 이어서 "남조선의 민주주의적 애국 진영에서 인민의 민주주의적 선거에 의해 선출된 대표들이 위대한 북조선 동포들이 선거한 대표들과 동일한 입법기관을 구성한다면 이것은 참으로 전 민족적인 입법기관이 될 것"이라고 남조선 인민대표자대회의 의의를 밝혔다. 이를 통해 구성될 "조선최고인민회의는 통일 중앙정부를 수립할 것"이며, 이런 통일 중앙정부는 "미제국주의자의 침략정책을 반대"하고, "민족반역자 매국도당을 배격"하며, 미소 양군의 동시 철퇴를 실현시킬 것이라고 주장했다.

— 『벽초 홍명희 연구』(강영주, 창작과 비평사, 1999) p572

김일성 위원장도 대회에 참석했으나, 공식 연설은 북로당을 대표해서 김두봉이 했다. 하지만 대표들의 요구에 따라 신행한 비공식석인 담화에서 김일성 위원장은 다음과 같이 말했다.

"남북조선의 제 정당, 사회단체들과 애국적 인사들은 나라가 처한 오늘의 엄중한 정국을 하루속히 타개하고 조국의 통일과 완전 자주독립을 위하여 더욱 억세게 투쟁하여야 합니다. 조선 인민은 일제에 의하여 강요당하였던 식민지 망국노의 쓰라린 역사를 더는 되풀이하지 말아야 합니다. 우리는 남조선을 식민지로 만들려는 미제의 책동을 절대로 허용하지 말아야 하며 나라와 민족을 팔아먹는 친일친미파, 민족반역자들을 비롯한 매국적 반동세력을 철저히 고립 분쇄하여야 합니다.

(……)

현 정세 하에서 국토 양단과 민족 분열의 위기를 막기 위하여서는 남북총선거를 실시하여 전체 조선 인민의 의사를 대표하는 전 조선 최고 입법기관인 최고인민회의를 창설하고 남북조선 대표들로 통일적 조선 중앙정부를 수립하여야 합니다. 남북총선거를 실시하는 것은 전체 조선 인민 앞에 나서고 있는 가장 절박한 과업입니다. 우리가 이번에 실시하는 남북총선거는 조국의 통일독립을 위한 애국애족적인 선거이며 남북조선 전체 인민이 자신의 손으로 전 조선 최고주권기관과 통일적 중앙정부를 수립할 수 있는 가장 합리적인 길입니다.

(……)

남북조선 전체 인민의 총의에 의하여 창설되는 조선최고인민회의는 전체 조선 인민의 의사를 대표하는 전 조선 최고주권기관으로 될 것이며, 남북 조선 인민의 대표들로 구성되는 통일적 중앙정부는 전체 조선 인민의 의사와 요구를 실현하기 위하여 투쟁하는 진정한 인민의 정부로 될 것입니다. 남북조선 각계각층 인민들의 한결같은 의사에 의하여 수립되는 통일적 중앙정부만이 조선의 합법적 정부로 되며 조선 인민의 의사를 거역하고 강권과 사기와 협잡으로 조작된 남조선의 국회와 정부는 그 어떤 합법성도 가질 수 없습니다."

대회는 8월 26일까지 계속되었다. 대회의 꽃은 8월 25일에 실시된 최고인민회의 대의원 선출 투표였다. 투표는 일괄 추천된 입후보자 360명에 대해 찬반투표를 하는 식으로 진행되었다. 투표 결과는 8월 26일 발표되었다. 이렇게 이남 지역에 할당된 최고인민회의 대의원이 확정되었다. 이북 지역에서는 8월 25일 대의원 선거가 있었으며 선거 결과는 8월 28일에 발표되었다. 이렇게 북측 대의원 212명과 남측 대의원 360명을 합해 572명이 첫 최고인민회의 대의원으로 확정됐다. 남측 대의원이 북측 대의원보다 훨씬 많았다는 것은 매우 시사적이다. 최고인민회의는 노동자, 농민을 비롯한 남북의 각계각층 인민 대표들로 구성되었다.

출신	노동자	농민	사무원	문화인	기업가	상인	수공업자	종교인	전 지주
숫자	120	194	152	33	29	22	7	14	1
(%)	(20.9)	(34.0)	(26.7)	(5.8)	(5.1)	(3.84)	(1.24)	(2.4)	(0.02)

최고인민회의 대의원 사회 성분별 구성표

조선민주주의인민공화국 창건

1948년 9월 2일에서 9월 10일까지 8.25 남북총선거로 수립된 최고 인민회의 제1차 회의가 평양에서 열렸다. 이 회의에서는 조선민주주의인민공화국 헌법을 채택했다. 헌법은 근본원칙, 공민의 기본적 권리와 의무, 최고주권기관, 중앙집행기관, 지방주권기관, 재판소 및 검찰소, 국가예산, 민족보위, 국장, 국기 및 수도 등 10개 장, 104개 조로 구성되었다. 항일무장투쟁의 역사적 전통을 계승하고 이북에서의 민주개혁 성과들을 법적으로 고착시키는 한편 토지개혁과 산업국유화 등 제반 정치 경제적 개혁들을 법적으로 확인했다. 또한 성별, 민족별, 사상과 신앙의 차이, 재산의 유무, 지식 정도의 여하를 불문하고 공민은 정치, 경제, 사회생활의 모든 분야에서 동등한 권리를 갖는다고 선포했다. 회의는 헌법제정에 이어 북조선 인민위원회의 정권과 권한을 최고인민회의에 넘기는 '정권 이양에 관한 성명'을 발표했다.

아울러 중앙정부 구성도 논의했다. 김일성 위원장을 수상으로 추대하고 내각조직을 위임하기로 결정했다. 김일성 위원장은 위임에 따라 조선민주주의인민공화국 정부를 조직했다. 이때 정부는 연립내각으로 구성되었는데, 여기에는 남북의 정당, 사회단체 대표들이 망라되었으며 남과 북 출신의 비율도 5:5로 정해졌다.

수상; 김일성

부수상; 박헌영, 홍명희, 김책

국가계획위원장; 정준택, 민족보위상; 최용건, 국가검열상; 김원봉, 내무상; 박일우, 외무상; 박헌영, 산업상; 김책, 농업상; 박문규, 상업상; 장시우, 교통상; 주영하, 재정상; 최창익, 교육상; 백남운, 체신상; 김정주, 사법상; 이승엽, 문화선전상; 허정숙, 노동상; 허성택, 보건상; 이병남, 도시경영상; 이용, 무임소상; 이극로

1948년 9월 9일 김일성 위원장은 내각 명단을 발표하고, 조선민주주의인민공화국 창건을 대내외에 선포했다. 김일성 위원장은 훗날 이에 대해 다음과 같이 밝혔다.

"조선민주주의인민공화국이 창건됨으로써 우리 인민은 국가와 사회의 참다운 주인으로 되었으며, 그 누구도 감히 건드릴 수 없는 힘 있고 존엄 있는 인민으로 되었습니다. 공화국의 창건으로 우리 인민은 혁명과 건설의 강력한 무기를 가지게 되었으며, 자주독립국가의 깃발을 높이 들고 국제무대에 떳떳이 나서게 되었습니다. 참으로 조선민주주의인민공화국의 창건은 자주적 인민의 새로운 출현이었으며 주체 조선의 장엄한 탄생이었습니다."

1948년 9월 2일 최고인민회의 제1차 회의가 평양 모란봉극장에서 열렸다. 이 회의에서 9월 9일 조선민주주의인민공화국이 선포됐고, 9월 10일 정부가 수립됐다.

회의 마지막 날인 1948년 9월 10일 김일성 수상은 조선민주주의인민공화국 정강을 발표했다. 요지는 다음과 같다.

첫째, 공화국 정부는 전체 조선 인민을 정부의 주위에 튼튼히 단결시켜 조국통일을 위한 투쟁에 동원할 것이며 국토완정과 민족통일의 선결조건으로 되는 소미 양국 군대의 동시철거에 관한 소련 정부의 제의를 실현시키기 위해 모든 힘을 다할 것입니다.

둘째, 공화국 정부는 일제 통치의 악독한 결과를 숙청하고, 친일파, 민족반역자를 공화국 법령으로 처벌할 것입니다.

셋째, 공화국 정부는 과거 일제강점기의 법률과 괴뢰정부의 온갖 반민주주의적 반인민적 법령들을 무효로 선포할 것입니다. 공화국 정부는 북조선에서 실시한 토지개혁, 산업국유화, 노동법령, 남녀평등권법령과 같은 민주개혁들을 더욱 공고하게 발전시킬 것이며 그것을 전 조선적으로 실시하기 위해 투쟁할 것입니다.

넷째, 조선을 부강한 민주주의 독립국가로 건설하기 위해 우리 경제의 식민지 예속성을 청산하며 외래 제국주의자들의 정치경제적 예속정책을 반대하고 조선 인민의 복리를 부단히 향상시키며, 우리 조국의 독립과 번영을 보장할 수 있는 자주적 민족경제를 건설할 것입니다.

다섯째, 정부는 교육, 문화, 보건 사업의 발전에 커다란 힘을 돌릴 것입니다.

여섯째, 공화국 정부는 각급 인민정권기관들을 백방으로 공고

발전시킬 것입니다.

일곱째, 대외정책에 있어서 공화국 정부는 우리나라가 세계 민주주의 진영의 동등한 성원으로서 우리 민족의 자유와 독립을 존중하며 평등한 입장에서 우리를 대하는 여러 자유애호 국가들과 친선적 관계를 맺도록 노력할 것입니다.

여덟째, 외래 침략세력으로부터 국토를 보위하며 북조선에서 이미 쟁취한 민주개혁의 성과들을 보위하기 위해 정부는 인민군대를 백방으로 강화할 것입니다.

1948년 9월 12일 평양에서는 조선민주주의인민공화국 창건을 경축하는 군중대회가 열렸다. 대회에서 김일성 수상은 '모두 다 공화국 정부 주위에 굳게 단결하여 민주조선 창건을 위하여 전진하자'라는 연설을 통해 조선민주주의인민공화국 창건은 자주통일을 위한 남북민중의 단결 투쟁의 결실이라고 강조했다.

이렇게 조선민주주의인민공화국이 탄생했다.

『보론』

1945~1949년 중국 내전 당시 중국공산당의 승리와 조선의 관계에 관한 기록

| 1 |
조중혈맹의 초석을 닦다

1) 일제의 패망 전후의 중국 정세

해방 직후 한반도 정세도 복잡했지만 중국의 정세도 매우 복잡미묘했다. 중국공산당과 장개석 국민당 사이의 내전은 1937년부터 제2차 국공합작으로 임시 봉합되었다. 하지만 이것은 휴화산처럼 폭발 가능성이 농후한 임시봉합에 불과했다.

제2차 세계대전의 일본 패전으로 내전 봉합의 명분은 사라졌다.

미국은 중국을 아시아의 중요한 반소·반공 기지로 만들기 위해 일제 패망 전부터 장개석에게 60억 달러의 군사원조를 주면서 국민당 군대를 반공 돌격대로 준비시켰다. 미국의 지원 아래 일본 패망 직전 국민당 군대는 현대적 무기로 무장한 106개 사단에 200여 만의 대군으로 늘어났다. 보병뿐만 아니라 공군, 해군도 갖추었다.

장개석을 더욱 우쭐하게 만든 것은 1945년 8월 14일 중소우호동맹조약 체결이었다. 왜 소련은 국민당 정부와 동맹조약을 맺었을까? 그때까지 중국은 국민당과 공산당이 합작하던 시기였고, 대외적으로는 장개석의 중화민국이 중국을 대표하는 합법정권이었다. 따라서 소련으로서는 전후 동북아의 평화와 안정을 위해 중국 정부와 상호 주권 및 영토를 존중하고 내정불간섭을 준수하는 조약을 맺는 것이 자연스러운 일이었다. 8월 26일 중소우호동맹조약을 공포한 다음 날, 소련과 중국은 동북 지방과 관련된 협정문건에 조인했다. 이 내용은 당시 소련과 중국 사이에 해결되어야 했던 동북아 전후 질서의 모습을 좀 더 구체적으로 보여준다.

소련은 만주국을 중국의 일부로 인정하고 만주에서의 국민당 정부의 완전한 주권행사를 존중한다고 약속했다. 중국 국민당 측은 대련에서 소련의 이익을 보호하고 대련항을 자유무역항으로 하는 데 동의하고, 장춘철도는 중소가 공동 관리 운영하기로 했다. 또 조약에 따르면 소련 군대는 일본 항복 후 3개월 이내에 동북 지방에서 철수하기로 되어 있었다.

이 조약이 체결되자마자 장개석은 중국 동북 지방을 몽땅 차지하기 위한 작전에 돌입했다. 소련 공산주의를 경계하려는 미국의 지원을 충분히 확보한 상황에서 내부의 중국 공산당마저 초토화시키겠다는 계획이었다. 장개석은 우선 시간을 벌기 위해 1945년 8월 말부터 중경에서 중국공산당과 평화 담판을 벌였다. 그런 한편 국민당 군사들을 화동(산동성, 강소성, 안휘성, 절강성, 복건성), 화북(화북성, 산서성, 수원성), 동북(길림성, 요녕성, 흑룡강성) 지방으로 급속히 이동시켜 큰 도시와 철도들을 장악했다. 특히 중국 동북 지방을 차지하기 위해 만주 땅으로 물밀듯이 밀고 들어왔다. 만주 지역에서 일제가 갖고 있었던 무기와 군수물자, 철도, 항만, 대도시와 중요 군사 요충지들은 모두 장개석의 군대에 장악되었다. 장개석 군대는 430만 대군으로 늘어났고, 중국 전체 인구의 70%에 해당하는 주민과 지역을 차지했다.

중국공산당은 매우 어려운 처지에 빠졌다. 공산당은 당시 장강 이북의 산서성, 하북성, 하남성, 산동성 일대의 농촌 지역에 해방지구를 꾸렸는데, 그 주민 수는 중국 인구의 30%밖에 되지 않았다. 특히 만주 지역의 경우 1937년 중일전쟁 발발 후 파괴된 공산당 조직을 복구하지 못한 상황에서 장개석 군대의 초토화 작전은 위기일 수밖에 없었다. 중국공산당의 군대는 보병밖에 없었으며, 무장 수준도 형편없었다.

중국 동북 지역(만주 지역)을 둘러싼 싸움에서 누가 이기느냐 하는 것은 차후 중국의 정치정세와 아시아 정치 변화에 큰 영향을 미치는 민감한 문제였다. 공산당이 차지하면 이미 가지고 있던 해방지구와 동북 지역을 연결하고 장개석 군대를 격파할 수 있어 조선이나 소련에도 유리해진다. 반대로 이 지역이 장개석 군대에 넘어가면 중국공산당 군대는 동북과 남쪽에서 협공을 받게 되고, 반소·반공 기지로 됨으로써 조선이나 소련에도 매우 불리해진다.

그럼에도 불구하고 당시 소련은 얄타협정을 준수해야 했고, 제2차 세계대전 시기 연합국의 일원이었던 장개석의 중화민국과 관계도 나쁘게 할 수 없었기 때문에 중국공산당을 도와줄 수 없는 처지였다. 중국 동북 지역의 운명은 바람 앞의 등불처럼 위태로웠다.

2) 해방 전 이미 중국 상황을 예견하고 준비한 김일성 사령관

소련 북야영에서 귀국을 준비하던 조선 인민혁명군 김일성 사령관은 중국 동북 지역에 조성된 첨예한 정세를 꿰뚫어보고, 조선 인민혁명군 간부와 대원들을 중국 동북 지역에 파견하는 대용단을 내렸다.

항일무장투쟁 당시 동고동락했던 중국 동북항일연군과의 의리를 지키는 것이 국제적 의무일 뿐 아니라 조선 혁명의 견지에서도 매우 중요했기 때문이었다.

그는 조국에서 건당·건군·건국 위업을 하루빨리 실현해야 할 긴급한 정세 속에서도 중국의 혁명투쟁을 지원하기 위해 조선 인민혁명군의 우수한 군사정치 간부와 대원들을 중국 동북 지방에 여러 차례 파견했다. 우선 최용건에게는 주보중과 함께 장춘으로 가서 중국공산당과의 연계 밑에 조선인들의 당적과 국적, 귀국 등을 보장해 주는 문제를 해결하고, 길림에서 조선인 부대를 조직한 다음 돌아오라고 지시했다.

그리고 강건을 책임자로 해서 최광(왕청현), 박락권(화룡현), 공정수(용정시)를 만주 지역에 파견하고 중국공산당과의 연계 밑에 당 조직을 건설하고, 인민조직을 세우며, 혁명군대를 조직하라고 지시했다. 특히 당 조직을 건설 확대하며, 1945년 말까지 간도 지방에 1만~2만여 명 규모의 정규무력을 꾸리라는 과업을 주었다. 그러면서 연길에는 길동보안사령부를 조직하고 그 산하에 보안대(자기 지방을 지키는 보위부대)와 야전군(적들의 대부대 공격에 맞서 싸우는 전투부대)을 두도록 했다. 그들은 그리운 조국으로 달려가고 싶은 마음을 가슴속에 깊이 묻어두고 동북해방전쟁 승리를 다지며 9월 17일 연길시에 도착한 다음 날 각지로 떠났다. 연길에는 강건·김만익·박경숙, 용정과 화룡에는 박락권·공정수, 왕청에는 최광·김양춘, 명월구에는 오죽순 등 많은 항일혁명투사들이 파견되어 갔다.

만주 지역 파견 간부들에게 혁명근거지 마련의 과업을 주다

김일성 사령관은 만주 지역으로 파견되는 간부들에게 동북해방전쟁에서 승리하자면 동북 각지에 튼튼한 혁명근거지를 꾸려야 한다면서 그에 대한 방침을 주었다. 이 방침에 따라 동북지구에 꾸린 근거지는 동북해방전쟁 전 기간 커다란 역할을 했다. 동북해방전쟁 승리 비결의 하나는 미리 동북지구를 혁명근거지로 만들어 놓은 데 있었다.

만주 지역에서 가장 중요한 혁명근거지는 연변이었다. 연변은 교통이나 군사전략적 측면에서 매우 중요한 곳이다. 만주로 파견된 간부들은 1945년 9월 말부터 이 지역을 튼튼한 혁명근거지로 꾸리기 위한 사업에 매진했다.

사실 중국공산당도 만주에 혁명근거지를 건설해야 한다고 생각했지만, 이러저러한 이유로 1946년 초에 접어들어서야 비로소 근거지 건설에 달려들었다. 일찍이 1945년 가을부터 조선 인민혁명군 간부들이 근거지 건설에 들어갔기 때문에, 이 근거지를 중심으로 물밀듯이 달려들던 국민당 군대와 즉시 싸워 이길 수 있었다. 만약 근거지 건설 투쟁이 늦어졌다면 양상은 달라졌을 것이다.

혁명근거지 마련의 요체는 강력한 군대부터 조직하는 것

근거지를 건설하려면 강력한 군대부터 우선 조직해야 한다는 것이 김일성 사령관의 당부였다. 길동분구사령부 정치주임을 역임했던 중국인 당천제는 그때를 다음과 같이 회상했다.

"조선 동지들은 김일성 주석의 훈교를 받들어 우리와 함께 연길에 강신태(강건)를 사령원으로 하는 길동보안사령부(그후 길동분구사령부)를 내오고 각 현과 중요 지역에 우수한 지휘성원들을 파견해 보안연대를 내왔다. 연길에서는 강 사령이 직접 맡아 조직하고 용정과 화룡에서는 박락권과 공정수, 왕청에서는 최명석(최광), 도문에서는 임철, 명월구에서는 오죽순이 각각 책임지고 보안연대를 조직 편성했다. 일제가 항복한 틈을 타 우후죽순과도 같이 각지의 경비무력이 급속히 장성했지만 용정보안연대는 초기 수백 명으로부터 짧은 기간에 무려 3,000여 명으로 늘어나 비상한 관심을 모았다. 이것은 일제의 패망 전부터 유격대 전윤필이 지도하던 비밀지하조직 성원들이 박락권의 맹활약으로 조선 청년들을 각성 발동시킨 덕분이다. 그때의 연변 형세를 미리 통찰 예견한 김일성 주석 동지의 선견지명이 안아 온 결실이다."

강건은 연길에 도착한 9월 19일 연길시 중앙소학교에서 군중 집회를 열고, 무장대 조직사업을 시작했다. 며칠 내에 30여 명의 청년으로 경비소대(소대장 남룡수)를 조직하고 이어서 연길시 주변으로 확대해 경비중대(중대장 최호림, 부중대장 윤창범)를 조직했다. 그리고 11월에 연길시 보안연대(연대장 한범)가 조직되었다. 용정시에서는 8.15해방 전부터 전윤필이 조직했던 용정무장대가 1945년 11월에 3,500명 규모의 용정경비연대(연대장 전윤필)로 발전했다. 왕청현에서는 최광이 왕청보안연대를 조직해 연대장으로 활동했다. 훈춘에서는 남만우가 2,000명 규모의 훈춘보안연대(연대장 지병학)를 조직했다. 화룡보안연대(연대장 박근식)는 우여곡절을 겪으면서 11월 말에 2,000여 명의 규모로 구성되었다. 명월구에서는 500여 명의 명월구 경비대대(대대장 손장산)가 조직되었고, 도문시에서는 1,000여 명 규모의 보안대대(대대장 임철)가 조직되었다. 그리고 이들을 통일적으로 지휘할 길동 보안사령부가 설치되었다.

1945년 11월 중국공산당에서 파견한 중국인 간부 32명이 연변에 도착했다. 이에 맞춰 길동 보안사령부를 '길동 분구사령부'로 명칭을 바꾸고 조직을 재편했다. '길동 분구사령부'의 책임자는 강건 사령원이었고 정치위원은 중국인 옹문도였다. 부사령원은 전윤필과 구회괴(중국인), 참모장은 리평야(중국인)였다. 야전군 1연대장은 박락권, 2연대장은 최광, 보안대 1연대장은 한범, 2연대장은 남창수, 3연대장은 최광, 4연대장은 김동우, 5연대장은 지병학, 6연대장은 박근식, 7·8연대장은 중국인들이었다. 철도보안대대장은 남만우, 도문보안대대장은 임철이었다. 야전군은 8,000명, 보안연대는 1만 6,000명 정도의 병력이었으며, 포병 및 보안대대는 3,000명 정도였다.

목단강 지구에서는 1945년 10월 조선 인민혁명군 군정 간부가 1,500여 명의 조선 청년들로 목단강 군구 14연대 3대대와 15연대 3대대를 조직하였고, 11월에는 16연대와 17연대를 조직했다. 그중 3대대는 조선인 부대로, 규모는 약 900명 정도였다.

남만 지방에서는 1945년 10월경 박정덕과 최영환에 의해 1개 대대가 조직되었으며, 10월 말에는 1개 사단 역량으로 성장해 부대 명칭을 이홍광 지대라고 불렀다. 이때 우리나라 평안북도에서 수천 명의 조선 청년들이 중국으로 건너가서 이홍광 지대[16)]에 참가했다.

하얼빈에서는 1945년 9월 600여 명의 청년으로 하얼빈 보안총대 조선독립대대를 조직했다가 11월 25일 1,000여 명의 조선의용군 제3지대로 개편했다. 길림에서는 최용건의 지시로 조선인 500명을 모체로

---

16) 이 부대는 후에 동북민주연군 독립 4사로 되었다가 중국인민해방군 제166사로 되었다. 1949년 7월에는 이북으로 나와 조선인민군 제6사로 되었다.

길림군구 72연대가 조직되었고 송무선이 연대장을 맡았다.

회고록『세기와 더불어』에서는 항일유격대 출신의 군정 간부 강건, 박락권, 최광을 비롯해 25만 명에 달하는 조선 청년들이 동북해방전쟁에 직접 참가했다고 밝혔다. 또 중국 만주 공산당 핵심 간부인 주보중은 1948년 말 작성한 37개 사단 명단에 12만 명이 조선 사람이었으며, 1945년 8월부터 1948년 말까지 희생된 조선 사람이 수만 명에 달한다고 기록해 놓았다.

3) 중국공산당 군대의 국가적 후방의 역할을 담당하다

1946년 초 장개석 군대는 미국의 적극적인 비호 아래 수많은 병력과 현대적 무기로 중국 동북(만주 지역)을 일거에 집어삼키려고 덤벼들었다. 그때까지 중국공산당 군대는 동북 지역에 공고한 근거지도 꾸리지 못했고, 지방정권도 세우지 못했다. 위만군 패잔병, 토비, 건달꾼, 망나니, 패망한 일본군 잔여세력까지 공산당 군대의 내부에 기어들어 왔다가 국민당 군대가 공격해 오자 이 틈을 타 준동했다. 당시 4만~5만여 명이 도주하거나 공산당 간부들을 살해했다. 무순에서는 1개 여단이 국민당 군대에 투항했고, 주보중 부대에서는 7,000명이나 도주, 투항했다. 돈화현 보안대에서는 8개 중대 가운데 7개 중대가 투항하여 오직 조선인 중대만 남았을 정도였다. 리운창 부대도 4만여 명은 금주에서 열하까지 오는 사이에 거의 다 도주 투항하고 겨우 5,000명밖에 남지 않았다.

합강, 목단강, 송강, 룡강, 눈강에서 투항한 인원은 33만 6,000명이고 살해된 간부는 154명이라는 통계도 있다. 북만의 정세도 크게 악화되어 당시 3분의 2 이상의 현과 성을 국민당 반동파들이 장악하고 있었다. 설상가상으로 소련이 국민당 정부와 맺은 중소우호동맹조약에 따라 동북의 행정권이 국민당에게 있다고 인정하게 되어 중국공산당 군대는 심양, 장춘 등 대도시에서 철수할 수밖에 없었다.

국민당 군대가 빠른 속도로 금주, 심양, 장춘, 매하구, 길림, 교하 등 넓은 지역을 차지하고 동만과 남만, 남만과 북만의 허리를 끊어 놓자 공산당 군대는 그 후방에 있는 단동과 통화를 포기할 수밖에 없었다. 이로써 남만의 부상병과 가족, 후방 인원들이 철수할 데가 없어졌다. 또 1946년 국민당군이 심양-장춘의 중요 간선까지 점령한 후에는 동북의 식량과 석탄, 대련의 식료품과 피복, 의약품과 의료기구, 공업 원료를 수송하지 못하는 심각한 상황이 조성되었다.

이에 중국공산당 동북국은 한반도의 북부를 통해 수륙수송통로를 개척하고 인원과 물자의 수송을 보장하며 물자교류를 진행하도록 해 줄 것을 이북 당국에 요청했다. 김일성 사령관은 이 요청을 쾌히 수락하고, 한반도 북부 지대를 중국 동북의 남만과 북만, 중국 관내를 연결하는 바깥 통로로 이용할 수 있도록 했다. 중국공산당은 이 업무를 상시적으로 담당할 수 있는 기구로 '조선주재동북국판사처'(외형적인 명칭은 평양리민공사)를 설립했다. 이 기구는 △부상병의 안전한 철수 보장과 전략물자의 안전한 이전 및 보관 △조선을 외랑으로 하여 동북 지구의 남북만 연결, 대련과 기타 근거지 물자 교류, 인원들의 국경 통과, 수송 보장 △조선의 지원과 전략물자 구매 △조선과 중국의 우호 합작 관계의 발전, 경제무역거래 보장 등을 담당했다.

이 기구는 중국의 국공내전 시기 많은 역할을 담당했다. 첫째, 부상병들의 안전한 치료대책과 전략물자의 이전사업을 추진했다. 국민당 군대의 남만 공격으로 공산당 군대가 단동, 통화에서 철수할 때 1만 8,000여 명의 부상병들과 가족, 후방인원들이 이북 지역으로 철수했다. 이때 중국공산당은 전략물자의 85% 이상을 압록강 동쪽 한반도 경내로 이동시켰다.

둘째로 이북 지역의 수로와 육로 4개 선을 이용해 중국공산당의 물자와 인원을 수송했다. 육로는 동북의 단동으로부터 신의주, 남양을 거쳐 동북으로 가는 통로와 통화, 집안으로부터 만포를 경유하여 도문으로 가는 통로가 있었다. 이와 함께 대련-남포와 대련-라진을 연결하는 해로도 있었다. 이 통로들을 통해 수많은 인원과 물자들이 남만에서 북만으로 옮겨졌다.

셋째, 중국공산당에 필요한 수많은 전략 물자들을 이북 지역에서 구매하여 넘겨주는 일을 했다. 전쟁에서 수송은 절대적으로 중요한 문제다. 수송이 원만치 못하면 전쟁에서 패배하기 때문이다. 자연히 수송로 장악이 전쟁 승리의 결정적 요소로 되는데, 중국 국공내전 기간에 한반도는 중국공산당 측의 전략적 비밀통로의 역할을 훌륭히 수행했다.

동북(만주) 해방전쟁에서 관내와 동북, 남만과 북만 사이의 통로가 장개석 국민당 군대에 의해 다 막혀버린 때가 있었다. 1946년 가을, 요동군구의 소화가 지휘하는 부대가 안산과 해성을 점령하기 위해 공격을 시작하자 거기에 주둔하던 장개석 국민당 군대 184사는 장개석에 반대해 봉기를 일으키고 공산당 군대로 넘어오려고 했다. 184사 사단장 번삭단이 반란을 일으켰다는 소식을 들은 장개석은 두률명을 전화로 불러 반기를 드는 부대들은 사정을 보지 말고 없애버리라는 명령을 내렸다.

두 률명의 동북군은 지상과 공중에서 맹렬한 공격을 퍼부어 184사를 압록강까지 몰아붙였다. 더이상 갈 곳이 없었다. 뒤에서 겨누고 있는 총구와 앞에 놓인 압록강 사이에서 진퇴양난에 빠져 운명의 시각을 기다리고 있을 때, 주보중은 조선 측에 긴급 지원을 요청했다. 김일성 위원장은 이 요청을 쾌히 승낙하고 즉각 조처를 취했다. 사경에 처했던 184사는 구사일생으로 압록강을 건너 조선 경내로 들어와 살아났다. 184사는 그 후 열차를 통해 빠르게 남양에 도착했다. 그런 다음 남양-도문 다리를 거쳐 길료해방지구에 가서 주보중 등 군구 지도자들과 군중들의 열렬한 환영을 받고 다시 장개석에 반대하는 전투에 참가해 많은 공을 세웠다.

또 진운의 요청에 따라 상해에 있던 중국공산당 간부들과 군사들을 남포에 상륙시켰다가 열차로 남양으로 보내서 하얼빈으로 들어가도록 했다. 소화의 요동군구 지휘관들과 전투원들, 그 가족들이 철수할 때에도 조선 경내를 거쳐 중국 동북 지방으로 들어갈 수 있도록 해주었다.

4) 수많은 무기와 군수품을 지원하다

1946년 봄 중국공산당은 진운(당시 중국공산당 중앙위원회 조직부장)을 평양에 파견했다. 진운은 김일성 위원장을 접견하고 무기 지원을 요청했다. 당시 조선도 군대건설사업을 추진해 나가고 있었는데, 무기 부족으로 골머리를 앓고 있었다. 그럼에도 김일성 위원장은 중국의 요구를 쾌히 승낙하고 해당 부문의 담당자를 불렀다.

"지금 중국혁명이 큰 시련을 겪고 있는데 우리는 국제주의 전사로서 보고만 있을 수 없다. 중국에 무상원조를 줄 것"이라며, 병기창고에 있는 무기와 탄약의 실태를 물었다. 사정을 파악한 후 10만 명을 무장시킬 수 있는 무장 장비를 중국에 주자고 말했다. 해당 부문 담당자는 이런 제의에 대해 선뜻 동의하지 못했다.

10만 명을 무장할 수 있는 무기라면, 당시 조선이 보유한 무기의 전량에 가까웠다. 때문에 담당자는 한 1만 정의 무기만 보내자고 답했다. 김일성 사령관은 웃으면서 "공산주의자들은 자기 나라 혁명에도 충실해야 하지만 세계혁명에도 충실해야 한다. 중국이 시련을 겪고 있는데, 진심으로 중국을 도와주어야 한다. 있는 대로 다 주자"라고 말했다. 비밀을 철저히 지키기 위해 경위연대장을 하던 강상호에게 무기 수송 임무를 맡기고, 총과 함께 포도 실어 보냈다. 무기를 받은 중국의 군대는 환호성을 질렀다.

이후에도 많은 양의 무기와 포를 중국공산당 측에 보냈다. 이와 함께 포병연대와 공병부대를 조직해 중국 동북전선에 파견하는 조치도 취했다. 강력한 포 장비를 갖춘 포부대와 공병부대가 파견됨으로써 치열한 격전장에서 승리의 돌파구를 여는 데 큰 역할을 했다. 조선인 포병부대는 중국 최남단인 해남도 해방전투에도 참가해 큰 공을 세웠다.

폭약도 많은 양을 보내주었다. 국공내전 전 기간 격전장에서 황색폭약이 이름을 떨쳤는데, 그 폭약은 이북에서 생산해서 무상으로 보내준 것들이었다. 황색폭약은 교량 파괴에 큰 역할을 했고, 적의 요새화된 화점을 분쇄하는 데 필수불가결한 것이었다. 이 폭약이 터지는 곳에서는 승리의 함성이 울렸다. 이 때문에 중국의 주은래 수상은 이북 방문 당시 황색폭약을 생산하는 공장을 찾아가 중국 인민의 해방투쟁을 지원한 데 대해 진심어린 감사 인사를 했다. 이북은 이를 기념해 그 공장에 주은래의 동상을 설치했다. 이외에도 이북 측은 많은 양의 군복과 신발도 지원했다.

4) 김일성 사령관을 찾아온 중국공산당 소화 사령원

중국공산당은 동북 지방을 차지하기 위해 1945년 8월 중순 10만여 명의 대병력을 동북에 진출시키기로 했다. 이때 간부들도 2만여 명이나 이곳에 보내기로 했다. 부대는 야간행군을 통해 1945년 11월경 동북 지역에 모두 도착했다. 장개석도 뒤늦게 미국을 등에 업고 미국 비행기와 함선의 지원을 받아 국민당 군대 30여만 명을 급히 동북에 진출시켰다. 동북 땅에 들어온 양 군대의 역량은 현저하게 차이가 났다. 중국공산당 군대는 장개석 군대에 비해 수적으로도 절대 열세였을 뿐 아니라 무장 장비 수준에서도 형편이 없었다.

앞에서 설명한 대로 소련 군대는 장개석 국민당 정부와의 협정에 따라 1946년 5월 3일 중국 동북 지방에서 완전히 철수하기로 되어 있었다. 장개석은 이 기회에 어떻게든 전체 만주 지역을 차지하기 위해 22개 사단을 동북에 투입했다. 공산당 군대는 일시적으로 후퇴할 수밖에 없었다. 결국 공산당 군대는 북만과 압록강까지 밀려났으며, 부대 상호 간에는 물론 중국공산당 중앙위원회와의 연계와 연락도 끊어져 중앙의 지원도 제때에 받을 수 없는 처지에 빠졌다.

소화는 중국공산당 중앙위원회에서 받은 긴급지시에 따라 1945년

9월 산동군구 사령부, 정치부, 후방부의 일부 간부 1,000명을 인솔하고 봉래현 란가구에서 출발해 바다를 건너 동북으로 진군해 9월 말에 심양 동북국에 도착했다. 이와 때를 같이해 산동에서 많은 부대들이 연이어 동북에 들어왔다. 소화는 중앙에 보고한 후 9월 말부터 10월 초까지 부대를 단동지구에 배치했다.

1945년 11월, 장개석 국민당 군대가 단동으로 밀려들었다. 단동에 주둔해 있던 공산당 군대는 괴멸적 타격을 받을 수밖에 없는 절박한 상황에 처했다. 소화에게는 난국을 타개할 묘책이 떠오르지 않았다. 당시 소화 부대는 연안 근거지와도 연계가 끊어져 홀로 국민당 군대와 싸울 수밖에 없었다. 부대는 가족들을 미리 후퇴시켰는데, 가족들이 타고 가던 열차가 국민당 군대의 습격을 받아 돈화 지방으로 끌려가고 있었다. 소화는 군구사령부 참모장을 조선에 보내 김일성 사령관에 도움을 청하기로 했다. 그때 마침 김일성 사령관은 평안북도 신의주시에서 항공대 창설사업을 현지 지도하고 있었다. 소화가 보낸 참모장을 만나 사태를 보고받은 김일성 사령관은 압록강을 건너 단동에 직접 가기로 했다. 이 얘기를 들은 참모들은 이구동성으로 반대했으나, 김일성 사령관의 고집을 꺾지는 못했다.

김일성 사령관은 1945년 11월 29일 밤 압록강을 건너 단동의 요동군구 사령부를 방문했다. 소화는 이전까지 김일성 사령관을 만난 적은 없었지만 황옥청을 통해 들어 잘 알고 있었다. 황옥청은 이전에 주보중의 항일연군 부대와 함께 소련군 주둔 지역에서 치안임무를 수행하다 요동군구에 소속된 사람이었다. 그는 소련 북야영 훈련기지에서 러시아어 통역을 담당했는데, 김일성 사령관과 한 부대에서 생활한 적이 있었다. 당시 그는 대일작전이 임박하던 시기에 김일성 사령관과 주보중이 장차 동북을 중국 공산주의자들의 본토 해방을 위한 강력한 기지로 꾸리는 문제에 대해 진지하게 토론하는 것을 목격했다고 한다. 그때 주보중은 동북 항일연군을 강화하자면서 조선 인민혁명군의 우수한 지휘관들을 보내주도록 요청했는데, 김일성 사령관은 이 요청에 흔쾌히 응해 강건을 비롯한 최광, 박락권 등 많은 핵심을 파견하는 중대조치를 취했었다. 이 과정을 목격했던 황옥청은 동북해방전쟁은 북야영 훈련기지에서부터 그 승리의 시초가 마련됐다고 해도 과언이 아니라고 말했다. 소화는 이런 과정을 들은 뒤 김일성 사령관에게 도움을 청했던 것이다.

소화 사령원의 방에 도착한 김일성 사령관은 간부들과 인사를 한 후, 먼저 가족들의 안부를 물었다. 군구 지휘관들은 가족들이 국민당 군대의 습격을 받아 돈화 지방으로 끌려가고 있다는 사실을 있는 그대로 말했다. 그러자 김일성 사령관은 가족들을 구출해주겠다고 그들을 안심시켰다.

그리고 전략토론으로 들어갔다. 김일성 사령관은 중국 동북 지방에 대해 중국 관내에서 온 중국 사람보다 더 환히 꿰뚫고 있었다. 그는 이름 없는 두메산골로부터 산과 강들을 지도상에서 하나하나 짚어가면서 아군의 배치상태와 기동상태, 적군의 배치와 기동에 대해 구체적으로 파악하고 나서 중국 동북 지방의 심각한 상황의 본질과 변화 발전 추이, 중국공산당과 인민들이 반드시 승리할 수 있는 요인에 대해 분석한 후 위기 타개책을 제기했다.

그는 현재 동북 지방에 조성된 엄중한 사태는 미국의 제국주의적 동방정책이 가져온 산물이며, 장개석 도당의 반소반공정책과 대미 추종정책의 연장이라고 파악하고, 동북해방전쟁에서 국민당 군대는 반드시 패하고 공산당 군대가 승리할 수밖에 없는 요인을 분석했다.

첫째 공산당 군대의 전쟁은 정의의 전쟁이므로 절대다수 인민의 지지와 병사들의 사기를 높일 수 있고, 장기전에 필요한 인적 물적 역량을 계속 보충할 수 있다. 둘째 장개석 군대는 군벌 상호의 알력과 장교-병사의 모순과 갈등, 군대와 인민들간의 모순으로 그 숫자가 아무리 많아도 오합지졸에 불과하다. 셋째, 중국 동북 지방 인민들은 항일무장투쟁의 영향을 받아 각성되고 단련되어 있다. 넷째, 장개석 군대는 남방에서 겨울을 모르고 지냈기 때문에 동북의 겨울이 그들의 멸망을 더욱 재촉할 것이다. 다섯째, 장개석 군대는 전쟁 준비가 되지 않은 상태에서 모험적으로 동북에 왔는데, 이는 완전한 오산이다. 왜냐면 동북 땅을 완전히 깔고 앉으려면 적어도 몇백만 군대가 있어야 하는데 장개석은 겨우 100만 군대밖에 동원하지 못했다. 여섯째, 중국 동북 땅은 조선, 소련과 잇닿아 있기 때문에 어려울 때 필요한 원조를 받을 수 있지만, 장개석은 동북 땅에 들어와 사면으로 포위된 상태에 있으니 후방이 든든하지 못해 어쩔 수 없이 패망한다.

그리고 그는 장차 공세로 넘어갈 수 있는 전략전술적 방안을 제시했다. 그는 단동에 있는 팔로군 지휘관들 속에서 사수론과 후퇴론이 서로 충돌해 합의된 결론을 도출하고 있지 못한 실태를 파악했다. 그리고 적의 무분별한 공격 앞에서 현재 차지하고 있는 지역을 사수하는 데만 매달리는 것은 적의 각개격파 전술에 당할 수밖에 없으며 적의 대공세 앞에서 무작정 물러서는 것도 패배를 의미하는 것이라고 했다. 그러므로 사수론과 후퇴론은 모두 잘못된 전략이라고 지적했다. 지금 형편에서는 적극적인 대선회 작전과 포위전으로 심양, 장춘을 비롯한 중요 도시들과 철도 연선에 집결해 있는 적의 병력을 분산 약화시키고, 적을 한 지역씩 단계별로 섬멸해야 한다고 제시했다.

첫째, 무모한 정면충돌을 피하고 도시를 내주어 적의 역량을 최대한 분산시키고 농촌에 강력한 근거지를 꾸려야 한다. 둘째, 정치사업을 활발히 벌여 승리의 신심을 잃지 않고 투쟁해야 한다. 셋째, 백두산을 중심으로 꾸려진 해방지구를 끝까지 고수하면서, 적 후방에서 대부대 기동전과 유격전 등 끊임없는 소모전으로 적의 역량을 끊임없이 약화시켜 나가야 한다. 넷째, 해방지구에서 토지개혁을 비롯한 민주개혁을 실시해 군민관계를 옳게 유지함으로써 인민들이 장개석 국민당 군대에 식량과 물자를 내주지 말고 팔로군을 성심성의껏 돕도록 해야 한다.

그 자리에 함께 있었던 중국의 황옥청은 자신의 회상기『고결한 혁명적 의리를 되새기며』에서 다음과 같이 썼다.

"지금도 주석 동지의 말씀을 숨을 죽이고 듣고 있던 우리 지휘성원들의 광경이 환히 떠오른다. 아군의 활로를 열어주고 초조와 불안에 쌓인 사령부의 기류를 희망과 신심으로 일변시킨 그분의 지략에 접한 우리의 심중에 소용돌이친 것은 망망대해에서 항로를 잃고 헤매다가 등대를 만난 선원들의 심정 그대로였다."

김일성 사령관은 박락권이 지휘하는 조선인 부대에 명령을 내려 장개석 군대에 붙들려 가는 소화사령부 지휘성원들의 가족을 구원하도록 했다. 박락권은 1개 대대를 이끌고 돈화 방면으로 가서 열차를 탈환해 지휘성원의 가족들을 모두 구출했다. 소화 사령원은 새로운 전방으로 이동했으며, 역량을 더욱 보강해 동북해방전쟁 승리에 크게 기여했다.

5) 해방 이후 건국의 바쁜 와중에 남양에서 주보중을 만나다

김일성 위원장은 1946년 3월 28일 토지개혁의 한창 바쁜 와중에도 짬을 내 두만강 기슭의 북부 국경도시 남양에 갔다. 중국 동북 전쟁의 양상이 매우 위태로웠기 때문이다.

장개석 국민당의 대군은 길림 교하를 거쳐 돈화와 연변 지구로 물밀 듯이 쏟아져 들어오면서 해방지역까지 위협하고 있었다. 미국제 무기로 무장한 채 하늘과 땅과 바다로 거침없이 밀려든 장개석 군대는 당장 공산당과 인민정권, 인민무장대를 일격에 집어삼킬 기세였다. 역량 대비에서는 말할 것도 없고, 장비 수준도 비교할 수 없을 정도였다. 게다가 적의 침공을 격퇴할 수 있는 방어진지도 제대로 구축하지 못했다. 사실 장개석 군대가 이렇게 빨리, 그렇게 많이 동북으로 밀려들어오리라고는 그 누구도 생각하지 못했었다.

당시 주보중은 중국 동북민주연군 부총사령원 및 길료군구 사령원으로 활동하고 있었다. 그는 새로운 상황에 어떻게 대처해야 할지 고심에 고심을 거듭하고 있었다. 때마침 김일성 위원장이 강건과 박락권을 남양으로 불렀다는 소식을 듣고, 자기도 그들과 함께 남양으로 건너왔다. 김일성 위원장은 그들로부터 동북 지방의 상황을 자세히 듣고, 주보중의 애로사항을 청취한 후 깊은 사색에 잠겼다. 이윽고 그는 적의 침공으로부터 연변지구와 동북의 해방지역들을 보위하고 공산당이 수세에서 공세로 넘어갈 수 있는 방안을 제시했다.

첫째 할바령을 중심으로 한 로야령산맥과 송화강 계선에 견고한 방어진지를 구축하고, 그에 의거해 적의 침공을 결정적으로 좌절시킴으로써 이미 혁명의 보루로 꾸려놓은 해방지구를 보위한다. 둘째, 북만과 남만의 조선인 부대를 총동원해 적과 아군의 역량 관계와 수시로 변하는 정황에 맞게 병력의 집중과 분산, 견고한 진지에 의거한 완강한 방어전과 적 배후타격전의 결합 등 다양한 전법을 활용해 적들을 계속 타격한다. 셋째, 사평 지역에 포위되어 있는 중국인 부대를 구원하기 위해 장춘 해방전투를 조직한다 등이었다.

사평계선에서 포위된 중국공산당 부대는 동북 지구에서 가장 큰 부대 중의 하나로, 만일 이 부대가 포위에서 벗어나지 못하면 장차 동북 해방전쟁에서 큰 타격을 받을 것이라는 점이 주보중의 가장 큰 고민이었다. 그런데 김일성 사령관이 그 포위망을 뚫기 위해서는 장춘을 쳐야 한다고 밝혀준 것이다. 이 방안을 들은 주보중은 마음속 근심이 풀리면서 새로운 승리의 신심이 불끈 솟구쳤다.

1946년 9월, 장개석은 심양에 와서 국민당 동북군사령관과 함께 '먼저 남쪽을 점령하고 후에 북쪽을 점령'하는 계책을 세우고 20만의 병력을 남만지구로 내몰았다. 그 결과 국민당 군대는 환인, 신빈, 류하를 비롯한 남만으로 공격의 예봉을 돌렸다. 1946년 12월 중순부터 1947년 4월 초까지 있었던 임강 보위 전투는 남만 해방지구에 대한 국민당의 거듭된 공격을 막아낸 방어전과 반 타격전의 대표적 작전이었다. 이것을 일명 '3하강남 4보임강'이라고 하는데, 공산당 부대가 세 번 송화강을 넘어와 국민당 군대를 치고, 임강에 대한 국민당 군대의 공격을 네 번이나 막아냈다는 의미다.

리홍광지대를 비롯한 조선인 부대 전투원들은 국민당 군대의 중점

적 진공작전을 파탄시키고 동북민주연군(공산당 군대)의 공격의 시초를 열었다. 임강 보위전투의 승리로 동북해방전쟁의 국면이 바뀌었다. 이후 공산당 군대는 전략적 수세 국면에서 벗어나 전략적 공세 국면으로 전환했다. 견고한 방어진지에 의거해 완강한 방어전을 벌이는 한편 배후타격전을 결합하라는 김일성 위원장의 작전이 주효했다.

조선인 부대들은 유난히 눈이 많이 내린 1946년 겨울의 어려움을 무릅쓰고 할바령과 로야령 산줄기, 송화강 이북 지역과 서남 지역에서 진지 방어 공사를 밀고 나갔다. 그런 한편 많은 지역에서 국민당 군대를 습격해 그들의 유생역량을 소멸시켰다. 조선인 부대 이홍광 지대는 1947년 3월에 휘남현성 해방전투에 참가했고, 조양진·해룡 일대에서도 공세를 폈다. 이어서 공업도시 료원시를 해방하고 1947년 9월 중순부터 11월 초까지는 공주령, 사평, 개원 등을 해방하는 대공격전에 참가했다. 그 후 방어에서 공격으로 넘어가 1947년 10월 25일에는 길림시 교외의 402고지를 탈취했고, 철가산전투, 전오가자전투, 양가교전투 등 공격전을 벌여 연전연승했다. 견고한 방어진지에 의거한 방어전을 수행하면서 국민당 군대를 타격하기 위한 공격전을 백수십 차례나 벌임으로써 길림, 돈화, 화전의 국민당 군대는 혼란에 빠져 오도가도 못하게 되었다. 이로써 동북해방전쟁에 새로운 국면이 열렸다.

| 2 |

동북해방전투에 대한
조선의 적극적 공헌

제1차 장춘해방전투(1946년 4월 14일~4월 19일)

김일성 사령관의 과업을 받고 중국에서 활동하던 조선인 간부들은 1945년 가을에서 겨울까지 혁명근거지를 수립하고, 토비척결 전투를 벌이는 데 주도적인 역할을 담당했다.

그런데 1946년 초 중국 동북 지방에는 새로운 정세가 조성되었다. 일제 패망 직후, 중소우호동맹조약에 따라 중국공산당 군대가 차지하고 있던 동북 지방의 대도시들을 국민당 군대에 내놓게 된 것이다. 장춘도 그중 하나였다. 선발대가 비행기로 장춘에 들어온 후 국민당 군대는 심양-장춘 철도를 따라 철령, 사평 지역으로 물밀듯이 밀려들어 왔다.

중국공산당 군대는 사평계선에서 필사적인 방어전을 펼쳤으나 8,000여 명의 사상자를 내고 적들에게 포위를 당했다. 장개석은 포위 당한 공산당 군대를 섬멸하고 동북 지방에서의 작전을 끝내기 위해 병력과 장비를 보충하면서 포위망을 점점 좁혀왔다. 반면 중국공산당 군대는 좁은 포위망에 갇힌 채 탄약과 식량도 떨어지고 사망자가 매일 늘어나는 등 위기에 몰리게 되었다. 이 사태를 빨리 타개하지 못한다면 중국공산당 군대는 파멸을 면할 수 없게 될 것이며, 동북해방전쟁은 패배로 끝날 수밖에 없었다.

이 사태를 수습하기 위해 김일성 위원장은 1945년 3월 28일 남양에서 강건과 박락권을 만나 동북민주연군을 도와 반드시 장춘해방전투에서 승리함으로써 사평계선에 포위된 중국공산당 부대의 퇴로를 열라고 지시했다. 이런 지시에 따라 제1차 장춘해방전투가 펼쳐졌다. 길동 분구사령부 산하 박락권이 인솔하는 1연대와 포연대를 비롯한 2만여 명의 조선인 부대는 동북민주연군 부대와 함께 장춘해방전투에 돌입했다. 이 전투에서는 박락권 부대가 가장 커다란 역할을 담당했다.

전투는 매우 치열하게 전개되었다. 1946년 4월 14일에 시작된 전투는 4월 19일에야 끝났다. 공격 개시 5일째 되는 날 장개석의 아들 장경국(장춘위수사령관)이 장춘을 포기하고 도망감으로써 장춘은 완전히 해방되었다. 동북민주연군은 2,500여 명의 적을 살상하고 1만 4,000여명을 포로로 잡는 전과를 거두었다. 장춘이 해방됨으로써 사평계선에 포위되어 있던 중국공산당 군대의 퇴로가 열렸고, 동북해방전쟁 승리의 디딤돌이 만들어졌다. 그러나 장춘해방전투의 일등공신이었던 박락권 연대장은 해방전투 와중에 아깝게 희생되고 말았다.

휘남현성전투(1947년 2월 말)

1946년 10월 19일 동북의 장개석 국민당 군대는 '남공북수, 선남후북'의 전략을 세웠다. 우선 남만 근거지에 병력을 집중해서 공격을 개시함으로써 일거에 남만 부대를 섬멸하고 전체 병력이 북으로 공격해 전 동북을 차지하자는 전략이었다.

국민당 군대는 9개 사단 약 10만 명의 병력으로 3개 방향에서 남만 해방구를 대대적으로 공격했다. 김일성 위원장은 조선인 부대로 하여 금 백두산 지구와 로야령 산줄기의 대산림지대에 의거해 유격전과 산 악전, 동기 대부대 기동작전을 벌여 적들을 숨 쉴 틈 없이 몰아붙이고 송화강 이남에 진출해 적의 집단을 타격 소멸함으로써 남만에 집중되 어 있는 적의 역량을 분산 약화시키도록 지침을 보냈다. 이 지침에 따 라 조선인 부대 리홍광지대는 동북민주연군과 함께 휘남현성전투 등 수많은 전투를 벌여 승리했다.

남만의 휘남현성은 장개석 군대가 군사 전략상 매우 중시하던 곳이 었다. 국민당 동북집단군 사령부가 자리한 심양을 지키는 동쪽 보루 가 매하구라면, 휘남현성은 매하구를 지키는 보루였다. 국민당 군대 는 휘남현성에 국민당 군대 1개 연대와 토비 1개 보안대대를 주둔시키 고 공산당 군대의 공격을 막고 있었다. 1947년 2월 말, 남만의 리홍광 지대는 중국인 부대들과 함께 휘남현성 주변 마을에 박아놓은 국민당 군대 소부대들을 섬멸하고 휘남현성을 포위했으며, 휘남현성에서 조 양진으로 빠지는 도로까지 차단했다. 적들은 우월한 화기를 믿고 완 강하게 저항했다. 이로써 치열한 전투가 벌어졌지만 결국 리홍광지대 의 승리로 끝났다.

리홍광지대와 중국인 부대는 이 전투에서 적 1,000여 명을 섬멸하 고 400여 명을 포로로 붙잡았으며, 포 17문, 기관총 21정, 보총과 단총 370여 정과 많은 양의 군수물자를 노획했다. 조선인 조성두는 이 전투 에서 승리의 길을 열어놓은 첫 육탄영웅으로서 동북해방전쟁 폭파수 의 본보기가 되었다. 휘남현성 전투 후 남만 일대 동북민주연군 부대에서는 '지뢰수 조성두 용사'라는 노래가 널리 보급되었다. 휘남현성 전투의 승리로 동북민주연군은 수세에서 공세로 전환했으며, 이때부터 승승장구하는 길에 들어서기 시작했다.

사평해방전투(1948년 3월 18일 사평 해방)

1947년 중반부터 1948년 3월까지 10개월 가까이 펼쳐졌던 사평해방전투는 동북해방전투와 국공내전의 획을 긋는 일대 사변이었다. 이 전투에서도 조선인 부대는 선두에 서서 승리에 커다란 기여를 했다. 사평은 장개석 국민당 군대가 동북에 들어와 사령부를 설치한 심양과 장춘, 해룡과 요원을 연결하는 교통의 중심지이자 군사요충지였다.

1947년 들어 중국공산당 군대가 전략적 공세로 전환하자 국민당 군대는 동북의 광활한 지역에서 쫓겨나 장춘과 심양, 사평, 금주를 비롯한 여러 도시와 철도를 장악하고 최후의 발악을 했다. 하지만 이미 중국공산당 군대에 의해 사면이 포위되어 있었다. 사평을 수중에 넣는 것은 동북에 들어온 국민당 군대의 척추를 꺾어 놓는 것과 같은 의의가 있었다. 국민당 군대는 10여만 명의 대병력을 배치하고 수많은 군사장비를 배치하는 등 사평을 사수하기 위해 필사적으로 저항했다.

중국공산당은 사평 해방을 위해 임표를 동북민주연군 사령원으로 파견하고 사평 포위전에 30여만 명의 병력을 투입했다. 이 병력 가운데 절반이 조선 사람이었다. 처음에 임표는 동북민주연군 중국인 부대만으로 사평에 대한 공격을 두 번에 걸쳐 진행했으나 성공하지 못했다. 그리고 1947년 6월 중순, 조선인 부대와 함께 공격해 사평시의 3분의 2를 장악했다.

하지만 심양에서 국민당군 5개 사단이 증원되자 다시 사평을 내주었고, 17일 만에 철수했다. 이후 심양과 장춘 사이의 도로와 철도를 차단하고 적을 견제했다. 이후 10개월 동안 양측은 수많은 인적 물적 손실을 입으면서 공방전을 계속했지만 해결의 실마리가 보이지 않는 답답한 국면이 계속되었다.

이런 실태를 전화로 상세히 보고받은 김일성 위원장은 전체 조선인 부대와 인민을 총동원해 적들에게 숨돌릴 틈을 주지 말고 집중적인 공격을 함으로써 사평해방전투를 빨리 끝내도록 지시했다. 그때까지 조선인 부대는 주로 심양, 장춘의 장개석 군대의 증원부대를 격퇴하는 작전에 투입되었다. 김일성 위원장의 지시는 동북민주연군에게도 전달되었고, 동북 지방에서 활동하고 있던 모든 조선인 부대는 사평으로 몰려들었다. 김일성 위원장의 호소라고 하니 연변지구 조선인들까지 들것과 치료대를 들고 모여드는 바람에 사평지구는 조선 사람들로 인산인해를 이루게 되었다.

당시 국민당 군대에서는 조선인 부대라면 김일성 부대이며, 축지법을 쓰기 때문에 무조건 자기들이 죽는다고 벌벌 떨었고 반대로 동북인민해방군의 사기는 더욱 올라갔다. 동북인민해방군은 1948년 3월 최후공격전을 개시했다. 치열한 전투가 계속되었다. 조선인 부대는 가장 용감하게 싸웠다. 이 중에는 황색폭약을 안고 육탄이 되어 적의 화구를 막음으로써 부대의 진격로를 연 김형두도 있었다. 김형두는 조성두에 이어 동북해방전쟁이 배출해낸 두 번째 육탄영웅이었다.

총공격을 개시한 지 이틀 만에 장개석 군대 71군 군장이 도망쳤고, 1948년 3월 13일에 사평은 완전히 해방되었다. 국민당 군대는 2만여 명이 살상당하고 4만여 명이 포로로 붙잡혔으며 나머지는 심양으로 달아났다. 사평해방전투에서 척추뼈가 부러진 장개석 군대는 더는 일어설 수 없게 되었다. 이 전투에서 조선 사람들의 용감성과 희생정신이 널리 알려졌다. 이때 희생된 조선 사람의 수는 무려 수만 명에 달했다.

금주해방전투(1948년 10월 14일~15일)

김일성 위원장은 동북해방전쟁의 전국을 내다보고 제2차 장춘해방전투 전에 금주부터 해방시키자는 작전방침을 제시했다. 금주는 동북 지방에서 중국 관내로 들어가는 관문 도시였다. 금주를 동북인민해방군이 장악하면 동북에 있는 장개석 군대는 독 안의 쥐 신세가 된다. 이미 사평·길림 전투에서 패한 국민당 군대가 장춘에서 패하면 금주를 통해 관내로 도망칠 수 있으므로 미리 금주를 해방하고 이 물목을 막아놓자는 것이었다. 그러면 장개석 군대는 오도가도 못한 채 포위 속에서 아우성치게 될 것이었다. 사평해방전투가 동북 국민당 군대의 척추뼈를 꺾어 놓은 전투였다면, 금주해방전투는 국민당 군대의 목을 조이는 전투였다. 국민당 군대는 금주계선에 20여 만의 대병력을 집결시켰고, 동북인민해방군은 7종대, 10종대, 44군의 주력사단 등을 참가시켰다.

국민당 군대는 수적 우세를 믿고 영구화된 진지에 의지해 완강히 버텼다. 공격부대는 1948년 10월 13일 국민당군의 사령부를 폭파하기 위한 작전에 돌입했다. 작전의 요체는 장개석 군대 사령부 주위에 있는 영구화점까지 200m나 되는 갱도를 하룻밤 사이에 파는 것이었다. 이 짧은 시간에 대낮처럼 밝은 적의 조명탄 아래에서 발각되지 않고 작업하는 건 쉽지 않은 일이었다. 그럼에도 마침내 갱도를 파서 적 지휘부 옆에 폭약을 설치했다. 그리고 돌격 신호에 따라 200m 밖에서 줄을 당겨 지휘부부터 날렸다.

적은 사거리마다 영구 화점을 만들어 놓고 쉴 새 없이 기관총과 포탄을 퍼부었다. 7종대 직속, 지병학이 지휘하는 조선인 포병대대는 총포탄이 빗발치는 속으로 포를 끌고 들어가 포탄 한 발에 적 화점을 하나씩 분쇄함으로써 부대의 돌격로를 열었다. 10월 14일부터 시작한 금주전투는 31시간 만에 동북인민해방군의 승리로 끝났다.

제2차 장춘해방전투(1948년 10월 19일 장춘 해방)

1946년 봄에 있었던 제1차 장춘해방전투 이후 '중소우호동맹조약'에 의해 공산당 군대는 국민당군에 다시 장춘을 내줘야만 했다. 동북인민해방군은 1948년 4월부터 다시 장춘을 포위하고 해방전투에 들어갔다. 이미 사평과 금주를 해방했기 때문에 장춘 시내에 있는 10만여 명의 국민당 군대는 완전 포위 상태에서 철벽의 방어진을 구축했다.

반면 동북인민해방군은 장춘을 포위하기는 했지만 수적으로나 장비에서 장개석 국민당 군대와 견줄 바가 되지 못했다. 장개석은 우세한 국민당 군대가 튼튼한 방어선을 갖췄기 때문에 동북인민해방군의 공격은 불가능할 것이라고 믿었다. 당시 장개석 군대는 동북의 주요 도시들을 거의 다 뺏겼으므로 장춘만은 끝까지 고수하려고 했다.

동북인민해방군 사령부에서는 연일 작전회의를 했으나 좀처럼 전투를 개시하지 못했다. 어느새 반 년이 흘렀다. 동북인민해방군은 이 사실을 김일성 위원장에게 알리고 도움을 요청했다.

김일성 위원장은 실정을 구체적으로 파악한 후 1개 포 연대를 파견해 장춘해방전투를 지원하도록 했다. 그리고 자신의 의견을 전달했다. 그는 '사평이 해방된 조건에서 장춘 해방은 시간문제다. 전면공격으로 많은 희생자를 낼 것이 아니라 포위진을 물샐틈없이 치고 기만적인 위협 공격과 적군와해 공작을 면밀히 결합하며, 항일전쟁 때 성시 공격 전투를 하던 그런 경험을 살려야 한다. 약한 고리를 집중적으로 공격해 돌파구를 열어나가면서 적을 모조리 소탕해버려야 한다'라는 의견을 제시했다.

이 의견을 전달받은 동북인민해방군은 정면공격을 피하고 포위진을 물샐틈없이 치고 들어가면서 집중공격을 개시했다. 이윽고 출구가 열리기 시작했다. 오랫동안 포위되어 있던 장개석의 직계군인 신7군과 운남성에서 온 지방군인 60군 사이의 모순이 첨예화되었다. 또 온 시내에 기아가 휩쓸며 장춘 시민들의 불만이 나날이 높아갔다. 사평지구에서 명성을 떨친 조선인 부대들이 장춘에 집결되고 금주까지 빼앗기자 장춘의 장개석 군인들은 공포에 떨었다. 인민해방군 편으로 넘어오는 장개석 군대의 숫자가 점점 늘어났다. 동북인민해방군은 정찰병과 공작원을 장춘 시내에 들여보내 적군 와해 공작을 진행했다.

이때 조선인 포병연대가 도착했다. 동북인민해방군은 조선 사람들을 동원해 적군을 납치하고 적 60군을 끌어당기기 위한 공작을 맹렬히 벌였다. 당시 소경광(동북인민해방군 부사령원 겸 길림군구 사령원)은 국민당 60군을 투항시키기 위해 독립 6사 3연대장인 박근식에게 적 60군 2연대장과의 편지 거래와 담판을 여러 차례 진행하도록 했다. 박근식은 해방 직후 용정무장대에서 전윤필과 함께 싸우다 화룡보안연대장, 길동분구 보안연대장을 거쳐, 독립 6사 3연대장을 하고 있었다. 당시 장춘에 있는 적군사령관은 정동국(동북지구 국민당 부총사령)이었고, 신7군 군장은 리홍, 60군 군장은 증생택이었다.

동북인민혁명군은 증생택과 연계를 가지면서 동남쪽을 봉쇄하고 있던 독립 11사로 하여금 위협 공격을 가하게 했다. 독립 11사 1연대의 폭파조장 김성현은 대원 2명을 데리고 적 포대에 은밀히 접근해 투전놀이 중이던 12명의 국민당 군대를 생포하고 포대를 하늘로 날려보냈다. 또 독립 6사 3연대 폭파조장 리기춘은 조원 5명을 데리고 적 화점 12개를 폭파시키다 마지막 화점에서 적에게 발각되자 가슴에 폭약을 안은 채 적 화구에 뛰어들어 장렬하게 전사했다. 이리하여 리기춘은 동북해방전쟁의 세 번째 육탄용사가 되었다.

박근식 연대는 리기춘이 목숨으로 개척한 통로를 따라 진격해 들어갔다. 당황한 국민당 60군 군장 증택생은 10월 18일 자동차에 흰 기를 달고 담판을 요구했다. 소경광과 독립 11사 부사단장 김창덕이 적 60군 군장과 진행한 담판 결과 10월 19일 0시 국민당 60군은 은밀히 동북인민해방군 진영으로 들어오고, 동북인민해방군 독립 6사와 독립 11사 1연대, 독립 4사를 비롯해 1개 종대 역량이 60군이 배치되어 있었던 지역으로 들어갔다.

이날 양쪽 부대의 교체작업이 얼마나 은밀히 진행되었던지 국민당 군은 물론 동북인민해방군 인접 부대들도 전혀 눈치채지 못했다. 10월 19일 아침, 이런 사정을 전혀 알 수 없었던 국민당 신7군 참모가 거들 먹거리며 나타났다가 체포되었다. 동북인민해방군은 그를 통해 신7군의 동태와 무력 배치 정형을 알아내고 불시에 공격을 퍼부었다. 신7군의 병사들은 갑작스런 공격에 항복했지만, 지휘부는 중앙은행 건물을 차지하고 계속 저항하면서 장개석에게 도주할 비행기를 요구했다. 그러나 장개석은 비행기 대신 끝까지 싸우라는 명령을 보냈다.

막다른 처지에 빠진 동북지구 국민당군 부총사령 정동국은 몇 시간 동안 목표도 없는 맹목적인 사격을 하다가 결국 부대를 이끌고 투항했다. 이리하여 1948년 10월 19일 제2차 장춘해방전투는 동북인민해방군 측의 승리로 끝나고 장춘시는 해방되었다.

장춘해방전투가 있은 다음 공로를 평가하는 사업이 진행되고 수백 명이 참가하는 모범전투원 회의가 열렸다. 여기에 참가한 사람의 80%가 조선 사람들이었다. 장춘해방전투를 지휘했던 소경광은 "조선 사람들이 동북해방전투 특히 장춘해방전투에서 중국 역사에서 영원히 빛날 커다란 위훈을 세웠다"라고 평가했다.

심양해방전투(1948년 11월 2일 해방)

심양은 장개석 군대의 동북지구 총사령부의 마지막 지탱점이었다. 장개석 군대는 동북지구의 모든 지역에서 패망이 확실해지자 심양을 끝까지 고수하다가 때를 기다려 포위를 뚫고 도망을 치려 했다. 처음 심양은 중국인 부대가 포위하고 있었는데, 1948년 11월 1일 총공격을 개시하면서 조선인 부대가 지키게 되었다. 당시 심양에는 사방에서 쫓겨 들어온 국민당군 20여만 명이 공고한 방어진지에 의지하고 있어 방어진을 뚫기가 매우 어려웠다. 이때 장춘해방전투에서 빛나는 공적을 세운 조선인 부대 독립 4사와 37사가 탱크와 장갑차를 앞세우고 달려와 순식간에 적 1,500명을 살상하고 북쪽 방어진을 돌파했으며, 비행장을 점령하고 수십 대의 비행기를 노획했다. 패망이 눈앞에 다가오자 국민당군 장교들은 10월 30일 오후 비행기를 타고 달아나고 병사

10만여 명은 동북인민해방군에 투항했다. 심양은 11월 2일 오후 5시에 완전히 해방되었다.

이로써 3년 만에 동북해방전쟁은 끝났다. 이 기간에 조선인 부대와 동북인민해방군은 국민당군 신1군, 신3군, 신6군, 신7군과 12군, 16군, 60군, 71군 그리고 거의 10만에 달하는 사문동의 토비부대를 비롯한 100만 대군을 와해시키고 70여만 명을 살상하거나 포로로 잡았다. 동북에서 조직된 동북민주연군은 100만 대오를 가진 동북인민해방군으로 발전했으며 240mm 야포와 120mm 박격포를 비롯해 각종 구경의 포와 탱크, 장갑차, 자동차, 자동무기로 무장할 수 있게 되었다. 그중 조선인 부대 독립 4사는 기계화부대로 개편되었다.

지원은 끝까지

심양을 해방한 후 중국인민해방군 주력부대의 하나인 제4야전군은 산해관을 해방하고 만리장성을 넘어 중국 관내로 진격해 들어가기 시작했다. 제4야전군에는 조선 사람들이 포함되어 있었다. 그들은 중국 관내로 진격해 들어가 평진전역에 참여했다. 평진전역이란 북평(베이징), 천진, 장가구 일대의 국민당군을 소멸하는 작전으로 1948년 12월 5일부터 1949년 1월 31일까지 진행되었다.

1949년 1월 31일, 국민당 군대의 베이징 방위총사령 부작의는 30만에 달하는 부대원을 이끌고 투항했다. 베이징은 한 방의 총소리도 없이 해방되었다. 결국 평진전역에서 중국인민해방군은 적 52만여 명을 살상하거나 포로로 잡았고, 장강 이북 화동 지방에서는 화해전역을 벌여 적 55만 5,000명을 살상하고 장강 이북을 완전히 해방했다.

이제 장강 이남으로 진출해야 하는데, 중국인민해방군 제4야전군 내에서는 장강 이남 진출 문제를 두고 논란이 발생했다. 남방은 자연의 조화가 신비로워 '남방에 가면 동북 사람은 살아오지 못한다'라는 소문이 돌아 하루에도 수백 명씩 도망자가 발생했다. 상황이 심상치 않게 돌아가자 조선인 부대의 역할이 중요하게 제기되었다. 중국공산당 지도부는 왕효명을 특사로 조선에 파견했다.

김일성 위원장은 왕효명의 요청을 쾌히 승낙했다. 다음 날, 조선인민군의 한 책임일꾼을 불러 중국인민해방군 군사활동과 전쟁 형편을 알려주고 빨리 중국 천진에 가서 조선인 부대로 하여금 중국 인민해방전쟁을 끝까지 도와주고 조국으로 돌아오라는 지시를 내렸다. 조선인민군 지휘 성원이 전달한 명령을 전달받은 조선인 부대는 주춤거리던 자신을 다잡고 장강 이남으로 진출해 나갔다. 이 길에서 조선인 부대는 장강 도하작전을 비롯한 수많은 전투에서 용맹을 떨치고 해남도 전투까지 참가했다.

조선인 부대의 귀국

조선인 부대는 중국의 동북 목단강, 연변 지방으로부터 3만여 리를 피로 물들이며 귀주성과 해남도까지 나갔다가 1950년 2월 초 귀주성과 해남도를 떠나 2월 중순에 계림(구이린, 중국 광시좡족자치구 북동부)에 도착했다. 이곳에서 조선 사람들은 15사 3연대를 조직했다. 이 부대는 계림을 출발해 무창에서 배를 타고 장강을 건넌 다음 한구를 거쳐 호북성 무한에 도착했다. 조선에서 마중 나온 일꾼이 그들을 인솔하고 정주시로 갔다. 당시 특수한 전투과업을 수행하고 있던 조선인 부대

지휘관과 전투원을 제외한 제4야전군 내 전체 조선인 부대 지휘관과 전투원은 모두 정주시에 집결했다. 그때 하남성 정주시에 집결한 조선인 부대는 3연대를 제외하고도 2만 2,220여 명이나 되었다.

1950년 3월 정주시 광장에서는 조선인 부대로 독립 15사를 조직하는 의식이 거행되었다. 독립 15사는 4개 보병연대, 1개 포병연대, 공병대대, 통신대대, 반탱크포병대대, 경위중대, 야전병원으로 구성되었으며 사단 정치부와 참모부, 공급부가 있었다. 항일혁명투사인 지병학이 사단참모장 겸 포병연대장을 맡았다. 광장에는 조선인 부대의 전투 위훈을 말해주는 110폭의 축기가 봄바람에 나부꼈다. 이 축기들은 동북지방의 토비 숙청부터 3하강남 4보림강작전, 장춘포위전, 료심전약, 평진전역, 장강도하작전, 중남·서남 지구 전투 등 여러 전투에서 조선인 부대가 수여받은 것들이었다. 당시 독립 15사의 지휘관과 전투원 가운데 대공 이상을 세운 사람만 해도 2,000여 명이 넘었고 그중 영웅 칭호를 받은 조선 사람도 100여 명이 되었다. 또한 부대 전체 인원의 85% 이상이 당원의 영예를 지니고 있었다. 대열 편성 의식에서 제4야전군 정치부 주임 등자회는 조선인 부대 지휘관과 전사들이 이룩한 공훈을 높이 평가하며 다음과 같이 말했다.

"동무들은 3년 반의 해방전쟁에서 간고분투하고 영용히 싸운 모범이었고 옹정애민의 모범이었으며 3대 규율, 8항주의를 준수한 모범이었습니다. 조선민족의 아들딸들인 동무들은 조선민족의 자랑이며 또한 우리 중화민족의 자랑입니다."

아울러 조선인 부대 지휘관과 병사들, 조선 사람이 아니었다면 어려운 고비마다 혼란에 빠졌던 중국인 부대의 정신상태를 바로잡지 못했을 것이며 전쟁 초기 동북에서 발생했던 난국을 타개하지 못했을 것이라고 하면서 조선인 부대의 숭고한 국제주의 정신과 영웅적 투쟁정신을 높이 평가했다.

조선인 부대 15사는 1950년 3월 말 직행열차를 타고 하남성 정주를 출발해, 4월 중순 조선으로 귀환해 조선인민군 제7사로 개편되었다. 사천성 중경에 나갔던 47군의 조선인 부대는 1950년 4월 초 호남성 장사에 모였다가 호북성 무한을 거쳐 하남성 정주시에서 독립 4연대로 구성되었고, 1950년 4월 20일경 조선으로 귀환해 조선인민군 제4사 18연대로 개편되었다.